北美媒介文化批判思想研究

丁琳◇著

辽宁人民出版社

© 丁琳　　2025

图书在版编目（CIP）数据

北美媒介文化批判思想研究 / 丁琳著. -- 沈阳：
辽宁人民出版社，2025. 7. -- ISBN 978-7-205-11599-9

Ⅰ. G219.71

中国国家版本馆CIP数据核字第20252CW831号

出版发行：辽宁人民出版社

地址：沈阳市和平区十一纬路 25 号　邮编：110003

电话：024-23284325（邮　购）　024-23284300（发行部）

http://www.lnpph.com.cn

印　　　刷：辽宁一诺广告印务有限公司

幅面尺寸：170mm×240mm

印　　张：20

字　　数：277千字

出版时间：2025年7月第1版

印刷时间：2025年7月第1次印刷

责任编辑：娄　瓴

封面设计：白　咏

版式设计：张晓丹

责任校对：吴艳杰

书　　号：ISBN 978-7-205-11599-9

定　　价：98.00元

目 录

引　言 ………………………………………………………… 001

第一章　北美媒介文化批判思想概述 ……………………… 013

　　第一节　北美媒介文化批判思想的形成背景 …………… 014

　　第二节　北美媒介文化批判思想的理论渊源 …………… 022

第二章　达拉斯·斯麦兹：受众商品论与媒介依附论 ……… 054

　　第一节　北美媒介文化批判研究的先驱者 ……………… 054

　　第二节　文化的传播政策批判 …………………………… 063

　　第三节　文化的传播技术批判 …………………………… 066

　　第四节　受众商品论 ……………………………………… 070

　　第五节　媒介依附论 ……………………………………… 077

第三章　赫伯特·席勒：媒介帝国主义批判理论 ………… 086

　　第一节　经济权力关系控制媒介文化的批判者 ………… 086

　　第二节　文化传播与媒介帝国主义的兴起 ……………… 100

第三节　文化霸权与媒介帝国主义的本质 ……………………… 106

第四节　文化产业与媒介帝国主义的控制机制 ………………… 112

第五节　跨国传媒与媒介帝国主义的霸权结构 ………………… 123

第六节　媒介中立性与媒介帝国主义的伪装 …………………… 135

第七节　非支配性与文化传播新秩序愿景 ……………………… 139

第四章　诺姆·乔姆斯基：媒体控制论与宣传模式说 ………… 155

第一节　美国主流媒体操纵意识形态的揭露者 ………………… 155

第二节　控制思想：对媒体宣传本质的批判 …………………… 163

第三节　宣传模型：对媒体宣传模式的批判 …………………… 174

第五章　尼尔·波兹曼：媒介文化批判三部曲 ………………… 190

第一节　技术垄断时代媒介文化娱乐化的揭批者 ……………… 191

第二节　波兹曼的媒介"隐喻论" ……………………………… 199

第三节　波兹曼对媒介文化的批判 ……………………………… 214

第六章　罗伯特·麦克切斯尼：全球化与文化帝国主义批判… 242

第一节　美国媒介权力集中的批评者与建言人 ………………… 242

第二节　对美国媒介体制的洞见 ………………………………… 247

第三节　媒介全球化与文化帝国主义 …………………………… 253

第四节　媒介传播改革策略 ……………………………………… 258

第七章　北美媒介文化批判思想的理路与镜鉴……………… 267

第一节　北美媒介文化批判思想的逻辑方法 ……………… 268

第二节　北美媒介文化批判的思想母体 …………………… 278

第三节　北美媒介文化批判思想的理论局限 ……………… 294

第四节　北美媒介文化批判思想的镜鉴价值 ……………… 299

参考文献 …………………………………………………………… 309

后　记 ……………………………………………………………… 313

引　言

一、文化批判：西方马克思主义的核心议题

西方马克思主义是 20 世纪 20 年代开始兴起的非正统马克思主义流派。在这一百年的发展历程中，文化批判始终是其最重要的主题之一，贯穿于各个阶段。在 20 世纪的文化批判理论谱系中，西方马克思主义的文化批判理论无疑是一道亮丽的风景线。从以卢卡奇与葛兰西为代表的早期西方马克思主义，到二战后以法兰克福学派为代表的新马克思主义，尽管它们的理论基础和价值取向基本一致，但在批判的视角和重点上却因历史条件的变化而有所不同。

在早期的西方马克思主义中，代表人物依旧将主要精力集中在阶级意识形态的批判上，强调通过革命来争夺文化或意识形态的领导权，最终目标是实现无产阶级的革命解放。然而，二战后的新马克思主义者逐步将批判的视野从传统的阶级意识形态，拓展至对整个社会普遍文化境遇的关注。西方马克思主义文化批判理论前后期的这种变化，深刻体现了 20 世纪社会进程的某些深刻变化。其中，最根本的问题是现代人遭遇到普遍的文化困境，社会张力和冲突的焦点从单纯的经济利益和政治权力扩展到人的生存意义、价值和其所代表的文化层面。在某种意义上，现代社会中，除了充斥着阶级和阶层之间的对立与矛盾之外，又增添了人类共同的文化境遇所引发的普遍的文化焦虑与文化危机。这种文化困境的普遍化体现在两个方面：首先，传统的经济、政治、权力、技术、宣传、道德、家庭等力量

不再表现为直接的外部压迫，而是通过技术理性渗透到各个生活领域，形成一种无处不在的、内在的控制机制；其次，文化的统治所形成的物化和异化的生存样态在某些方面不同于马克思所描写的被自己的劳动产品所压迫和统治的传统劳动异化，它不仅仅是某些被统治阶级的命运，而且越来越表现为现代人的普遍境遇。更多的新马克思主义者或流派超越传统的阶级分析和政治革命的视野，开始从文化层面切入现代人的社会境遇。这一转向，尤以霍克海默、阿多诺、马尔库塞等人为代表的法兰克福学派以及以萨特、列斐伏尔等人为代表的存在主义马克思主义最有影响力。新马克思主义理论家在文化层面上批判了现代社会各种有影响的社会力量和文化力量，如官僚体制、意识形态、科学技术、理性、文化、日常生活等等。其中，意识形态批判、技术理性批判、大众文化批判、性格结构和心理机制批判等，构成新马克思主义文化批判的对象。

二、媒介文化的属性

文化史学者从文化传播媒介的角度，对文化发展的漫长历史进行了精细的分期，大致可划分为三个主要阶段：口传文化阶段、印刷文化阶段和电子文化阶段。在口传文化阶段，面对面的交流形式和语境，使得信息的传递具有双向互动的特点，也有助于传统权威的维持。进入印刷文化阶段后，信息的传播不再依赖于物理的在场，而是通过可移动的媒介（如印刷品）储存，从而使得远距离交流成为可能。印刷文化的出现，不仅打破了时空的限制，也动摇了传统权威的根基，更加带有批判、怀疑和"改写"原本的倾向。进入 21 世纪，电子媒介的出现标志着人类文化传播历史上的一场空前革命。电子媒介极大地改变了文化传播的方式，并对文化的形态乃至人类生活本身产生了深远影响。毫无疑问，电子媒介成为史上最具深刻影响的传播工具，它引发了一系列新的社会现象。第一，电子媒介加速了全球化与本土化的双重进程：一方面，本地生活越来越受到远处事件的"远距作用"影响；另一方面，本土化和民族化的意识也愈加突出。第二，电子媒介在促进文化集中化的同时，也不可避免地导致文化的零散化与碎片化。第三，电子媒介虽扩大了公共领域的边界，吸引了越来越多的人参与其中，但它以单向传播、信息源垄断和程序化等形式，潜在地削弱了批判的空间。第四，电子媒介通过其强有力的"符号暴力"，摧毁了传统文化边界，使得文化趋向同质化和类型化，但也为各种异质因素的成长提供了某种可能性。第五，电子媒介与市场的结合，推动了消费主义意识形态的形成，并促使人们形成了被动的文化行为，这一现象与口传文化和印刷文化截然不同。

基于上述观察，晚近一些有影响力的研究主张将"媒介"与"文化"这两个关键词结合，提出了"媒介文化"或"媒介化的文化"这一概念。由此可见，媒介文化是指由于大众媒介的社会影响所产生的一种特有文化形态，表现为大众传播活动中的社会文化现象。媒介文化可以根据不同的媒介形态分为电影文化、电视文化、网络文化等多种类型，属于大众文化的范畴。媒介文化的形成与人类社会物质文明和精神文明的发展密切相关。它是在满足社会信息交流需求的过程中产生的，并具有广泛推广社会价值规范与构建社会价值意识的功能。作为现代社会总体文化系统的一个重要组成部分，媒介文化是由大众媒介所建构的一个亚文化系统。从某种意义上讲，媒介文化和大众文化具有相同的内涵。大众文化作为一种新的社会现象，源自发达的工业社会和后工业社会，它伴随着文化进入工业生产和市场商品领域的变革而诞生。大众文化是由现代大众传媒技术和信息技术所塑造的文化生产与传播形式，广泛地成为被大众消费和利用的文化形态，作为文化消费品在人们日常生活中得到了普及。对大众文化的这一界定，已成为西方马克思主义、后现代主义等文化理论研究中占主导性的理解范式，大众文化被作为文化工业、媒体文化、消费文化、视听文化、娱乐文化等加以界定、理解、分析和批判。霍克海默与阿多诺在《启蒙辩证法》中指出，所谓的文化工业，是指借助现代科学技术手段大规模地复制、传播文化产品和文化商品的娱乐工业体系。文化工业起源于发达的资本主义工业国家，它通过电影、电视、广播、报纸、杂志等大众传播媒介，生产并传播非创造性的、标准化的大众文化商品。文化工业的目标是通过这些媒介的普及传播，从消费中获取利润，并实现经济目标。这种由大众传播媒介塑造的文化形式，包括通俗小说、流行音乐、热门电影、广告艺术等，最终实现了文化、艺术、宗教、哲学与商业、政治、消费、娱乐的有机融合。结果，这种大众文化成为一种物化的、虚假的文化，满足了人们的被动和虚假的需求。

总而言之，媒介文化将传播和文化凝聚成一个动态过程，使每一个人都不可避免地参与其中。因此，媒介文化成了我们当代日常生活中的仪式和景观，构成了我们所面临的现实文化情境。在西方社会，统治阶级通过大众文化或媒介文化的销售，占据了人们的闲暇时间，并通过娱乐手段对大众进行欺骗，从而操控广泛群众的思想与心理，培养他们对现有统治秩序的支持和顺从意识。西方马克思主义，尤其是法兰克福学派及其后继者们，针对西方发达国家大众文化的商品性、虚假性、欺骗性和操控性等方面进行了持续的批判。在这一过程中，诞生了丰富多样的批判学派及其思想成果。

三、北美媒介文化批判学派及其研究价值

在后殖民主义和全球化的背景下，批判学派应运而生，并迅速成为现代西方社会中一股具有重要影响的思潮。批判学派起源于20世纪60年代的欧洲，主要以法兰克福学派和马克思主义为理论基础，结合哲学、符号学、语言学、政治经济学等多个学科视角，形成了一种不同于美国经验学派的独立研究路径。批判学派坚持批判的观点和方法，强调对社会现象的深刻反思与批判。文化批判主义思潮兴起于20世纪中叶，主要分为两大流派：受到法兰克福学派大众文化批判理论影响的欧洲流派以及北美流派，它们的研究主要集中在大学和研究机构。如，北美媒介文化批判学派主要集中在美国的伊利诺伊大学、加州大学圣地亚哥分校、威斯康星大学、俄勒冈

大学，以及加拿大的西蒙·弗雷泽大学和皇后大学等。北美媒介文化批判学派的研究方向大致可分为三个方面：一是对重要学者的生平与相关理论的研究；二是对研究领域整体的阶段性或系统性总结；三是与其他学科方法的交叉与融合。在这些学者中，达拉斯·斯麦兹被视为北美媒介文化批判学派的奠基人；赫伯特·席勒则被誉为该领域的批判领袖，并且是媒介帝国主义理论的开创者。其他代表性学者如诺姆·乔姆斯基、尼尔·波兹曼、罗伯特·麦克切斯尼等，均在该领域作出了显著贡献。北美媒介文化批判学派研究兴趣广泛，研究课题多元，他们著述颇丰、成果丰硕，其中不乏诸多具有非凡影响力的力作和思想观点。他们多从传播政治经济学视角和全球化国际关系视角，选择各具特色的主题范式，对以美国为首的西方发达国家的媒介文化传播制度、政策、权力结构、运作机制及其后果展开了深入的分析与批判。他们一致认为，美国的大众传播系统在全球化背景下具有决定性的影响力，特别是在文化、教育及信息传播方面。通过对美国信息机构与传播产品的剖析，他们揭示了美国如何通过直接的经济控制和间接的贸易手段，利用其媒介文化力量扩展全球影响力，推动其帝国主义议程，得出结论：全球对于文化、教育和有意义信息的传播需求，严重依赖美国的传播体系，并深受其影响。新兴民族国家的文化空间常被发达国家的强势文化所挤压，被迫接受这一全球系统中核心国家的价值观，并使社会制度与之适应。这种媒介文化的帝国主义，被认为是现代帝国主义过程的一部分。

北美媒介文化批判思想作为批判研究中的一股清流，在过去七十年里为文化批判研究注入了新的活力。该思想对西方现存政治经济权力和媒介传播体制的深刻批判，使其成为与传统经验媒介传播研究路径相悖的独特存在。与经验媒介传播研究在北美高校和研究机构中广泛且分散的研究点不同，媒介文化批判学派的研究者较为集中且紧密，他们的学术传承大多局限于父子、师生、同事之间的合作关系，展现出较为单纯的学术谱系。这种集中与紧凑，使得北美媒介文化批判思想具有鲜明的学术传承脉络和统一的理论意旨，体现了媒介文化批判研究作为一个独立分支的学术风貌。该学派的学者在后殖民主义和冷战的语境下，展现出勇于批判的学术勇气。他们的学术成果，如同洪钟般的基调，成为后人深入批判性学术工作的标杆。这些学者虽然生活在美国和西方世界，却始终以一种激进的批判姿态而非单纯学术的方式进行写作。他们坚信思想、政治与历史背景不可分割，并通过独立的思考与写作不断推动批判学术的进展。然而，正是由于他们从不迎合当政者的偏好，批判姿态异常激烈，他们在学术界常受到排挤和不公正的对待。他们的异见挑战了主流意识形态与学术话语权，因此遭到边缘化和污名化。尽管如此，这些学者依然以极大的学术热情，在极其有限的研究资助条件下，孜孜不倦地进行学术工作，他们的精神和批判姿态鼓舞了一代又一代学者，成为国际范围内广受尊敬的记者、政治活动家和知识分子。

这也是本书专注于"北美媒介文化批判思想"研究的价值意义。本书的研究核心在于探讨"北美媒介文化批判思想"，其价值在于对当代中国具有重要的镜鉴作用。众所周知，文化是人类社会的基石，它不仅塑造了个体的认同感和归属感，也决定了社会发展的方向。在全球化时代，文化已成为国际交流的重要媒介，不同文化之间的互动促进了全球多元文化的融合与共存，但与此同时也加剧了文化冲突，推动了全球文化格局的深刻演变。美国《芝加哥论坛报》在1996年1月2日的报道中曾引述美国驻华大使、前参议员詹姆斯·萨姆的言论："当我们与中国进行贸易时，我们不仅仅是在推销商品。当美国企业人士前往中国投资建厂时，他们不仅仅是进行商业合作，同时也带去了我们的价值观和文化。"[1] 这表明，在全球化的背景下，发达国家的文化对发展中国家产生了深远影响，一些本土文化元素因此受到冲击甚至被取代。以好莱坞电影为例，作为全球规模最大的电影产业之一，其电影作品凭借高超的制作水平和强大的营销手段，

---

[1] 洪晓楠：《当代中国文化哲学研究》，大连出版社2001年版，第69页。

在全球范围内广泛传播。这不仅吸引了大量发展中国家的观众，尤其是年轻群体，同时也对本土电影产业构成竞争压力，甚至在某些情况下导致本土电影的边缘化。跨国品牌的商品与快餐连锁企业，如同西方的影视作品一样，通过广告宣传、产品设计和营销策略，向发展中国家传递特定的生活方式与价值观。社交媒体的迅猛发展加速了这种文化渗透，使发展中国家的年轻人更容易接受国际化标准，而忽视本土文化传统，进而对本民族文化认同和价值体系造成冲击。尤其在信息技术高速发展的背景下，人类社会正进入数字化、虚拟化时代，全球文化格局发生重大变化，西方发达国家的文化传播也随之变得更加隐蔽、多样化，并对发展中国家的文化主权构成挑战。在信息时代，西方国家依托新媒体技术的便利，在带来文化活力的同时，也为其自身的文化扩张提供了更为隐秘的土壤。

从现实角度来看，北美媒介文化批判学派的学术观点对我们理解全球媒介格局、维护文化主权具有深远的启示意义。本书希望通过研究北美媒介文化批判学派的学术思想，一方面帮助我们深入理解以美国为代表的西方发达国家商业化媒介体制的本质及其潜在危机，从而避免重蹈覆辙，为中国探索替代性的媒介制度提供借鉴。北美媒介文化批判学派对西方国家，尤其是美国的政治经济与文化逻辑进行了深刻的剖析，为我们提供了一剂清醒剂，使我们能够更加理性地看待美国在全球资本主义体系中的地位及其策略。北美媒介文化批判思想使我们能够在全球化浪潮中保持清醒，坚持弘扬中华优秀传统文化，在抵御文化侵略的同时，以更加积极主动的姿态迎接信息时代全球范围内优秀文化思想的交流与融合。另一方面，本书亦希望借鉴北美媒介文化批判学派的研究路径和媒介改革策略，为中国的媒介文化研究和实践提供参考。该学派所倡导的"公共所有"和"公共控制"下的媒介体制，在一定程度上与中国社会主义制度下的媒介体系具有相似性。他们的政策思考与理论探索能够为中国的媒介文化传播体系建设提供有益借鉴。此外，该学派对中国传媒业的发展也给予了高度关注，特别是20世纪90年代以来,中国传媒业的迅猛发展已成为其研究的重要议题之一。

在批判美国商业化媒介体系的同时，北美媒介文化批判学者也在思考中国媒介制度的可行性，探讨其作为美国商业化媒介体制替代方案的可能性。其对中国媒介商业化及改革的分析，能够为我们提供一个宝贵的外部视角，使我们在推进媒介改革和文化建设时避免重蹈美国商业化媒介的覆辙，并结合中国国情，探索更符合我国社会需求的发展路径。

从理论研究的角度来看，正如斯麦兹在其"盲点"[①]辩论中所揭示的，北美媒介文化批判学派与欧洲及第三世界的传播研究传统在思想起源和学术传承上存在显著差异。尽管它们均采用政治经济学分析路径，但在分析政治、经济、文化和意识形态等因素的重要性时，各自的侧重点有所不同。北美媒介文化批判学派的学术传承较为单一，多限于师生、同事或同一学术机构内部，因此在理论演进过程中保持了高度一致性。虽然其研究方法不断丰富，但在探讨政治、经济与文化因素在权力场域中的秩序时，仍呈现出特定的研究指向。因此，通过研究北美媒介文化批判学派的思想传统，我们可以以更加客观的态度还原其理论体系的原貌，梳理其历史渊源、学术发展、理论目标与方法逻辑。通过深入理解该学派的思想路径，分析其作为一个学术流派的合理性，我们不仅能够揭示其理论独特性，还能为中国学者提供有价值的参考，助力我国相关理论研究的深化。

四、本书的主要结构与内容

北美媒介文化批判学派可谓学者云集、成果丰硕，其中不乏不同凡响的经典著作，在当时学界产生了重要影响，并为后人所不断研读。该领域的研究涵盖多个层面，从微观的新闻报道实践分析，到中观的个别媒体政策探讨，再到宏观的传媒工业垄断趋势分析，涉及媒介的政治角色、经济制约、操作机制和文化呈现等方面。然而，国内学界对该领域的研究起步

---

① SMYTHE D. Communications: Blindspot of Western Marxism[J]. *Canadian Journal of Political and Society Theory*,1977,1(3):1-28.

较晚，相关研究成果也十分有限，这些无疑加大了本书整理资料的难度和工作量，或许会在一定程度上制约本书对北美媒介文化批判思想理解阐释的深刻性与全面性。尽管如此，本书依然致力于系统梳理探讨北美媒介文化批判学派及其主要代表人物的思想背景、理论渊源、思想进路、聚焦问题、核心观点，并对其理路方法、理论根基、局限性及其镜鉴价值进行透视与评析。全书共分七章，涵盖了背景概述、思想阐释与分析透视三大部分内容。

1.第一部分：背景概述

本书的第一部分（第一章）聚焦于北美媒介文化批判思想的形成背景与理论渊源。自20世纪初，西方马克思主义便将文化批判作为其核心议题之一，并在20世纪逐渐成为学术领域的重要方向。特别是在战后，随着全球化与信息化的加速，媒介和文化的批判视角也经历了显著的转变。这一部分的研究主要探讨了媒介文化批判思想如何在经济霸权、文化侵略以及政治统治的交织中逐步形成，并突出了大众传播对文化主权变迁的深远影响。早期的文化批判集中于阶级斗争与意识形态，而随着社会历史条件的变化，批判的视野逐步扩展至全球文化帝国主义及信息传播的不平等问题。同时，对北美媒介文化批判思想进行追根溯源，分别分析了其与马克思主义的批判旨趣、列宁及摩根索的帝国主义理论、法兰克福学派的大众文化批判思想、葛兰西的文化霸权理论、法农的后殖民主义文化分析理论、福柯的权力话语理论等等，存在着思想理论根脉相承的渊源关系，这一分析为加深理解北美媒介文化批判思想提供了理论基础。

2.第二部分：思想阐释

本书的第二部分（第二至六章）通过对五位具有重要代表性的学者及其学术经历与思想观点的深入分析，详细阐释了北美媒介文化批判思想的核心观点和学术价值。在这一脉络中，达拉斯·斯麦兹的理论贡献不可忽

视。作为北美媒介文化批判的开创者之一，斯麦兹通过"受众商品论"和
"媒介依附论"深入揭示了现代社会中媒介如何通过商品化受众来维持资
本主义社会的稳定。他的研究让我们看到了受众并非文化消费的单纯受体，
而是一个被资本力量塑造的"商品"。这种依附性不仅反映了媒介如何影
响个体意识形态的形成，也揭示了资本主义如何通过媒介掌控大众文化的
生产与传播。这一视角为后来的学者提供了理论基础，并促使他们进一步
思考现代媒介对社会的深层影响。赫伯特·席勒的批判性分析则进一步深
化了斯麦兹的观点，将媒介文化批判从个体受众的层面提升至全球文化体
系的层面。席勒通过"媒介帝国主义"理论，批判了跨国传媒如何通过全
球信息流动的控制，维系资本主义的文化霸权。他强调，跨国公司不仅是
经济上的霸主，也是文化上的主导力量，其通过对媒体的控制，影响全球
的文化认同与意识形态。席勒的理论在全球化背景下提供了新的思考，尤
其是对文化殖民和文化霸权的批判，为后来的媒介批判学者提供了重要启
示。这种对跨国文化霸权的批判，也为诺姆·乔姆斯基的"媒介控制论"
提供了理论支持。乔姆斯基通过揭示美国主流媒体如何在资本阶层的控制
下，制造和传播特定的意识形态，进一步展示了媒介如何作为权力的工具
运作。他认为，媒介不仅仅是信息的传播渠道，更是意识形态的传递机制，
操控着公众的认知与行为。乔姆斯基的研究进一步揭示了席勒理论中的信
息控制与全球媒介霸权之间的关系，使媒介文化批判在分析媒体权力与社
会控制时更加精准。在此基础上，尼尔·波兹曼的理论则从文化批判的角
度对媒介的作用进行了深刻反思。波兹曼关注的是媒介如何塑造现代社会
的文化面貌，特别是信息娱乐化对人类社会思维方式的影响。他提出，媒
介不仅是信息传播的工具，还是文化变迁的推动力，尤其是在电视和新兴
数字媒体时代。波兹曼警示人们，媒介的娱乐化趋势正在导致文化的表面
化和人的异化，使社会更加焦虑和肤浅。这一观点与乔姆斯基的媒体控制
论形成了互补，两者共同揭示了媒介如何塑造现代社会的政治和文化秩序。
罗伯特·麦克切斯尼的研究进一步完善了这一理论框架。他将注意力集中

在媒介的全球化与文化帝国主义问题上，批判了新自由主义如何通过媒介集中控制信息流动，剥夺了公众对信息的平等访问权。麦克切斯尼通过对美国媒介权力集中的批判，强调了媒体垄断对民主的威胁，提出了媒介传播体制改革的必要性。他的研究为当代媒介文化批判提供了新的视野，特别是在全球化和数字化的背景下，如何重构媒介传播的公平性和民主性，成为了他理论中的核心命题。

3. 第三部分：分析透视

本书的第三部分（第七章）深入探讨了北美媒介文化批判思想的逻辑方法、思想母体、理论局限及其镜鉴价值。在理论方法上，北美媒介文化批判学者通过整体性分析揭示了文化与经济政治的紧密联系，并借助现实性论证批判了媒介文化在现实中的具体表现。北美媒介文化批判思想强调媒介文化传播运行的权力钳制，从而提醒我们媒介不仅是信息传播的渠道，更是权力斗争的场域。在理论的母体方面，北美媒介文化批判思想深植于马克思主义的政治经济学、唯物史观、实践认识论以及平等价值观。北美媒介文化批判思想深刻反映了"经济基础决定上层建筑"的唯物史观。他们从政治经济学的角度揭示了私有资本主导下的媒体如何形塑和维护不平等的社会结构，强调了对于更加平等和真正民主社会结构的追求。然而，这些批判思想也存在明显的理论局限。其中包括对媒介文化工具性的过分强调而相对忽视了媒介内容的文化蕴含，对媒介商品性的关注却相对轻视了受众的能动性，以及在分析跨文化动态时过分简化了复杂的文化交流过程。这些局限不仅削弱了批判的深度，也可能导致对媒介现象的片面理解。尽管存在这些局限，北美媒介文化批判思想对当前媒介文化实践和政策仍具有重要的镜鉴价值。它提示我们，在全球化与本土化交织激荡的当代，各种思想文化的交融日益频繁，西方的文化输出和文化渗透策略已成为其遏制和打压中国的重要手段。在此背景下，反对文化霸权、坚守文化主权、维护文化安全成为构建文化强国的重要前提。我们需要从战略高度增强文化安全意识，有效防范和应对西方的文化帝国主义带来的挑战，坚定文化自信，提升中华文化的全球影响力，确保在全球文化多样性中占有一席之地。

第一章　北美媒介文化批判思想概述

随着全球化进程的加速和信息技术的飞速发展，媒介作为社会文化的传递工具，其作用和影响力日益加深，尤其在北美这一全球文化生产和传播的中心地带，媒介不仅是日常生活的必需品，更是政治、经济和文化权力交织的焦点。北美媒介文化批判思想的兴起，正是在这样一个复杂的历史和社会背景下逐渐形成并深入发展的。对北美媒介文化的批判不仅揭示了媒介作为文化产品的生产机制，更揭示了其如何通过技术、商业和意识形态的运作，成为经济霸权和文化帝国主义的重要工具。

本章旨在全面梳理北美媒介文化批判思想的形成背景与理论渊源，分析这一批判思想如何通过对经济霸权、政治统治以及大众传播领域的深刻反思，构建起对现代社会文化现象的批判性认识。北美媒介文化批判并不局限于对单一问题的思考，而是深刻探讨了如何在全球化背景下，经济力量与文化生产的相互作用影响着人们的意识形态，如何通过文化霸权的机制加深不同社会群体之间的认同冲突与文化冲突。第一节将重点分析北美媒介文化批判思想的形成背景，探讨经济霸权与文化侵略的融合，政治统治与文化殖民的交织，以及大众传播和文化主权的变迁如何共同塑造了北美媒介批判的特殊路径。第二节则聚焦于这一批判思想的理论渊源，从马克思主义的批判传统、列宁和摩根索的帝国主义理论，到法兰克福学派的大众文化批判，再到葛兰西的文化霸权理论、法农的后殖民主义分析以及福柯的权力话语理论，勾画出一幅多维度、跨学科的媒介文化批判理论图谱。通过对这些思想脉络的梳理，我们将更清楚地理解，北美媒介文化批判思想如何在复杂的全球经济和文化背景中，借助跨学科理论视角，逐步发展成为对当今媒介技术和文化现象深入剖析的重要工具。这不仅是对过去几十年媒介变革和全球化影响的回应，更是对未来信息社会中媒介作用的深刻反思。

第一节　北美媒介文化批判思想的形成背景

北美媒介文化批判思想的形成，深深植根于20世纪资本主义经济体系的变革及其对全球文化格局的深远影响。随着技术革新和信息传播的迅猛发展，媒介不再仅仅是社会交往的工具，而逐渐演变为控制和塑造社会认知、政治权力与经济秩序的重要手段。在这一过程中，北美的媒介文化逐步形成了复杂的权力结构，其经济霸权与文化侵略的互动关系，政治统治与文化殖民的紧密结合，大众传播对文化主权的不断侵蚀，都在不同层面上影响着全球文化的生产与消费。本节将从历史的纵深出发，探讨北美媒介文化批判思想的形成背景，揭示经济霸权与文化侵略如何相互作用，如何通过技术与媒介传播塑造并强化西方主导的全球文化体系。此外，本节还将分析政治统治如何借助文化手段加强对殖民地的意识形态控制，以及大众传播在这一过程中对文化主权的侵蚀与变迁。这一背景的构建为后续深入讨论北美媒介文化批判思想的理论渊源提供了重要的历史和社会基础，帮助我们理解为何这些批判思想不仅关乎媒介本身，更涉及全球文化的权力结构和意识形态的斗争。

一、经济霸权与文化侵略的融合

第二次世界大战后，美国的经济霸权与文化侵略紧密融合，形成了一种全球性的文化扩张现象。这一背景下，多位学者提出了关于媒介与文化批判的理论，其中包括赫伯特·席勒、达拉斯·W.斯麦兹、诺姆·乔姆斯基、尼尔·波兹曼以及罗伯特·麦克切斯尼。他们的研究从不同角度分析了媒介如何在资本主义体系中被商品化，成为政治与经济工具，并塑造公共话语与文化认知。

　　具体而言，二战后美国迅速成为世界最大的经济体，国际金融体系由美元主导的布雷顿森林体系逐渐建立，美国因此获得了强大的经济霸权。作为全球经济体系的核心，美元成为全球储备货币，进一步巩固了美国在国际金融体系中的主导地位。这种经济优势不仅使美国能够在全球范围内塑造经济发展格局，还促进了其文化的输出。通过马歇尔计划等重要措施，美国帮助战后欧洲和亚洲的经济重建，从而为全球经济化和市场一体化提供了助力。在这种全球化进程中，美国不仅输出资本、技术，还积极推动文化的全球扩张。与经济霸权相辅相成的是，美国文化的全球输出。美国政府和企业利用其经济霸权，巧妙地将文化输出与经济利益相结合，推动美国文化的全球传播。赫伯特·席勒观察到，这种文化输出并非单纯的文化交流，而是带有强烈的经济目的和政治动机。美国文化产品的传播，尤其是好莱坞电影、流行音乐等，往往与商业利益紧密相连，通过文化产品的出口，美国企业能够在全球市场上赚取丰厚的利润。这种文化传播不仅仅是为了推广美国的文化价值观，更重要的是通过这种文化扩张，美国得以在全球范围内增强其政治和经济影响力。例如，战后的"争取进步联盟"便是美国通过文化与经济相结合的典型体现。该联盟不仅通过援助和现代化政策促进拉美国家的经济发展，更通过文化的传播，将美国的现代化理念作为一种意识形态来塑造和支撑其外交政策。这一过程中，现代化理念与美国自身的经济和政治利益紧密结合，推动了文化全球化的同时，也加深了对其他国家文化主权的侵蚀。如雷迅马在《作为意识形态的现代化》中所言："争取进步联盟不仅仅是对经济发展的一种支持，更是一种文化输出的工具，它重塑了美国在全球文化和政治领域中的角色，将美国塑造成了变革的推动者和全球文化的主导力量。"①

---

① 〔美〕雷迅马：《作为意识形态的现代化：社会科学与美国对第三世界政策》，牛可译，中央编译出版社 2003 年版，第 113 页。

赫伯特·席勒的文化帝国主义理论正是基于这种美国经济与文化相互推动的现象展开的。席勒认为，美国的文化输出不仅仅是单纯的文化传播，更是一个全球性的文化压迫过程，它通过文化产品的市场化、商业化和娱乐化，深刻改变了全球范围内的文化格局，并在许多情况下削弱了本土文化的自主性。美国的文化霸权不仅推动了全球经济的市场化进程，更通过文化传播为美国的政治和经济利益提供了支持。在这种背景下，赫伯特·席勒提出了文化帝国主义的理论，批判美国利用文化输出巩固其全球霸权，并呼吁保护其他国家的文化多样性和本土文化的自主性，促进全球文化的平等和多元发展。然而，席勒并非唯一对美国文化帝国主义进行批判的学者。斯麦兹在其"受众商品理论"中，揭示了现代传媒如何通过商品化和商业化的过程，转变为一个生产"受众商品"的机制，媒介不仅传递文化，还将观众作为商品进行消费。这一理论帮助我们理解媒体产业如何通过塑造消费者意识来维持其经济利益，同时也反映了现代传媒对社会控制的隐性作用。诺姆·乔姆斯基的媒介批判则从政治经济学的角度出发，重点批判了美国媒体如何为政治和经济精英服务。他在《制造共识》一书中，深刻分析了美国大企业如何通过操控大众媒体来操控公众的思想和行为，强化美国的文化霸权和政治话语。乔姆斯基指出，媒体不仅是信息的传播渠道，它更是控制公共舆论、影响政治决策的工具，从而加剧了美国的文化帝国主义。尼尔·波兹曼的文化批判则主要聚焦在技术与媒介文化的关系上。他在《娱乐至死》一书中警告人们，随着电视和电子媒体的兴起，文化逐渐变得娱乐化、表面化，导致公共领域中理性讨论的衰退。波兹曼认为，现代媒体的娱乐化趋势不仅改变了公众的认知方式，还助长了文化的浅薄化和商业化，使得美国的文化霸权更加深入人心。波兹曼的批判尤其强调了技术在塑造现代社会文化中的主导作用，认为技术与商业紧密结合，进一步加剧了文化商品化的趋势。罗伯特·麦克切斯尼则将注意力集中在媒介所有权集中化和垄断化对民主和文化多样性造成的影响上。他在《数字化时代的媒体与民主》中，强调了全球传媒的几大巨头如何通过控制信息流和文化产品的生产，影响政治决策和公众舆论。麦克切斯尼认为，媒体的集中化导致新闻报道的贫乏和文化多样性的丧失，进一步加剧了全球范围内文化帝国主义的扩展。他呼吁社会要采取行动，推动媒体的去垄断化，并支持本土文化的发展。

因此，美国的文化帝国主义并非一个孤立的现象，多个学者从不同的角度对其进行了深入分析。赫伯特·席勒、斯麦兹、乔姆斯基、波兹曼和麦克切斯尼等学者，分别从经济、政治、技术、媒介所有权等多个维度对这一现象进行了批判，他们的理论共同构成了对美国文化霸权的批判性框架，提供了一个多维度的理解视角。这些学者的理论不仅揭示了美国文化帝国主义的多重机制，还为全球文化多样性、文化自主性以及媒介改革提供了重要的理论支持。

二、政治统治与文化殖民的交织

第二次世界大战后，北美学者深刻分析了经济霸权与文化侵略的融合，这一现象成为他们理论发展的关键背景。在这些学者的视角中，美国通过其经济和文化的强大输出能力，推动了全球范围内的文化扩张。经济利益与文化输出的结合不仅塑造了全球文化格局，也对本土文化构成了深刻挑战。这些学者指出，美国的文化扩张不单是文化的简单传播，更是一种复杂的全球操作，其中包含着经济、政治以及意识形态的多层面交织。例如，波兹曼在分析电视和数字媒介对公共话语的影响时，强调了媒体如何成为控制和形塑公众意见的工具。而乔姆斯基的"制造共识"理论则揭示了媒体在制造和维护权力结构中的关键作用，这与席勒的文化帝国主义理论相呼应，后者批评了美国如何通过文化工具来维持其全球霸权。斯迈斯在其受众商品理论中进一步扩展了这一批判，探讨了媒体如何在资本主义体系中将观众转化为商品，这种方式加剧了文化同质化，进一步加深了美国文化的全球影响力。而麦克切斯尼则关注于媒体垄断对文化多样性的威胁，强调了商业逻辑如何在全球范围内重新定义了文化消费和生产。这些批判不仅限于理论层面，也具有实际的政治和文化意义。通过揭露经济利益与文化扩张之间的相互作用，这些学者为我们理解当代全球文化交流中的复杂动力提供了关键的视角。他们的工作不仅增强了我们对媒体和文化力量在全球政治中作用的认识，也为抵抗文化同质化和保护文化多样性的斗争提供了理论基础。

第二次世界大战后，随着联合国的成立，从表面上看，好像是超越了意识形态的界限，实际上是世界形成了两大阵营，一个是以美国为首的资本主义国家的阵营，另一个是以苏联为首的社会主义国家的阵营。两大阵营之间处于冷战状态。20 世纪 50—60 年代，非殖民化和民族解放运动浪潮使许多第三世界国家获得政治上的独立，纷纷寻求自己的发展道路。在这种背景下，一些现代化理论家在对自己社会制度的绝对信仰中，出于对第三世界国家发展的关注，力图使广大非西方的不发达国家接受西方的社会制度，取得资本主义的现代化发展，以进入其资本主义体系。以上变化使美国修正以欧洲为中心的政策重心，从而转向对社会主义国家与其他发展中国家的研究。到了 1960 年前后，冷战达到了高峰期，美国对第三世界的研究也达到了高峰。与此同时，在这一时期信息传播技术得到了迅速发展，电视、广播等大众传播媒体成为了政治统治者控制和影响民众的重要工具。政治统治者意识到了文化传播的重要性，开始将文化传播作为政治手段来加强自己的统治。美国政府通过大量投入，推动了美国文化在全球范围内的传播，利用这些媒体来传播自己的政治宣传和意识形态，加强对民众的思想控制，试图将其视为一种"软实力"，以此来巩固其在全球范围内的政治地位。一个典型的案例是美国的电影产业。美国好莱坞电影这一时期在全球范围内广受欢迎，被誉为"美国的文化大使"。这些电影不仅在西方国家取得了巨大的成功，也在亚洲、非洲和拉丁美洲等地区产生了深远的影响。例如，《独立日》等好莱坞大片通过夸张的场面和美国式英雄主义塑造了美国的国家形象，强调了美国的军事和科技实力，传递了美国作为超级大国的强大形象。在冷战时期，美国的文化输出成为其扩张影响力的重要手段之一。其中，好莱坞电影是最具代表性的例子。20世纪50年代至60年代，美国电影工业进入了黄金时期，大量的好莱坞电影被翻译成不同语言，在世界各地上映。例如，50年代的《乱世佳人》等经典电影，以及60年代的《飘》《音乐之声》等，无论是情节、人物还是主题都在全球范围内产生了深远的影响。这些电影不仅展示了美国的生活方式和社会价值观，还在一定程度上传播了美国式的民主、自由和人权观念，成为美国文化的重要代表。此外，美国政府还通过国际广播电台和电视台等媒体传播美国的意识形态，以此来对抗苏联的社会主义宣传。例如，美国之音和自由欧洲电台等广播电台不仅向世界各地播放美国政府的新闻报道和评论，还通过音乐、文化节目等方式传播美国的价值观和生活方式。这种意识形态斗争不仅在冷战期间产生了深远影响，而且在今天仍然是国际政治竞争的重要组成部分。许多发展中国家和殖民地面临来自西方列强的文化入侵，本土文化受到了严重冲击。同时，苏联也试图通过传播其社会主义意识形态来对抗西方的文化影响，使得文化成为了政治斗争的一部分。在这政治统治和文化殖民的双重压迫下，许多发展中国家和殖民解放国家开始展开了反抗和抵抗运动。他们试图通过推动本土文化的复兴和发展来对抗西方的文化入侵，同时也试图通过文化运动来推动政治解放和独立。其中，印度的"印度电影院运动"是一个典型的例子。该运动于20世纪50年代兴起，主张抵制来自好莱坞的文化入侵，弘扬印度本土文化和价值观。印度电影制作人开始创作更多反映印度文化和社会现实的电影，例如，1957年上映的 *Pyaasa*（《诗人悲歌》）等作品，通过展现印度文化和社会问题，引起了广泛的社会关注，并对印度电影产业的发展产生了深远影响。

此外，非洲和拉丁美洲等地区也出现了一系列的文化抵抗运动。非洲国家的民族解放运动领袖恩克鲁马提倡了"非洲独立国家的非洲人、亚洲人和拉丁美洲人"的观点，主张本土文化的复兴和发展。他强调了本土文化的重要性，并鼓励各国民族解放运动反抗西方列强的文化殖民和政治压迫。这些文化抵抗运动不仅在当时对抗了文化帝国主义的侵略，也为后来的文化多样性和民族认同的发展奠定了基础。

由此可见，20世纪50—60年代的世界政治统治与文化殖民相互交织，体现在冷战格局下的意识形态斗争、文化作为政治工具的利用、文化殖民与反抗、信息传播的控制与利用等方面。这些交织的现象为北美媒介文化批判思想提供了丰富的背景和实践基础。

三、大众传播与文化主权的变迁

在20世纪50—60年代，随着大众传播技术的迅速发展和媒体产业的集中化，文化主权受到了前所未有的挑战。媒体集中的现象使得少数媒体巨头如NBC（美国全国广播公司）、CBS（美国哥伦比亚广播公司）和ABC（美国广播公司）控制了大量的媒体资源，这不仅改变了信息的流通方式，也加剧了文化依赖和文化输出的问题。

北美学者们指出，媒体的集中控制加强了文化帝国主义的趋势，使得美国等西方国家能够通过媒体输出其文化价值观和生活方式，对其他国家的文化主权构成影响。例如，席勒在其文化帝国主义理论中探讨了如何通过大众传播塑造全球文化市场，而乔姆斯基的"制造共识"理论则分析了媒体如何在政治和经济力量的影响下传播特定的意识形态。同时，波兹曼在讨论电视和数字媒介的影响时，强调了这些媒介如何重塑人们的认知结构和文化交流方式，进一步侵蚀了传统文化的自主性。斯麦兹的受众商品论也揭示了在资本主义框架下，观众如何被转化为商品，从而加深了文化同质化和依赖性等。

美国在这一时期开始了大规模的文化输出，电影、电视、广播、音乐等美国文化产品在全球范围内流行。在这一时期美国好莱坞电影工业蓬勃发展，美国的好莱坞电影开始风靡全球，诸如《魔戒》《卡萨布兰卡》《乱世佳人》等经典作品。这些电影不仅在美国国内取得了巨大的成功，也在全球范围内赢得了观众的喜爱，使得美国文化成为全球化进程中的主要一部分，塑造了美国的文化形象。这一时期电视成为全球范围内最具影响力的大众传播媒体之一。美国的电视节目开始在全球范围内广泛传播，其中包括情景喜剧、电视剧、综艺节目等。例如，美国的情景喜剧《乱世佳人》和《伊甸湖》等在全球范围内取得了巨大成功，成为当时文化输出的典范。好莱坞电影以其高质量的制作和引人入胜的内容吸引了全球观众，使得美国的文化影响力迅速扩大。美国之音（Voice of America）等国际广播电台在这一时期起到了重要的作用，通过广播节目向全球传播美国的文化和价值观。这些广播节目不仅涉及政治、经济等方面的内容，还包括音乐、文学、艺术等多种形式的文化内容，试图吸引全球听众，传播美国的形象和文化。大型媒体公司在这一时期不仅仅是娱乐和信息的传播者，同时也成为意识形态的传播者。它们通过影视作品、新闻报道等方式，传播美国的价值观和意识形态，塑造全球公众的观念和态度。比如美国的新闻媒体常常报道美国的政治、经济、文化等方面的内容，这些报道往往带有浓厚的美国立场和观点。在美国文化传播的攻势下，许多国家开始接受美国文化，并将其融入到本国的文化生活中，从而导致美国文化在全球范围内的影响力不断扩大。

随着美国文化输出的增加，许多国家的人们开始接受和追求美国化的生活方式和价值观，使本土文化和传统价值观受到影响、冲击和侵蚀，民族文化主权受到挑战。比如在亚洲、欧洲和拉丁美洲等地区，年轻人开始追逐美国流行文化，接受美国的音乐、电影、时尚等文化产品，导致本土文化的逐渐衰退和文化主权的削弱。不仅是亚非拉的不发达国家、发展中国家，就是西方部分发达国家也感受到了来自美国文化入侵的威胁。在面对文化帝国主义的挑战时，许多国家开始展开本土文化的复兴运动。例如，印度的电影产业在这一时期蓬勃发展，取得了巨大成功，试图通过本土电影来塑造印度的文化形象，维护本土文化的地位和传统。法国也曾通过电影产业发展政策，试图抵制美国电影在法国市场上的影响，保护本土电影产业和文化传统。同样，日本也通过发展本土动漫、漫画等文化产品，试图保护和弘扬日本文化，对抗美国的文化入侵。

第二节　北美媒介文化批判思想的理论渊源

北美媒介文化批判思想，根植于多元的学科土壤，汲取了文化学、传播学、历史学、经济学、社会学及政治科学等领域的丰富营养。这种思潮不仅是北美的思想产物，更是一股影响深远的全球思潮，其形成与发展深受各种现代思想潮流的滋养。特别是在过去半个世纪，北美地区思想的激荡与发展，表现为不断吸纳与融合全球各地的思想精华。两次世界大战期间及其后，大量欧洲学者的流亡使得美国成为一个新的思想发源地，这些学者带来了丰富的欧洲思想传统，并与北美的思想环境相互作用，迅速得到发展。战后，美国作为全球超级大国的地位得以确立，其卓越的学术研究条件和自由平等的学术氛围吸引了更多的国际学者。这样的科研环境不仅促进了思想的自由交流，也为新的学术思想的生成提供了肥沃的土壤。在这样的背景下，各种思想在北美这片土地上碰撞、融合，并催生了新的交叉学科和创新思想。这些丰富多彩的思想来源对媒介文化批判的学者产生了深远的影响，他们不仅近距离地体验了各种思想的洗礼，也将这些思潮转化为对媒介文化批判的独到见解。

一、马克思主义的批判旨趣

马克思主义理论，特别是其对资本主义社会的深刻批判，构成了北美媒介文化批判思想的核心理论基础。作为对资本主义经济结构和文化形态的双重解构，马克思的政治经济学提供了一种分析和批判现代媒体体系的强有力的框架。它揭示了媒体在资本主义社会中的作用不仅仅是技术性的传播工具，更是资本积累和意识形态的生产和再生产的机制。通过对马克思主义学说的应用，北美的文化批判学者能够揭示媒体如何在塑造公众意识、消费行为以及社会结构中发挥其关键角色。例如，奥斯卡·甘迪（Oscar

Gandy）在其作品中强调："马克思对我思想的影响是难以衡量的，而且无处不在。"[1] 甘迪认为马克思的思想不仅影响了他对媒介研究的理论构建，而且深刻地塑造了他对信息社会不平等问题的理解。马克思主义提供的工具尤其适用于解析媒体如何在维护资本主义利益中发挥作用，特别是在信息控制和社会分层方面。

首先，马克思对资本主义的深刻怀疑和批判态度，始终是北美媒介文化批判学者的理论立场和实践基础。尽管这些学者不一定完全认同马克思主义学说，但他们的批判性视角与马克思对社会不平等和不公正的批判精神高度契合。北美媒介文化批判学派的独特之处在于其对权力和财富不均等分配的敏锐洞察，以及对现有资本主义体制的持续质疑与反思。这些学者不是接受现状，而是积极挑战既有的制度和结构，尤其是针对媒体商业传播体制，试图寻找可替代的路径和更具包容性的传播模式。他们拒绝将现有的社会状态视为理所当然或最优选择，而是不断对各种权力结构提出质疑，深入探讨强者如何支配社会和媒体，并且进行犀利的批判。与此同时，他们的研究视野并不限于对统治阶级和既得利益者的批评，还着眼于从社会的广阔可能性中构建更公平、更合理的制度体系。因此，北美媒介文化批判学者的理论不仅具有高度的反叛精神，还包含着对未来社会制度变革的深刻追求。

其次，马克思主义的一些关键概念对北美媒介文化批判学者的影响尤为深远。马克思的辩证法和历史唯物主义，成为北美媒介文化批判思想的基本方法论。马克思的整体与局部的辩证观念，使学者们意识到，媒介文化传播的危机并非孤立存在，而是全球性危机的一部分。这个危机源自制度化的集团利益驱动经济所带来的社会不平等、不安全，以及与社会的内在冲突。因此，媒介改革若脱离民主改革的整体框架，必然无法取得实质

---

[1] OSCAR H. *The Panoptic Sort: A Political Economy of Personal Information*[M]. Westview Press,1993.

性成果。马克思的社会分析方法始终聚焦于物质关系，特别是揭示了在资本主义社会中"拉车的人"与"坐车的人"之间的结构性不平等。这种现实主义的认识论为北美媒介文化批判学者提供了分析媒介传播世界的核心视角。马克思主义的阶级理论也深刻影响了北美媒介文化批判学者对社会结构的理解。马克思的阶级斗争概念启发学者们认识到，阶级斗争不仅渗透到社会的各个层面，也深刻嵌入资本主义体制和媒介文化产业的运作之中。因此，阶级结构成为学者们理解媒介文化传播实践的核心切入点，他们认为媒介文化是阶级斗争的一个重要场域，媒体的生产、分配与消费本质上是阶级权力博弈的结果。马克思对劳动、劳动力和劳动分工的研究，也是北美媒介文化批判学者关注的重点领域，他们从劳动者的视角出发，剖析资本主义媒介产业中的劳动关系，揭示出媒介生产链条中的不平等现象。这一切构成了北美媒介文化批判学派的深厚理论根基，并为他们展开对现代媒介体制的批判提供了丰富的思想资源。

第三，马克思对劳动人民利益的高度重视，激发了北美媒介文化批判学者对公共利益的呼吁，并促使他们提出了一系列有关媒介改革的建议，如创办非营利和非商业性媒介、发展公共广播体系，以及加强对商业广播的监管等。马克思指出，资本主义体系由于其内在的张力和悖论，最终不是走向平等，而是走向危机。这一观点深刻影响了文化批判学者对资本主义媒介文化体制未来走向的思考。马克思的劳动价值论和剩余价值论为文化批判学者提供了分析资本主义媒介文化工业运行机制的理论工具，促使他们长期关注资本与劳动之间的权力斗争，尤其是资本如何控制媒介生产、传播与消费，而劳动如何进行反抗和争取权益。马克思的"商品拜物教"（commodity fetishism）概念，揭示了资本主义中利润寻求和资本积累的动力，成为北美媒介文化批判学者的核心研究起点之一。这一理论不仅帮助学者们理解了商品如何在资本主义社会中获得超越其实际用途的象征性意义，也促使他们思考资本主义媒介文化体制下的利益集团如何运作。学者们深入探讨了大众传媒、广告商和受众之间隐蔽的三角关系（invisible triangle），并分析这一关系如何影响社会经济结构。通过对这一隐性三角关系的研究，媒介文化批判学者揭示了媒介如何被资本力量所操控，并进一步影响公众的意识形态和社会价值观。

第四，马克思主义对社会变革的期待也是北美媒介文化批判学者坚持不懈的实践理想。马克思对实践（praxis）的关注，激励学者们不仅仅停留在理论的研究层面，还试图将其研究与现实社会变迁和社会实践紧密结合。总体而言，媒介文化批判学者的理论路径具有鲜明的社会现实主义色彩。受马克思"改造世界"理念的影响，他们认为，所有社会学术研究的最终目的都是为了改变社会，社会科学的学术进展可以通过与现实生活中的社会运动和政治事务相联系而不断发展，尤其是在媒介文化批判研究中，这种联系尤为重要。这些学者强调知识分子应当承担起建构者的角色，主动介入当前的政治和社会事务，推动结构性的媒介改革，促进民主政治，提升公共生活的质量。作为教师和知识分子，他们不仅在课堂上传授理论，更积极参与到现实媒介工作和改革的活动中，倡导并实践超越学术的参与。他们认为，知识不仅应当服务于学术领域，还应为公共利益提供支持，推动社会变革。在这种理念的指导下，北美媒介文化批判学派与其他批判学派的区别在于，他们不仅批判现状，也提出具体的改革方案，探索和倡导新的媒介体制与结构。这种将理论与实践结合的方式，使他们在媒介改革运动中，成为学术界与社会变革的有力推动者。

二、列宁及摩根索的帝国主义理论

19 世纪末，资本主义进入了一个新阶段，随着工业经济的高速发展和垄断资本主义逐步形成，帝国主义也迎来了时代性的转变，成为西方发达国家政治、经济、文化中至关重要的力量。在这一时期，帝国主义不仅是全球资本扩张的表现，它的内涵和形式也发生了深刻的变化，赋予现代资本主义扩张一种新的历史和政治意义。西方世界的诸多著作都普遍采用了"帝国主义"这一概念，探讨资本主义扩张的动力与后果。

英国政治学家霍布森在 1902 年出版的《帝国主义》一书中首次将帝国主义与资本主义的内在联系作出了系统分析，标志着帝国主义理论的初步构建。霍布森认为，帝国主义不仅是国家间经济竞争的结果，还深刻根植于资本主义制度的内部矛盾，尤其是资本过剩和消费不足所导致的扩张性冲动。他对帝国主义的批判指出，帝国主义是资本主义在全球范围内寻求市场和资源的必然结果，特别是对非洲的掠夺和 19 世纪末资本主义之间的竞争与垄断的联系，成为后续马克思主义帝国主义理论的一个重要基础。布鲁厄评价道："霍布森不是马克思主义者，但他的著作影响了许多马克思主义学者。在卢森堡之前，他就提出了一种对帝国主义有条理的解释，并提出消费不足的观点，这成为了后续帝国主义理论的原型之一。霍布森是最早将对非洲掠夺与 19 世纪末帝国主义之间的竞争和垄断发展联系起来的学者之一，这一理论为马克思主义帝国主义的分析提供了重要的思想资源。"[1]

霍布森的思想影响了列宁对帝国主义的深刻阐释，列宁在 1917 年出版了《帝国主义是资本主义的最高阶段》一书，这部著作不仅是对马克思《资本论》的继承与发展，而且在帝国主义研究领域中占据了举足轻重的地位，成为相关理论的重要参考。在这本书中，列宁基于马克思主义的基本原理，总结了《资本论》问世后半个世纪资本主义发展的变化，明确指出资本主义已经进入一个新的发展阶段——帝国主义阶段。列宁将世界资本主义发展中的一系列重大变化概括为帝国主义的五个基本经济特征，逐一进行了深入的分析。这些特征涵盖了资本主义经济结构中的根本变化，包括资本集中和垄断的形成、金融资本的兴起、资本输出的加剧、国际托拉斯的扩展，以及世界市场的瓜分。通过对这些特征的阐述，列宁揭示了帝国主义作为资本主义发展的高级阶段，其本质特征是资本的高度集中与全球范围

---

[1] 布鲁厄：《马克思的帝国主义理论——一个批判性考察》，重庆出版社 2003 年版，第 73 页。

内的资本主义扩张。在对这些经济特征进行系统分析的基础上，列宁给帝国主义下了一个科学的定义："帝国主义是发展到垄断组织和金融资本的统治已经确立、资本输出具有突出意义，国际托拉斯开始瓜分世界，一些最大的资本主义国家已经把世界领土瓜分完毕这一阶段的资本主义。"[1]这一定义明确了帝国主义的内涵，即在资本主义高度集中和垄断的条件下，资本输出和世界市场的瓜分成为主要特征。列宁通过对当时垄断资本主义的深入分析，进一步深化了帝国主义的内涵，强调了帝国主义不仅是资本主义的延续，更是资本主义向全球扩张并通过殖民与战争来解决国内经济危机的体现。

帝国主义通常指的是经济和政治实力强大的西方发达国家通过扩张与殖民统治来加强对其他国家的控制。列宁在其《帝国主义是资本主义的最高阶段》一书中指出，帝国主义是资本主义发展的一个特殊阶段，其主要特征是垄断和寡头统治的形成，逐渐取代了原本自由竞争的市场。列宁强调，随着帝国主义的出现，极少数最富强的国家开始对越来越多的弱小国家进行剥削，形成了不平等的国际经济关系。"垄断、寡头统治，统治趋向代替了自由趋向，极少数最富强的国家剥削愈来愈多的弱小的国家——这一切便产生了帝国主义的这样一些特点，这些特点使人必须说帝国主义是寄生的或腐朽的资本主义。"[2]

列宁进一步指出："在帝国主义时代，某些工业部门、某些资产阶级阶层和某些国家不同程度地表现出帝国主义的特点，时而表现出这种趋势，时而又表现出那种趋势。"[3]这表明，帝国主义不仅仅是某个特定国家或区域的行为，而是在整个资本主义世界体系中广泛存在的现象。

---

[1] 中共中央马克思恩格斯列宁斯大林著作编译局：《列宁选集》（第二卷），人民出版社1984年版，第808页。

[2] 中共中央马克思恩格斯列宁斯大林著作编译局：《列宁选集》（第二卷），人民出版社2012年版，第684页。

[3] 中共中央马克思恩格斯列宁斯大林著作编译局：《列宁选集》（第二卷），人民出版社2012年版，第685页。

　　帝国主义作为资本主义发展到垄断阶段的表现，具体化为经济和政治力量的全球扩张。列宁在其著作《帝国主义是资本主义的最高阶段》中明确揭示了帝国主义的核心特征，为后续研究提供了理论基础。首先，帝国主义是资本主义的垄断阶段，其本质在于"垄断取代了自由竞争"。列宁指出："从自由竞争中成长起来的垄断并不消除竞争，而是凌驾于这种竞争之上，与之并存，因而产生了许多特别尖锐特别剧烈的矛盾、摩擦和冲突。"① 其次，帝国主义呈现为寄生的或腐朽的资本主义。列宁描述了资本主义如何在其垄断阶段变得寄生性和腐朽性增强："垄断、寡头统治，统治趋向代替了自由趋向，极少数最富强的国家剥削愈来愈多的弱小的国家，——这一切便产生了帝国主义的这样一些特点，这些特点使人必须说帝国主义是寄生的或腐朽的资本主义。"② 最后，帝国主义被视为垂死的资本主义。列宁进一步阐述了帝国主义作为过渡性的资本主义，预示着其最终的灭亡："根据以上对帝国主义经济实质的全部论述可以得出一个结论，即应当说帝国主义是过渡的资本主义，或者更确切些说，是垂死的资本主义。"③

　　正如马克思的《资本论》为科学分析现代资本主义提供了理论指针一样，列宁的《帝国主义是资本主义的最高阶段》则为理解现代帝国主义现象提供了一把钥匙。从赫伯特·席勒的文化帝国主义理论到罗伯特·麦克切斯尼关于媒介和经济的批判，都深受列宁关于帝国主义本质的理论影响。美国学者福斯特在评价列宁的帝国主义分析时表示，列宁对更为发达的资本主义形式的理解，特别是他对资本集中与垄断的分析，在我们这个由全球化和高级阶段垄断资本主义定义的时代，仍显示出其深远的意义。福斯

---

① 中共中央马克思恩格斯列宁斯大林著作编译局：《列宁选集》（第二卷），人民出版社 2012 年版，第 650 页。

② 中共中央马克思恩格斯列宁斯大林著作编译局：《列宁选集》（第二卷），人民出版社 2012 年版，第 684 页。

③ 中共中央马克思恩格斯列宁斯大林著作编译局：《列宁选集》（第二卷），人民出版社 2012 年版，第 686 页。

特认为："这恰恰说明了马克思主义帝国主义理论的成功。"[①] 列宁的帝国主义理论为后来的文化帝国主义理论提供了重要的思想来源和理论基础。尽管列宁的分析主要集中在经济和政治领域，他的理论对理解文化领域内的帝国主义现象也具有启示性。基于列宁的理论框架，学者们开始探讨文化在帝国主义构架中的作用和影响，逐渐发展出文化帝国主义理论。此理论认为，帝国主义的表现不仅仅是经济和政治的压迫，同样也包括文化的控制和扩散，其中文化输出成为资本主义国家在全球争夺霸权中的一种关键手段。因此，列宁的帝国主义理论为理解全球化背景下媒介和文化现象提供了坚实的理论基础。

汉斯·摩根索（Hans Morgenthau）是 20 世纪美国国际关系学者，他的著作《国家间的政治：现代国际关系的科学研究》（*Politics Among Nations: The Struggle for Power and Peace*）被视为国际关系领域的经典之作。在这本书中，摩根索受到了列宁帝国主义理论的深刻影响，进一步探讨了帝国主义问题。他的理论主要集中在国际关系的现实主义范畴，强调国家之间的权力和利益竞争。摩根索关于帝国主义的论述，集中于帝国主义的本质、动机和形式等方面。摩根索认为，国际政治由国家之间的权力与利益竞争驱动。强国往往通过各种手段来扩大其影响力和控制范围，这正是帝国主义的本质。摩根索将帝国主义政策的典型手段分为三种：军事帝国主义、经济帝国主义和文化帝国主义。军事帝国主义寻求军事征服，经济帝国主义寻求经济剥削，而文化帝国主义则寻求文化的取代。然而，这些手段背后都有一个共同的目的——推翻现状，即改变帝国主义国家与被控制国家之间的权力关系。为了实现这一目的，帝国主义通过军事、经济和文化手段，单独或结合使用。摩根索指出，最显著、最古老且最残酷的帝国主义形式是军事征服。历史上的大征服者往往也是大帝国主义者，

[①]　陈学明：《驶向冰山的泰坦尼克号——西方左翼思想家眼中的当代资本主义》，人民出版社 2008 年版，第 223 页。

而由军事征服所带来的新权力关系，通常只能通过被征服国家发起的另一场战争来改变。这种战争往往对后者不利。然而，军事征服的缺陷在于战争的不确定性，胜负难以预测。与此相比，经济帝国主义相对较少冒险，更为有效，它是现代资本主义发展的伴随物，依靠经济控制而非直接的领土征服来实现对其他国家的控制。经济帝国主义通过改变权力关系来推翻现状，并以更隐秘、间接的方式进行控制，往往在不引起外界注意的情况下，达到更有效的统治。文化帝国主义的目的"不是征服领土和控制经济生活，而是征服和控制人们的心灵"①，以此作为改变两国之间权力关系的手段。文化帝国主义通过"软化敌人"来发挥作用，这通常是为军事入侵或经济控制做准备。它充当了军事帝国主义和经济帝国主义的先锋队。尽管经济帝国主义有时可独立运作，但它也常常是军事政策的辅助手段。同样，尽管军事帝国主义能在没有非军事手段支持的情况下实现征服，但单纯依靠军事力量的控制不可能长久。因此，征服者不仅将经济和文化渗透视为军事征服的准备，也将其作为帝国的支柱，基于心理控制和生计控制来巩固统治。

摩根索分析了第二次世界大战后国际关系中帝国主义行为的转变，他指出，随着传统军事帝国主义因其自我毁灭的危险性（例如核战争的威胁）变得不再适用，经济帝国主义和文化帝国主义的比重在国家的国际活动中显著增加。摩根索认为，这一转变的原因是双重的：首先，随着传统的殖民帝国瓦解，世界分化为多个政治和经济上较弱的国家，这些国家为了生存和发展往往依赖于外部援助，为帝国主义国家提供了利用经济和文化手段扩展影响力的新机会。其次，现代帝国主义国家倾向于通过经济控制和文化影响，而非直接的军事征服，来实现其全球战略目标。摩根索进一步阐释了帝国主义的道德伪装，指出帝国主义国家往往利用道德意识形态对

---

① 〔美〕汉斯·摩根索、肯尼斯·汤普森、戴维·克林顿：《国家间政治：权力斗争与和平》，徐昕、郝望、李保平译，北京大学出版社 2006 年版，第 98 页。

外扩张进行正当化。他揭示了帝国主义如何将经济控制和文化影响包装成"神圣的托管""白人的责任"或"基督教义务",以此美化其对其他国家和民族的控制。这种策略不仅仅是帝国主义行为的伪装,而且通过宣扬自己是在进行"反帝国主义"的行动——无论其真实性如何——使得国内公众认为其外交政策是正义和防御性的,从而获得人民的广泛支持和信任。通过这种复杂的国际政治游戏,摩根索展示了帝国主义如何在现代世界中以新的面貌出现,以及它如何通过经济和文化手段而非传统的军事行动来实现其目标,从而在全球范围内重新配置权力和影响。这种分析不仅为理解现代国际关系提供了深刻见解,也为后来的文化帝国主义理论提供了理论基础,揭示了文化在全球权力结构中的作用和影响。

摩根索的理论贡献尽管主要集中于国际关系和政治权力的竞争,但他对"文化帝国主义"概念的早期提出,为 20 世纪 60 年代赫伯特·席勒、麦克切斯尼等学者发展文化帝国主义批判理论提供了思想基础。摩根索的观点,虽未直接探讨文化帝国主义的深层结构,但其对国家行为的分析提供了理解文化与国家利益、国际政治间关系的重要视角。摩根索强调,帝国主义行动往往伴随着对外国文化的影响和控制,这一动机不仅仅是政治或经济的,还深入到文化层面。这种思考为席勒等人论证文化作为国家利益扩展手段的理论提供了启示。席勒在其文化帝国主义理论中提到,文化输出不只是文化产品的传播,更是国家战略的一部分,用于维护和扩大国家利益。此外,摩根索对帝国主义的理解强调了意识形态的角色。他指出,帝国主义国家通过推广其文化价值观和生活方式来巩固其全球影响力。这与席勒的见解相呼应,后者认为文化输出是意识形态扩张的一部分,旨在植入特定的价值观和思想,进而重塑目标国家的文化和社会结构。摩根索对于国家外交政策和国内政治文化因素的互动分析,进一步补充了席勒对文化产业全球化的观点。摩根索认为,国家利用文化作为外交工具,通过推广其文化产业来增强国际影响力,这与席勒关于文化产业如何服务于国家国际政策的论断不谋而合。因此,摩根索的思想不仅丰富了对帝国主义经济和政治属性的理解，也为分析帝国主义在文化领域的作用提供了重要的理论支撑，使我们能够从更加全面的角度理解文化帝国主义的现代表现及其后果。

三、法兰克福学派的大众文化批判思想

法兰克福学派在北美媒介文化批判思想的形成和发展中扮演了关键角色。作为西方马克思主义的一个重要支流，该学派主要由一群德国学者组成，他们在 1923 年成立的法兰克福大学社会研究所中开展工作。这些学者包括马克斯·霍克海默、西奥多·W. 阿多诺、瓦尔特·本雅明、赫伯特·马尔库塞、列奥·洛文塔尔和尤尔根·哈贝马斯等，他们共同探索了批判理论的广泛应用，尤其关注大众文化和媒介的社会影响。法兰克福学派的批判理论特别关注垄断资本主义阶段的大众文化现象，他们开创了"文化工业"理论，以此批判大众文化产品如何成为资本主义生产逻辑的一部分，从而批判性地审视了大众传媒如何在塑造社会意识形态方面起到关键作用。此外，该学派还提出了"公共领域"理论，分析了个体在现代社会中如何通过公共话语交流来形成民意，以及这一过程如何被商业化和政治化的媒介所侵蚀。在北美，法兰克福学派的思想得到了广泛传播和接受，特别是在媒介研究和文化研究领域产生了深远影响。他们的理论不仅深化了对大众文化和媒介的批判理解，还促进了对媒介作为社会控制工具的认识。通过对日常生活和文化的深入批判，法兰克福学派的研究为理解和分析媒介如何影响个体和集体的生活方式、价值观和社会结构提供了新的视角和理论工具。因此，法兰克福学派的贡献不仅在于其理论的学术价值，还在于它为批判性地理解和改变媒介文化的实践提供了理论基础，这使得他们的思想成为北美及全球媒介文化批判思想的一个不可或缺的组成部分。

1.文化工业理论：文化生产的异化与操纵

1931 年，马克斯·霍克海默接任德国法兰克福大学社会研究所所长，标志着该机构学术重心的转移，从具体的政治经济研究扩展到更广泛的哲学与社会科学领域。在霍克海默的领导下，社会研究所成立了影响深远的《社会研究杂志》（*the Journal for Social Research*），并聚集了众多心理学家、社会学家、文学评论家和哲学家等跨学科学者，极大地扩展了研究的学术视野。1933 年，纳粹的崛起迫使霍克海默和其他学院成员逃离德国，他们先后流亡瑞士、法国、美国等地，最终于 1950 年返回重建社会研究所。作为社会研究所的精神领袖，霍克海默明确了机构的学术宗旨：批判理性（Critical Rationality）。1937 年，霍克海默在《社会研究杂志》上发表了开创性论文《传统理论与批判理论》（*Traditional Theory and Critical Theory*），该论文不仅系统性地阐述了批判理论的研究主体、范畴与目的，也确立了批判学派的理论基础。他批判了"传统理论"的实证主义倾向，该理论通过数学符号的逻辑运算简化复杂现象，而批判理论则关注社会的广泛问题，直接指向辩证社会理论的根本方面。批判理论的核心在于三个方面：首先，其研究对象不仅是现存的社会秩序的表象，还包括深层的经济、政治与文化社会关系；其次，批判理论着眼于揭露和改变现实，建构自由人共同体的理性社会，而不是寻求抽象的乌托邦；最后，批判理论强调研究应具有批判精神的主体，旨在不迎合权力、不脱离社会生活的实际基础上进行。通过这种方法，法兰克福学派的文化工业理论特别强调大众文化生产在资本主义体制下的异化和操纵作用，批判文化产品如何成为工业生产的一部分，进而影响和塑造公众意识形态。这种批判不仅针对文化内容的商业化倾向，也指向文化传播中潜在的社会和政治影响力。

在"批判理论"的基础上，马克斯·霍克海默与西奥多·阿多诺合著的《启蒙辩证法》标志着他们对现代性、科学技术与实证主义的深入批判。霍克海默和阿多诺的批判不仅关注理性工具化的问题，还针对启蒙思想的悖论进行了深刻剖析。启蒙思想原本致力于解放人类，但在资本主义社会的框架下，启蒙思想转变为一种新的压迫工具，特别是在大众文化的塑造和传播过程中。在《文化工业：作为大众欺骗的启蒙》一文中，他们首次提出了"文化工业"这一概念，明确指出现代资本主义社会中的文化生产不仅仅是艺术或娱乐的表达，更是通过工业化生产和消费模式来实现的。文化工业将文化商品化，既标准化生产，又根据市场规律进行消费，从而使个体和社会的思维、欲望、情感都受到控制。文化成为一个重要的意识形态工具，帮助维持现有的社会秩序，进一步巩固了资本主义的统治。在《文化工业再思考》一文中，阿多诺对文化工业理论进行了进一步的探讨和深化。他明确指出，文化工业的运作机制不仅是由经济力量主导的，它也与政治权力紧密相连，社会对文化的消费被无形地塑造和控制。文化工业的特点不仅体现在其商品化的过程上，更在于它通过提供某种"共同的体验"，让社会成员在文化层面形成共识，避免了他们对现状的反思和质疑。这种文化产品的标准化和普遍化，使得个体的思考和创造力逐渐被压制，形成了一个整体化的、顺从的社会。阿多诺与霍克海默对"文化工业"概念的提出，深刻区分了文化工业与传统意义上的大众文化。他们将大众文化视为自发、民主化的文化现象，通常与民间艺术、通俗娱乐相关，这种文化形式具有广泛的社会接受度，且通常被认为是自下而上的表达，代表了普罗大众的文化需求和审美。传统的大众文化常常与民粹主义联系在一起，强调民众参与和大众对文化的主动选择。然而，阿多诺和霍克海默认为，现代社会中的大众文化已经发生了质的变化，它不再是自下而上的文化产物，而是由资本主义结构中的大企业和政治精英自上而下进行精心设计和生产的文化产品。文化工业生产的文化产品，不仅追求盈利最大化，还符合政治和社会的控制需求。与传统大众文化不同，现代的文化工业通过福特主义工业生产流水线式的方式，批量生产千篇一律的文化产品。这些产品不仅在形式上缺乏多样性，也在内容上通过市场化和商品化的方式，塑造着观众的需求与思想，最终把消费者变成"受控的消费者"。文化工业的运作体现了经济与政治双重控制的机制，文化产品不再是单纯的艺术表现，而是艺术商品，承担着更深层的意识形态功能。这些商品在不断标准化、规范化的生产过程中，传播着特定的价值观和社会理念，强化了资本主义社会的现状，维持了社会阶层和权力结构的稳定。在《文化工业：作为大众欺骗的启蒙》一文的标题中，阿多诺和霍克海默通过"欺骗"（deception）这一核心概念，揭示了文化工业的潜在功能：它通过虚假的启蒙和娱乐，制造了一种看似自发、民主、平等的文化氛围，实则是对大众思想和行为的操控与束缚。文化工业的普及和普遍化，导致人们对社会现状的接受，而不是对社会结构和权力关系的质疑，进而加深了资本主义体制对个体的控制。文化工业，作为遵循资本逻辑的文化生产活动，是现代巨型经济机器的一部分。在经济利益至上的驱动下，霍克海默与阿多诺指出："文化工业是一种交易。"[①] 在这种体系下，文化艺术创作已沦为工业化生产，制造出具有高度一致性的标准化产品。在消费主义主导的社会中，文化工业的娱乐功能渗透到各个领域，其中那些为大众消费量身定制的产品，往往是经过精心计划和设计的，旨在满足消费者的需求并引导其消费行为。正如阿多诺所言："在其所有的分支中，那些特意为大众消费生产出来并在很大程度上决定了那种消费性质的产品，或多或少是按照计划炮制出来的。"[②] 不可忽视的是，技术的不断更新推动了大规模的标准化生产，文化产品的生产模式转向以技术为主导，而非内容创意。这一生产方式的最终目的是最大化资本的经济效益，而非提供多样化和个性化的文化内容。另一方面，文化工业也深受极权主义和垄断资本主义意识形态的控制。霍克海默与阿多诺指出："文化工业不断在向消费者许诺，又不断在欺骗消

---

① 〔德〕马克斯·霍克海默、〔德〕西奥多·阿多诺：《启蒙辩证法》，渠敬东、曹卫东译，上海人民出版社 2006 年版，第 142 页。

② ADORNO T, ANSON G. Rabinbach: Culture Industry Reconsidered[J]. *New German Critique, No.6 Autumn,*1975.

费者。"① 它承诺带给人们无穷无尽的快乐，但这种"快乐意味着点头称是"②，即通过迎合大众的期待来规范其思想和行为。文化工业通过制造需求、塑造幸福生活和传递统一的观念，形成了一种共同的幻象，安抚并愚弄了那些在现实生活中感到失落的大众。其背后的意识形态是"自上而下"地运作的。"上"指的是政治精英和资本寡头，而"下"则是被压抑个性和理性的无知大众。文化工业借助统一化的意识形态来整合这些乌合之众，利用强制性和蛊惑性手段加以控制和收编，从而维护现有的社会秩序和权力结构。

因此，文化工业构建了一套自治的话语体系，它"从外部祛除真理，同时又在内部用谎言把真理重建起来"③。这一体系通过文化工业的过滤，影响了人们的认知和消费观念。霍克海默指出，所谓的流行娱乐，实际上是由文化工业所刺激、操控，并且悄悄腐蚀人们的需求，它"与艺术无关，尤其是在它装着与艺术相关的地方更是如此"④。文化工业通过迎合和投机消费者的需求，依赖日益成熟的技术手段简化生产过程，实现精细化劳动分工，批量生产高度同质化的文化产品。最终，文化产品失去了个性，变得空虚、平庸和顺从。所谓"空虚"是指艺术的审美价值已被商品交换的价值所取代，"平庸"意味着风格的标准化和生产的同质化，而"顺从"则反映出文化产品背后隐藏的权力关系和意识形态内涵。由此，文化工业不仅消弭了高雅艺术（high art）和低俗艺术（lower art）之间的界限，还使艺术的风格和审美趣味逐渐消失。值得注意的是，

---

① 〔德〕马克斯·霍克海默、〔德〕西奥多·阿道尔诺：《启蒙辩证法》，渠敬东、曹卫东译，上海人民出版社 2006 年版，第 126 页。

② 〔德〕马克斯·霍克海默、〔德〕西奥多·阿道尔诺：《启蒙辩证法》，渠敬东、曹卫东译，上海人民出版社 2006 年版，第 130 页。

③ 〔德〕马克斯·霍克海默、〔德〕西奥多·阿道尔诺：《启蒙辩证法》，渠敬东、曹卫东译，上海人民出版社 2006 年版，第 121-122 页。

④ 〔德〕霍克海默：《霍克海默集：文明批判》，曹卫东编选，渠东等译，上海远东出版社 2004 年版，第 226 页。

大众传媒的研究是"文化工业"批判理论的核心领域。文化工业将媒体作为一种工具，供统治阶级用来宣传和巩固政权。另一方面，法兰克福学派成员在美国大众文化的强力影响下，开始反思并揭示媒体的商业性，思考其对文化生产媚俗化的推动作用。马尔库塞在《单向度的人》中指出，大众文化通过现代传播技术提供了日常生活中各类商品，这些商品不仅满足了资本主义社会的虚假需求，还在背后传递着意识形态与权力秩序。他认为，媒体在生产单向度的人和单维社会方面，"即使不是罪魁祸首，也是重要的帮凶"[①]。

　　法兰克福学派的文化工业理论具有深刻的社会批判逻辑，其出发点可以从两个方面进行定位。在否定性话语的层面，文化工业被视为源于20世纪发达资本主义社会——这一社会形态在阿多诺看来是"全面管理的社会"（the totally administered society），而在马尔库塞的定义中则表现为"单维社会"（one-dimensional society）。文化工业的存在，使得现代社会的文化与资本和权力相互勾结，大众因此被虚假的同一需求所整合，最终被潜藏在其中的统治阶级意识形态所收编，丧失了独立的批判性思维。这一分析揭示了文化工业的消极作用。与此同时，在肯定性话语的层面，从本雅明、洛文塔尔到马尔库塞等学者也认识到了文化工业的积极意义。他们认为，在资本主义社会中，大众并非完全处于被动状态。通过电影、摇滚乐等新的大众文化形式，普通人能够一定程度上表达自我，甚至逐渐培养出革命意识和批判态度，从而可能成为社会变革的主体，最终颠覆资本主义体制。这一观点也在一定程度上为北美媒介文化批判思想的发展提供了理论基础。

　　总的来说，法兰克福学派的文化工业理论不仅揭示了西方社会中文化和媒介作为产业的本质，而且强调了它们在资本主义体制下所扮演的意识形态功能。特别是这一理论对北美媒介文化批判学派的直接影响，使得该

[①]　李彬、曹书乐：《欧洲传播思想史》，复旦大学出版社2019年版，第75页。

学派不仅关注资本主义大众传播媒介作为经济组织的运作机制及其特征，还强调了传播活动对社会的影响，特别是在意识形态层面的作用。

2.“公共领域”：空间结构中的权力关系

如果说阿多诺、霍克海默、本雅明等人是法兰克福学派的第一代学者，那么坚持社会批判传统的尤尔根·哈贝马斯则可视为该学派的第二代传人。哈贝马斯提出的“交往行动理论”、“知识旨趣说”、“公共领域”概念和“技术决定论”，主张重建理性理论和历史唯物主义，具有鲜明的社会批判意识。其中，哈贝马斯对法兰克福学派的主要贡献体现在其著作《公共领域的结构转型——论资产阶级社会的类型》（1962）中。在该书中，哈贝马斯基于葛兰西的“市民社会”理论，提出了“公共领域”（Public Sphere）概念，这一概念对理解媒体与民主权利、媒体与商业之间的关系具有重要的建设性意义，对当代大众媒体公共职能的构建具有深远的启发作用。

哈贝马斯的研究起点源于国家理论的二分法，即将国家划分为公共权力领域（政治国家）和市民社会（经济社会）。在此框架下，“公共领域”被定义为介于私人领域与公共权力领域之间的中间领域，它是由公民自愿组织形成的，用于发表公共意见的公共组织机构。哈贝马斯指出：“这类组织包括教会、文化团体、学会，以及独立的传媒、运动和娱乐协会、辩论俱乐部、市民论坛、市民协会等，此外，还包括职业团体、政治党派、工会等其他组织。”[①] 在哈贝马斯的理论中，公共领域是基于民主辩论、平等对话和理性商谈的批判性与独立性空间，它不代表任何资本集团或官僚机构。私人领域，即市民社会，是进行家庭活动、商品交换和社会劳动的领域；而公共权力领域则由司法和行政机关等构成国家主体。在哈贝马斯的早期思想中，市民社会与公共领域交织在一起，公共领域与市民社会

---

① 〔德〕哈贝马斯：《公共领域的结构转型》，曹卫东译，学林出版社1999年版，序言第29页。

的利益关系紧密相连，并关注商业利益与经济体系。随着后期思想的展开，哈贝马斯逐渐削弱了公共领域与市场经济的联系，强调公共领域是公共权力领域与私人领域之间的缓冲地带，但这种领域逐渐被市场经济和消费主义所制约，并与资本和权力相联系，最终形成一个支配人们行动的系统。哈贝马斯的历史性分析表明，公共领域的变化经历了两次转型过程。第一次是从封建君主专制向资产阶级自由的公共空间转型，第二次是从资本主义公共空间向现代大众社会的公共空间转变。因此，哈贝马斯将公共空间划分为三种主要类型。其一是欧洲中世纪的代表型公共空间（representative public sphere），在这一时期，尚未形成独立于私人领域的公共意见表达和公共权益维护领域，国家事务完全由宫廷和贵族阶级掌控。其二是资本主义社会中的文化公共空间，这种公共空间由私人集合而成，提供一个理性和平等的场所来交流信息，在这里人们建立起平等的横向关系，而非贵族和平民间的垂直关系。17世纪伦敦的沙龙与咖啡馆，以及巴黎大革命期间政治人物或有政治理想的人物所创办的会议，都属于这一类文化公共空间，这些空间促进了自由言论的涌现。其三是现代大众公共空间，这种公共领域的独立性和民主性被文化消费所替代。

公共领域的社会结构可以分为政治公共领域和文学公共领域。政治公共领域关注公众围绕国家治理、公共权力和公共舆论等问题对公共权力的批判，而文学公共领域则主要由理性公众对文学艺术进行评论。总体来看，公共领域具有以下特征：其一，公共领域是一种民主政治形式，主要通过话语交往和理性辩论形成公共舆论并发挥作用。公共领域在很大程度上通过公共论坛敦促公共权力机关履行契约。能够发声的论坛因此显得至关重要，"在这个论坛中，私人身份的人们聚集在一起形成公众，准备迫使公共权力在公共舆论面前证明其合法性，众人（the publicum）转变为公众（the public），臣民（the subject）变为（进行推论的）主体（subject），接受上面指导的人转变为统治权威的对手……凡受到公众评判的事物便获得公共性（publication）"①。公共领域的公众诉求主要是批评现有政权，而非寻求政权。这一民主政治过程体现了现代性原则。其二，公共领域受到政治与经济的双重控制。在现代社会，启蒙公众、与政治系统共振的公共领域逐渐被文化消费的公共领域所取代。随着消费主义和工业革命的兴起，大众传媒的消费属性使得公共领域逐渐渗透到私人领域，出版业等大众媒体行业也开始追逐经济效益和股票涨幅。为了提升广告效应，媒体编辑必须根据利润需求策划内容。同时，福利国家政府也通过干预手段，如商业监管和监督并购垄断，影响公共领域。随着政府事务与宣传使用煽动性广告来影响公众心理，公众辩论逐渐受到权力关系的主导。由此，公共领域逐步成为一个深受权力控制和官僚制度影响的空间。其三，大众媒体是公众批判的主要工具，是公共领域的发声渠道，包括报纸、期刊、广播、电视等。在哈贝马斯的理论中，他期望出现一种接近乌托邦的理想公共领域，在这种领域中，大众传媒是交往理性和话语表达的载体，作为一个完全开放的空间，公众不仅面对实际在场的观众，还能通过大众媒体与虚拟观众互动。在这一理想公共领域中，所有公众都可以自由、平等、理性地通过大众媒体参与文化再生产，表达观点，维护公共权益。

法兰克福学派在马克思主义的基础上，"对发达工业社会进行全方位的批判，深刻揭示了现代人的异化和现代社会的物化结构，特别是意识形态、技术理性、大众文化等异化力量对人的束缚和统治"②。霍克海默、阿多诺和马尔库塞的论著广泛影响了北美文化批判学者，他们的文化工业批判理论尤为突出。通过对文化工业的批判，这些学者不仅探讨了资本主义文化中存在的意识形态问题，还深入分析了文化传播如何被资本主义机制所裹挟。特别是阿多诺和本雅明对资本主义文化修辞的研究，以及"文化马克思主义"对资本主义社会意识形态的批判，为席勒、麦克切斯尼等

---

① 邓正来、〔英〕杰弗里·亚历山大：《国家与市民社会：一种社会理论的研究路径》（增订版），上海人民出版社 2006 年版，第 143-144 页。

② 衣俊卿等：《20 世纪新马克思主义》，中央编译出版社 2001 年版，第 166 页。

学者提供了理论武器，帮助他们深入分析现代资本主义文化传播及文化工业的作用。与此同时，法兰克福学派第二代的重要人物尤尔根·哈贝马斯，对公共领域的历史性考察和其悲观的态度，对北美文化批评学者的思考也产生了深远影响。哈贝马斯提出的"公共领域"概念，不仅阐述了公众对公共权力进行批判的必要性，也揭示了公共领域在资本主义社会中的变迁。他的理论帮助北美媒介文化批判学者反思现代传媒，特别是广播电视等媒介由于商业化而导致的公共领域的萎缩。在这一过程中，媒体的商业化和所有权的集中化，不仅破坏了文化生产的多样性，还压制了公共利益，形成了所谓的"信息圈占"，使公民的权利和声音受到侵害。哈贝马斯强调，公共领域的功能不能被企业和国家控制，公民必须拥有自主和理性的互动空间。这一观点为媒体的理想模式提供了理论基础，影响了媒介文化批评学者提出的改革建议。他们主张通过建立更加多元化的媒介产业，寻找可替代的媒介形式，推动媒介去中心化和反控制，从而在媒体传播的结构中实现更公平的权力分配和民主参与。

四、葛兰西的文化霸权理论

安东尼奥·葛兰西（Antonio Gramsci，1891—1937）是意大利共产党的创始人之一，同时也是杰出的无产阶级革命家、哲学家和文艺理论家。早在1911—1914年在都灵大学读书期间，他便积极投身于革命活动。1913年，葛兰西加入意大利社会党，1921年参与创立意大利共产党，并于1924年担任该党总书记。然而，1926年他遭到法西斯政权的逮捕，并在监狱中度过了漫长的囚禁生涯。在狱中，葛兰西展现了惊人的毅力和非凡的思考能力，创作了近三千页笔记，这些笔记后来被他的妻妹取出并寄往莫斯科，最终汇编成《狱中札记》。葛兰西的文化霸权理论对西方文化研究以及帝国主义研究产生了深远影响。他的理论核心思想集中在提出"文化霸权"这一概念，并深入分析了意识形态与文化在社会中的角色，探讨了文化"统治"与"认同"之间的复杂关系。

文化霸权，又称文化领导权，这一术语最初由普列汉诺夫在 1883—1884 年间提出，作为推翻俄国沙皇制度的一项战略。这一概念涉及无产阶级在与其他团体（如资产阶级、农民以及希望推翻沙皇制度的知识分子）联合时应当具备的文化领导权。此后，列宁也曾使用这一词语，并强调了大众的广泛参与，同时不放弃对资产阶级革命的领导权。然而，直到葛兰西的时代，这一概念才被作为理论框架加以阐述，并发展成具有深远影响的文化霸权理论。"文化霸权"这一概念是在葛兰西分析资本主义市民社会的过程中提出的。葛兰西认为，市民社会已经发展成为一个极为复杂的结构，其中资产阶级庞大的意识形态体系（如新闻出版机构、学校和教会）与官僚化的工会共同为资产阶级意识形态的制度化和国际化提供了基础。这些力量通过建立一种文化霸权，维系了统治秩序。葛兰西强调，霸权的核心并不在于通过暴力强迫大众违背自己的意志，屈从于统治阶级的压迫，而是通过让个人"心甘情愿"地参与并被同化进支配集团的世界观，进而内化其价值观和理念，融入到支配阶级的文化霸权之中。在葛兰西看来，文化霸权在资本主义统治中占据重要地位，统治者对文化和思想领域的全面控制，并非通过直接的强制手段，而是通过让被统治者自觉地认同统治者的意识形态来实现。这种方式是 19 世纪资本主义自由社会的显著特征。他区分了两种资产阶级维持统治的手段：一是依靠军队、警察和法院等国家机器的强制性力量；二是通过学校、家庭、教会以及传播媒介等非强制性的社会机构，将统治者的思想方式、价值标准及生活方式制度化为唯一合情、合理、合法的准则。这种社会制度化的认同促使被统治者失去对压迫的意识，养成了顺从和谦卑的心态，从而彻底沦为统治阶级的附庸。葛兰西在 20 世纪初便对资本主义及其帝国主义权力和控制机制抱有高度警惕，深刻洞察到文化霸权如何在不知不觉中巩固了资本主义的社会结构和权力体系。

在对资本主义的"统治"和"认同"作为权力的两种形式进行考察之后，葛兰西进一步提出了"领导权"这一概念。"统治"指的是通过强制性国家机器——如军队、警察、法院等——来实现的直接支配，而"认同"则是一种更加隐蔽的权力形式，是领导权的实施方式。简单来说，"统治"通常表现为通过暴力手段压服民众，而"认同"则体现为大众对主导价值观念的趋同，这种认同具有社会、道德和语言等多重制度化形式，而并非通过暴力的手段进行表达。领导权通过市民社会的渠道施行，它促使人民在世界观、方法论，甚至文化和价值观上实现整合，从而统一在某种意识形态之中。领导权的关键在于舆论的塑造和意识形态的灌输。通过强化宣传、渗透思想，领导权成为一种思想意识和宣传手段的集中体现。葛兰西指出："一个社会集团能够也必须在赢得政权之前开始行使'领导权'（这就是赢得国家政权的首要条件之一）；当它行使政权时，它就最终变成了统治者，但即使牢牢把握住政权，它仍然必须继续行使以往的'领导'。"[1]这意味着，领导权的行使是一个持续不断的过程，甚至在政权掌握之后，领导权依然需要维系和加强。葛兰西还指出，只有依靠广大知识分子，才能夺取并保持文化的领导权。这里的"知识分子"并不限于艺术家、作家或学者等社会精英群体，他的定义更为广泛，泛指一切生产和传播观念及知识的人。正如他所说："所有的人都是知识分子，但并非所有的人都在社会中具有知识分子的职能。"[2]在霸权的建立和传播过程中，知识分子的作用不尽相同。某些知识分子直接参与霸权观念的生产，有的则负责阐释和加工这些观念，另一些则是将权威下达的任务付诸实施。这些不同类型的知识分子在推动文化霸权过程中扮演着各自的重要角色，构成了领导权的运作机制。

　　葛兰西在极其艰苦的环境下为后世留下了宝贵的精神财富，他的"文化理论"不仅反映了对殖民主义的警惕，也为批判现代社会中潜在的文化

---

[1]　〔意〕安东尼奥·葛兰西：《狱中札记》，曹雷雨等译，中国社会科学出版社2000年版，第38页。

[2]　〔意〕安东尼奥·葛兰西：《狱中札记》，曹雷雨等译，中国社会科学出版社2000年版，第4页。

霸权提供了深刻的理论依据。葛兰西尤其强调了文化、意识形态和思想控制在资本主义体系中的作用，这一理论对北美媒介文化批判产生了深远的影响。北美媒介文化批判学者，尤其是赫伯特·席勒、罗伯特·麦克切斯尼等人，在葛兰西的文化霸权理论基础上，探讨了跨国公司、主流媒体如何通过全球传播控制文化话语权，并在此过程中强化了西方资本主义国家的全球主导地位。

葛兰西的文化霸权理论揭示了统治阶级如何通过控制文化领域——尤其是教育、媒体和文化产业——实现对社会的"统治"与"认同"。席勒等学者受其影响，深入分析了现代资本主义社会中，尤其是在北美，媒体如何不仅仅作为信息的传递工具，更是文化价值、意识形态传播的载体。席勒在其著作中提出的"信息圈占"理论，正是以葛兰西的文化霸权理论为理论支撑，揭示了发达国家特别是美国通过控制全球媒体、文化产品、广告等传播渠道，形成了一种文化主导的霸权结构。北美的跨国公司通过全球媒体市场，将自己的价值观、生活方式和消费模式渗透到其他国家和地区，从而强化了美国的政治经济影响力，巩固了其全球霸权地位。然而，葛兰西的理论不仅揭示了文化霸权的形成与维持机制，还强调了反抗和对抗的可能性。在其"领导权"的概念中，葛兰西指出，虽然统治阶级通过意识形态和文化的控制达到社会的广泛认同，但被统治阶级仍然有可能通过反抗来挑战这一霸权。席勒等学者继承了这一思想，提出了"文化抵抗"的概念，认为全球范围内的文化霸权并非不可逾越。通过加强本土文化的自主性、促进多元文化的传播和建立独立的媒体网络，被统治者可以挑战发达国家文化的霸权地位。席勒在分析北美媒体的全球传播时，提出了对文化主权的捍卫以及反对文化同质化的主张，认为发展本土文化和独立媒体是打破文化霸权的关键途径。

因此，葛兰西的文化霸权理论为北美媒介文化批判学者提供了重要的理论基础和思考路径，使他们能够更深入地分析现代全球文化格局中的权力关系。北美学者在此基础上，进一步探讨了跨国公司、主流媒体和文化产业如何通过文化产品的全球传播来塑造全球公众的思想与价值观，进而巩固其全球霸权地位。同时，葛兰西强调的文化抵抗和意识形态反抗的可能性，也为媒介文化批判学者提供了分析和反思现有全球文化格局的启示，推动了对文化解放和媒介改革的进一步探索。在全球化背景下，葛兰西的文化霸权理论为理解现代文化帝国主义现象、推动文化自主性和社会变革提供了有力的理论支持。

五、法农的后殖民主义文化分析理论

弗朗茨·法农（Franz Fanon，1925—1961）是 20 世纪极具影响力的黑人思想家、心理学家和革命家，也是后殖民主义文化批判的奠基人之一。他的著作《黑皮肤，白面具》（1952）和《地球上的不幸者》（或译《全世界受苦的人》，1961）对殖民主义的文化分析具有深远的理论影响。法农通过对殖民统治下的精神痛苦和心理创伤的深入剖析，提出了殖民主义文化对被压迫人民深刻的精神伤害及其解放之路的革命性理论。法农认为，暴力革命是第三世界国家摆脱殖民压迫和文化创伤的唯一途径。他通过对法国有色人群体的心理分析，揭示了殖民统治对个体身份认同的摧残，指出这种文化创伤不局限于法国的殖民地居民，而是普遍存在于全球殖民经验中。法农为后殖民主义的文化批判提供了理论依据，开创了从文化层面批判殖民主义的新思路，成为后殖民批判理论的典范。

法农作为诗人、人道主义者和现代主义思想家，不仅深刻揭示了殖民主义如何对黑人的心灵造成创伤，并深入剖析了这种创伤所引发的社会裂痕，还为那些在西方统治、文化侵略和种族歧视下默默承受苦难的受害者提供了坚定的支持。在他的经典著作《黑皮肤，白面具》中，法农从心理学和哲学的角度尝试解读黑人群体在殖民压迫下的"生存"境遇。他对殖民主义文化的一个重要观察是："所有被殖民的民族，尤其是那些因其独特的地方文化而深受自卑感困扰的民族，最终都不得不面对所谓'开化'

民族的语言和文化，这也正是宗主国文化的体现。"[1] 这一判断为法农分析黑人群体的心理困境提供了理论基础。他认为，黑人不仅面临着自觉或半自觉的心理痛苦，还不断承受着殖民主义种族歧视带来的精神压迫。这种压迫不仅体现在社会的政治层面，也渗透到文化和思想领域，殖民主义通过在黑人身上刻下文化和身份的烙印，制造了一个没有文化根基、缺乏自我认同的群体。殖民主义的文化霸权正是通过这种心理和文化上的压迫形成的。殖民权力通过破坏原有的社会关系，摧毁本土文化，使黑人群体处于没有文化地位、没有民族自尊的"原始"状态。在这种状态下，黑人被迫接受殖民者所设定的文化标准和身份定位，逐渐失去了作为独立个体的尊严与自信。殖民主义以一种温情脉脉的资本主义面纱掩盖着对黑人的统治和压迫，同时也通过教育和文化灌输，进一步使黑人接受和内化这种压迫，使得种族歧视得以合法化并加深了社会分裂。法农在此基础上批判了黑人在现代社会中极力寻找身份认同的痛苦过程。由于白人文明和欧洲文化对黑人生活的强加，黑人的奋斗目标往往变得扭曲，他们的最大渴望便是"想成为白人"[2]。一部分黑人在这种文化压迫下，努力以自身的聪明才智和思想深度来向白人社会证明自己的价值。这种压迫不仅来自外部，更在黑人内心深处埋下了痛苦的根源。法农总结道："有色人种的痛苦，源自曾经遭受的奴役经历。"[3]

　　法农在 36 岁时因白血病，英年早逝。尽管如此，他在去世前不久依然完成了他的另一部重要著作《地球上的不幸者》。在这部作品中，法农对非洲的民族资本主义进行了深刻的批判，特别是批判了那些从事剥削的非洲民族资本家阶层，这些人通过剥削非洲的无产阶级和农民而成为寄生阶级。同时，法农分析了殖民主义及其对被殖民民族和文化所造

---

① 〔法〕弗朗兹·法农：《黑皮肤，白面具》，万冰译，译林出版社 2005 年版，第 9 页。
② 〔法〕弗朗兹·法农：《黑皮肤，白面具》，万冰译，译林出版社 2005 年版，第 3–4 页。
③ 〔法〕弗朗兹·法农：《黑皮肤，白面具》，万冰译，译林出版社 2005 年版，第 183 页。

成的深远影响。他强调，反对殖民主义的"革命主体"并不是传统意义上的工人阶级或西方的统治阶级，也不是第三世界的民族无产阶级。法农认为，第三世界真正的革命阶级是"贫苦农民"，他们才是"地球上承受最大苦难的人"。他认为，第三世界的暴力对于推翻资本主义秩序至关重要，只有通过暴力革命，才能让革命者从分散的个体聚集成一个共同的行动体，才能使非洲的黑人摆脱自卑和失望，摆脱无力和散沙的困境。法农进一步提出："欧洲是由第三世界创造出来的。殖民者所书写的历史并非是被掠夺国家的历史，而是宗主国在掠夺和侵犯他国的过程中所编纂的历史，是一种掩盖对他国人民的剥夺和压迫的历史。殖民主义的本质在于剥夺当地人民作为人的基本权利，同时使西方文化看似逐渐获得合法性。"[①] 总的来说，法农的研究，尤其是他对"民族文化"的重视，使他对殖民主义文化和种族主义文化持高度警惕。他从民族主义的视角出发，提出了反抗殖民统治的可能性，揭示了殖民主义的压迫方式，并明确了反抗这种压迫的主体是贫苦的"农民"以及那些处于边缘的"黑人"。法农认为，只有通过斗争和重塑文化，第三世界才能突破殖民主义的束缚，获得自身的新生。这一思想不仅为后来的后殖民主义理论家如萨义德、斯皮瓦克、霍米·巴巴等提供了理论的起点，也为文化帝国主义的批判提供了重要的思想基础。

　　法农的殖民主义文化分析理论对赫伯特·席勒等后来的文化帝国主义理论，特别是在北美媒介文化批判中产生了重要而深远的影响。尽管法农的研究主要关注的是殖民地和后殖民地地区的心理创伤和文化问题，而席勒等学者则更多地聚焦于发达国家如何通过媒体和文化产业对其他国家进行文化输出和控制，但法农的理论为这些学者提供了关键的思想基础，尤其是在揭示北美媒介文化霸权及其全球影响方面。法农指出，在殖民主义体系下，殖民地人民经历了文化身份的分裂和心理困境。殖民者通过文化

---

① 王岳川：《后殖民主义与新历史主义文论》，山东教育出版社1999年版，第17页。

霸权，使被殖民民族丧失了自己的文化认同，代之以殖民者的文化和价值观。这种文化的压迫不仅仅是物质层面的侵略，更是在精神和心理层面的深度控制。这一理论为席勒等学者提供了分析现代北美媒介文化如何通过全球化传播，强化文化霸权的理论框架。此外，法农呼吁被殖民者摆脱殖民者的文化和心理奴役，重新建立自己的文化认同和民族尊严。这一思想对席勒等学者提出的"文化抵抗"概念产生了重要影响。席勒认为，文化帝国主义不仅仅是通过直接的政治控制实现霸权，更是通过文化产业的渗透和全球传播，塑造全球舆论，强化西方价值观。因此，他主张，全球范围内的文化解放必须通过对北美主流媒体的反抗，以及本土文化的复兴来实现。席勒特别强调，通过建立独立的、非西方文化主导的媒体网络，可以打破北美文化的霸权，促进多元文化的传播与发展。因此，法农的殖民主义文化分析理论为北美媒介文化批判提供了重要的理论基础。他揭示了文化霸权如何通过心理、文化和意识形态层面的控制，使被殖民民族陷入精神奴役，并提出了文化抵抗的可能性。这一思想对席勒等学者的文化帝国主义批判产生了深远影响，尤其在理解北美媒介如何通过全球文化产业进行文化输出和霸权控制方面，法农的理论提供了不可或缺的批判视角。今天，法农的文化反抗理念依然为全球文化解放运动提供理论支持，尤其是在面对北美主流媒体和全球化文化霸权的背景下，法农的思考仍然具有重要的现实意义。

六、福柯的权力话语理论

米歇尔·福柯（Michel Foucault，1926—1984）是 20 世纪法国著名的哲学家、社会学家和思想家。他的多部著作，包括《疯狂与文明》（1961）、《词与物》（英译为《事物的秩序》，1966 年）、《知识考古学》（1969）、《监狱的诞生》（1975）以及《性史》（1976—1984）等，对现代社会科学领域产生了重大影响。福柯特别以其权力 / 知识理论（Power/Knowledge Theory）闻名，该理论深刻地解析了权力、知识和话语之间的交织关系。

他在《知识考古学》中阐述了知识的生产、传播和消费是如何与权力结构紧密相关的。福柯指出，所谓的权力并不是传统意义上的社会地位、政治权势或经济利益，而是构成知识生产背景、主体和氛围的复杂网络，这种网络严重制约甚至决定了知识的性质和用途。福柯的理论为理解和批判北美以及全球范围内的媒介文化霸权提供了深刻的理论支撑，促进了对文化生产、信息传播和公共话语权力结构的更深层次理解和批判。这些理论强调了反思和抵抗文化和媒介中的支配话语，推动了对更公平、多元和民主的媒介和文化生态的探索。

福柯的权力话语理论突破了传统关于权力的观念。他认为，权力不是一种拥有或掌握的实体，而是贯穿于社会各层面的关系网络。在福柯看来，权力是通过社会机构、规则和日常实践来实现的，它渗透在政治、社会、文化以及知识等各个领域中。他特别关注那些构成社会制度背后的隐形权力，探讨这些权力如何在形塑人的主体性过程中产生正面或负面的效应。福柯对权力的理解并非简单地将其视为压制或禁止某种行为的力量。相反，他将权力与话语联系起来，认为权力是在不断的话语实践中产生和实施的。福柯强调，历史上的话语从来都是在权力斗争中形成的，不存在完全客观的话语，话语总是在不同程度上反映权力结构。权力与知识之间的关系在话语中显现，通过话语的制定和传播，权力得以维持和强化。福柯特别强调知识和权力的不可分割性，认为两者是相互依存、相互强化的。权力通过控制知识的生产来维持其统治地位，而知识则通过制定和维护规范和标准来支撑权力的运行。他关注的核心不是知识本身，而是知识如何通过话语进行表达和传播。在福柯的理论中，话语是权力的载体，它不仅描述现实，更重要的是构建和塑造现实。这种对权力和知识的看法表明，知识从来不是中立的，它总是包裹着特定的意识形态，穿着真理的外衣，实际上却服务于统治阶级的利益。

福柯的研究不仅聚焦于权力、知识和话语的交织关系，还扩展到身体、性别和身份政治的探讨，从而深化了对个体身份和社会地位的理解。福柯认为，权力通过规范和标准塑造和控制身体与性别，进一步影响个体的身份认同。他强调，语言作为一个先于个体的社会系统，构成了个人表达和他人理解的框架。在这一框架内，语言的意义不固定，而是可以被权力话语塑造和重构的。福柯的理论提出，虽然个体试图通过语言建构自身身份，但他们所依赖的语言本身充满权力的痕迹。权力通过话语不仅描绘现实，也制造现实，因此，任何话语都含有虚构的成分，而这种虚构能够产生或制造事实。福柯特别关注权力话语如何构建、维持并可能被解构的过程，认为挑战和批判这些话语是实现个体和社会解放的关键。这些观点对北美媒介文化批判学者，如赫伯特·席勒等人的研究产生了深远影响。尽管福柯关注的是权力如何在较广泛的社会领域内通过话语操作，而席勒等人则专注于如何在全球化的背景下，发达国家利用媒体和文化产业作为权力话语的工具，对其他国家进行文化影响和控制，福柯的理论还是为席勒提供了理解和分析全球文化帝国主义——特别是如何通过媒介和文化产品传播特定的价值观和生活方式，以及这些活动如何服务于维持现有全球权力结构的洞见。

福柯的思想提供了一种框架，帮助媒介文化批判学者理解和揭示北美及其他发达国家的文化产业如何通过媒体和信息传播塑造全球文化景观。这些理论强调了对主流媒体和文化产业中的话语进行批判的重要性，进一步推动了对多元化和民主化的媒体和文化生态系统的追求。通过批判和重新配置这些话语和知识的生产，文化批判学者寻求挑战和改变那些维持不平等和压迫的文化和社会结构。

福柯的权力话语理论对赫伯特·席勒、罗伯特·麦克切斯尼、达拉斯·斯麦兹等北美媒介文化批判学者产生了重大影响，为他们分析和批判全球化过程中的文化和媒介控制提供了理论工具。这些学者在福柯的理论指导下，探讨了全球媒体巨头如何在信息时代利用权力话语来塑造公众意识和文化偏好，从而在全球范围内巩固其经济和文化霸权。福柯的理论特别强调了话语实践中的权力机制，他认为话语构成了现实的社会结构，是权力运作的主要场域。在席勒等人的研究中，福柯的观点被用来揭示北美媒介如何通过生成和传播特定的话语来影响全球文化市场，尤其是通过新闻报道、电影、电视节目和其他媒体产品中的叙述和象征系统。这些媒介产品不仅传递信息，更重要的是，它们塑造了观众的世界观和价值观，从而影响全球观众的文化和政治态度。同时，福柯的权力话语理论也启发了麦克切斯尼等人对媒介产业的权力结构进行深入分析，尤其是如何通过控制信息流和文化产品来维护和扩展资本主义的统治。这种控制不仅表现在内容的选择和呈现上，还体现在对话语制定的权力上，通过定义哪些话题适合公开讨论，哪些则不被允许进入公共讨论领域。斯麦兹等人从福柯的理论出发，分析了媒介如何作为权力和知识的交汇点，通过塑造"常识"和"公认事实"来构建社会的共识，这种共识支撑了特定的政治和经济秩序。他们强调，通过批判现有的媒介话语，可以揭露隐藏在媒介实践背后的权力关系，挑战其合法性，并推动更为公正和多元的媒介环境的形成。福柯的权力话语理论为这些批判学者提供了一种理解和解构全球化媒介文化中权力运作的方式的框架，使他们能够更深刻地剖析媒介如何在全球范围内塑造文化规范，及其在全球文化帝国主义中的角色。

小结

在本章中，我们探讨了北美媒介文化批判思想的形成背景及其理论渊源，这为理解该领域的复杂性和多维性提供了坚实的基础。从经济霸权与文化侵略的融合，政治统治与文化殖民的交织，到大众传播与文化主权的变迁，我们见证了媒介文化批判思想如何应对并揭露这些复杂的社会力量。此外，从马克思主义的批判旨趣，到列宁及摩根索的帝国主义理论，再到法兰克福学派、葛兰西以及法农和福柯的深刻见解，每一种理论都在塑造我们对媒介文化传播及其影响的理解。北美媒介文化批判思想的发展不仅是对传统结构功能主义的挑战，更是一场关于理解和塑造媒介文化传播的思想运动。这一批判学派通过理论的深化与实践的广泛应用，揭示了媒介文化在维持和传播经济与政治霸权中的角色。它们强调，媒介不仅仅是信息传递的工具，更是构建社会意识形态的场域，这种认识在马克思的批判理论、法兰克福学派的文化工业批判以及葛兰西的文化霸权理论中得到了充分展现。法农的后殖民主义分析与福柯的权力话语理论拓宽了媒介文化批判的视角，强调了文化身份、种族与殖民历史的复杂交织对现代媒介实践的影响。

这种批判精神与斗争态度，在不同的历史阶段得到了不同的体现。例如，20 世纪 50 年代的反共浪潮、六七十年代的反战学生运动、公民权利运动、黑人权利运动和女权主义运动，均深刻影响了这些批判学者的研究方向和思想观念。他们不仅关注媒介与社会运动的关系，而且探讨了媒介如何在这些运动中发挥作用，以及如何通过媒介传播来推动社会正义和改变。进入 20 世纪 70 年代，反帝反殖民的民族解放运动和对世界经济文化不平等的挑战促使这些学者积极参与到对世界信息和传播新秩序的探索中。他们研究了资本主义如何通过媒介控制和文化霸权在全球范围内维持其影响力。此后，80 年代的新自由主义浪潮和媒介合并政策，以及 90 年代互联网的崛起和媒介融合趋势，更加剧了这些学者对于公共利益和商业化媒介文化传播领域内冲突的关注。通过持续的研究和公开的批评，北美的媒介文化批判学者揭示了商业媒介模式所带来的种种危机，包括文化同质化、公共话语空间的萎缩，以及资本对媒介内容和形式的过度商业控制。他们倡导建立一个更加多元和公平的媒介环境，不断提出替代性的视角和策略，旨在促进文化多样性和社会民主。

北美媒介文化批判思想提供了一个多层次、多视角的分析框架，帮助我们识别和批判媒介文化传播中的权力关系。通过对这些理论的综合与应用，文化批判学者不仅扩展了传播研究的边界，也为全球范围内寻求文化公正和媒介多样性的斗争提供了理论支持。北美媒介文化批判的发展，不断激励着学者们对商业媒介模式的反思，促使他们寻找新的理论路径和实践方式，以促进一个更加公正和多元的媒介环境。这一批判传统的持续发展和丰富，确保了其在全球化时代继续对媒介文化现象进行深入的分析与批判，以此促进更广泛的社会变革。

第二章　达拉斯·斯麦兹：受众商品论与
媒介依附论

在当代媒介文化批判研究的广阔领域中，达拉斯·斯麦兹（Dallas W. Smythe）无疑是一个不可忽视的名字。他的学术贡献不仅开创了北美媒介文化批判研究的先河，也为后续研究者提供了批判性视角与理论框架。他提出的受众商品论和媒介依附论为我们提供了深刻的理论视角，帮助我们理解媒介如何在全球化的资本主义体系中扮演着日益复杂的角色。斯麦兹的受众商品论和媒介依附论两者相辅相成，构成了对现代媒介体系的全面批判。受众商品论揭示了受众在资本主义媒介产业中的被商品化过程，而媒介依附论则揭示了这种商品化过程如何通过全球媒介的垄断和跨国传播体系，延伸到全球各地，造成信息流通的不平等与文化依附。这两者共同为我们描绘了当代媒介文化的深层结构，突显了在全球资本主义体系中，媒介如何不仅塑造了我们的认知方式和消费行为，也加剧了世界各地文化与经济的不平衡发展。

第一节　北美媒介文化批判研究的先驱者

斯麦兹所处的时代，是一个信息爆炸与媒介技术迅速发展的时代。在这样的背景下，媒体不仅是信息传递的工具，更是深刻塑造社会思想与行为的力量。而作为北美媒介文化批判的先驱者，斯麦兹敏锐地察觉到，传媒的商业化进程正在加剧大众对文化的依附，使得受众逐渐成为市场中一种被操控的商品。他的学术视角与批判性思维，为媒介研究带来了新的维度，揭示了受众与媒体之间日益加剧的依附关系。在这一部分，我们将走近斯麦兹其人其学，了解他如何突破传统的传播学框架，提出深刻的社会批判。

一、斯麦兹其人其说

斯麦兹是北美媒介文化批判研究的重要先驱之一，他的学术贡献在媒介政治经济学领域具有深远的影响。1907 年出生于加拿大雷吉纳，斯麦兹在经济学领域的早期教育为其后来的媒介研究奠定了坚实的基础。他在加州大学伯克利分校获得经济学学士学位后，继续深造并获得博士学位。在伯克利，他受到制度经济学和马克思主义学说的深刻影响，这些思想为他后来对媒介产业的批判性分析提供了理论基础。在这一时期，斯麦兹不仅参与了左翼政治运动，而且与许多重要的学者和思想家保持互动，尤其是制度经济学的代表人物布拉第（Robert Brady），这为他后来的学术研究方向起到了重要的引导作用。年轻时的斯麦兹积极参与各种左派政治运动，而且"很享受作为左翼的生活"，但是，据他本人回忆，"他自始至终都从未成为一个共产主义者"[1]。在获得博士学位后，斯麦兹先后在美国政府多个部门工作，尤其是在罗斯福新政期间，他对阶级斗争和社会不公有了更加深入的理解。对西班牙内战和人民反法西斯斗争的关切使他加入了美国和平与民主联盟（American League for Peace and Democra-cy）。他积极组织农场工人进行斗争，还在华盛顿创办了左翼的合作书店。自 1943 年起任联邦通信委员会（Federal Communications Commission, FCC）首席经济学家。任职期间，他参与了美国电子传播政策的制定，开始了电视广播频率的分配和规制的研究，

---

[1] SMYTHE D,GUBACK T. *Counterclockwise: Perspectives on Communication*[M]. Boulder: Westview Press,1993.

并对电报和广播产业的收入、成本、服务质量等进行经济分析。斯麦兹的政治立场和批判性思维，最终将他带入了媒介领域。在 20 世纪 40 年代末，斯麦兹成为传播学领域的重要人物，并在伊利诺伊大学传播研究所开设了世界上第一门传播政治经济学课程。在这段学术生涯中，斯麦兹与当时的知名学者，如格伯纳（George Gerbner）、奥斯古德（Charles Osgood）、阿多诺（Theodor Adorno）和席勒（Herbert Schiller）等人密切合作，共同推动了媒介文化批判研究的兴起。在 20 世纪 50 年代到 60 年代，斯麦兹由于其左翼批判立场深受麦卡锡主义的影响，这一政治气候使得他在学术出版和研究资助方面遭遇了巨大困难。此时，他与著名传播学者施拉姆（Wilbur Schramm）之间的学术分歧也逐渐显现，特别是在传播研究的政治经济学视角和方法论问题上。尽管如此，斯麦兹依然坚持自己的理论方向，并力图通过学术研究揭示媒介和社会、资本主义体系之间复杂的相互关系。1962 年，古巴导弹危机爆发后，斯麦兹彻底丧失对美国政府的信任，这一事件加剧了他对美国国内外政策的不满。次年，斯麦兹决定回到家乡加拿大雷吉纳，接受萨省大学（University of Saskatchewan）社会科学部主任职务，并将传播政治经济学的思想带回加拿大。在萨省大学，他继续发展自己的学术研究，提出了更多关于传播产业和资本主义经济结构的批判性理论。1974 年，斯麦兹来到不列颠哥伦比亚省的西蒙·弗雷泽大学（Simon Fraser University）任教，这一时期，他的学术研究和理论贡献仍然在传播学、媒体研究以及政治经济学领域产生着重要影响。20 世纪 80 年代，尽管年事已高，斯麦兹仍然保持着活跃的学术创作，并参与了多个关于媒介文化批判和政治经济学的讨论。1992 年，斯麦兹逝世，但他的学术遗产并未随着他的离世而消失。至今，斯麦兹在传播学、媒介研究及政治经济学领域的影响依然广泛，尤其是在受众商品论和媒介依附论方面，为后来的学者提供了坚实的理论基础和研究方法。

纵观斯麦兹的生活经历和学术历程，正如他自己所说，这是一个"逆时针"的过程。从加拿大到加州伯克利，再到华盛顿和伊利诺伊，最后回到加拿大，斯麦兹走过了一条与主流学术界和政治氛围相对立的道路。在这条充满挑战的学术之路上，斯麦兹不仅面对着来自霸权主义国家的压制和攻击，尤其是针对左翼学者的政治迫害，但他并没有选择委曲求全或是明哲保身。相反，他直面资本主义传播行业中的各种问题和弊病，勇敢地在主流学术界中提出批判性的观点，推动传播学的政治经济学方向。斯麦兹的学术兴趣广泛且多元。他不仅关注广播政策、电视研究、宗教与传播、竞选过程等传统领域，还对新闻自由理论、反托拉斯法、原子武器的挑战、酒精中毒问题以及电影院顾客行为等多方面进行了探索。他的学术作品呈现出跨学科的特点，展示了他广泛的视野和深刻的社会关注。这种学术上的多样性和跨领域研究，使他成为传播学领域一位极具影响力的学者。尤其值得一提的是，斯麦兹的"受众商品论"和他与学界的"盲点"辩论，成为传播政治经济学领域的宝贵思想遗产。斯麦兹在这两个方面的研究，深刻揭示了受众作为商品在资本主义传播体系中的位置，并强调了传媒行业中的经济利益和权力结构对信息生产和传播的深远影响。他通过这些理论为后来的学者提供了新的研究框架，推动了对传媒行业政治经济学的深入讨论。

斯麦兹的学生古贝克（Thomas Guback）曾评价他："三代传播政治经济学者沿着他指出的方向前进，如果没有他，就不会有'传播政治经济学'这个术语，没有他，传播学的研究就不大一样。"[①] 这段评价恰如其分地概括了斯麦兹在传播学领域的地位和影响。他不仅仅是传播政治经济学的开创者之一，更是这一学科理论体系的奠基人。斯麦兹的研究启发了许多学者重新审视传媒产业中的权力和利益关系，特别是在全球资本主义背景下传播行业如何成为控制和塑造公众意识的工具。

---

① SMYTHE D, GUBACK T. *Counterclockwise: Perspectives on Communication*[M]. Boulder: Westview Press, 1993:10.

从斯麦兹的学术生涯来看，他始终坚持与主流商业媒介和资本主义国家发展观念相对立的政治经济学批判，这种批判精神贯穿他的一生。这也正是他所总结的"逆时针"一生的意义所在——他选择了走一条与主流思潮对立的道路，勇敢地提出对资本主义体制和媒介产业的批判，并在学术上产生深远的影响。虽然他的研究主题和焦点随着时代的变化不断转移，但他的思想却始终保持着统一性和连续性。无论是对媒介商品化的批判，还是对资本主义传播机制的揭示，斯麦兹的政治视野和批判精神始终如一，成为后人继承和发展的重要理论财富。斯麦兹的学术生涯证明了一个理论家的坚定信念和持久的影响力。他并不局限于对学术理论的探讨，还积极投身社会政治实践，在美国和加拿大之间的学术交流中，推动了传播政治经济学的发展。他对媒介产业、文化生产及资本主义体制的批判，至今仍对全球化背景下的媒介研究产生着深远的影响。

二、斯麦兹学术思想的影响

斯麦兹于 1992 年去世，但他的工作仍然对传播学、媒体研究和政治经济学领域产生深远影响。他的学术成就不仅为媒介政治经济学奠定了基础，还深刻改变了我们对媒体在资本主义体制中作用的理解。斯麦兹对媒体与资本主义之间关系的独到见解，尤其是他对媒体作为社会控制工具的批评，在今天依旧引发着学术界的广泛关注和讨论。他的受众商品理论以及对信息技术与全球资本主义相互关系的探索，为后来的传播学研究提供了新的视角。其学生古贝克深受斯麦兹"受众商品论"的影响，将目光聚焦于美国电影工业，深入探讨了电影的商品化过程以及资本运作对电影产业劳动力结构的深远影响，揭示了电影不仅仅是娱乐或艺术产品，它同样是作为商品在全球市场中流通的。古贝克分析了电影如何成为资本主义市场的一个重要组成部分，反映出资本主义如何通过文化生产和消费加强全球市场控制。这一视角与斯麦兹的"受众商品论"紧密相关，后者强调媒体产业的核心就是通过将观众的注意力转化为商品，实现资本积累。在电影产业中，观众的注意力、消费和意识形态的塑造同样成为了资本流动的重要环节，古贝克正是在这一框架下展开对美国电影产业的批判。古贝克的研究进一步深化了斯麦兹的理论，他指出，美国电影工业不仅是一个商品化生产的产物，也是意识形态传播的工具。电影作为全球文化的重要载体，传播了美国的价值观和意识形态，成为反对左翼声音的宣传工具。这种文化输出正是斯麦兹对媒介政治经济学的核心观点之一，即媒体的内容不仅仅是反映社会现实，它还在推动资本主义意识形态的传播。古贝克提醒，所谓的"开放政策"和市场自由化往往掩盖了美国公司通过控制电影生产和分配，进一步加剧其对全球电影市场的经济和文化霸权。这一分析与斯麦兹的受众商品论不谋而合，斯麦兹强调媒体作为商品的双重功能——既是经济活动的载体，也是文化霸权的工具。古贝克的学术传承并未止步于他个人的研究，他的许多学生继续深化和扩展了"电影政治经济学"的思维框架。其中，瓦斯科（Wasko）是这一领域的重要继承者之一，她的研究紧密结合了斯麦兹的"受众商品论"，继续探讨电影产业的资本运作及其与金融机构之间的紧密联系。瓦斯科分析了美国金融机构如何通过贷款、集资和咨询等服务，深刻影响电影工业的结构与行为，特别是好莱坞的商业模式和集团政策。她指出："金融资本不仅决定了电影产业的资金流向，还塑造了电影公司在行业中的运作方式。"[1] 她的这一分析揭示了资本主义电影产业如何通过控制生产和内容，在全球范围内推广特定的价值观和意识形态，从而有效地推动资本积累。瓦斯科的研究延续了斯麦兹的理论框架，尤其是他关于资本如何在全球范围内整合信息和文化产业的观点。斯麦兹的"受众商品论"在瓦斯科的研究中得到了进一步的发展，特别是在讨论电影产业的商品化过程中，如何通过观众的消费行为来实现资本的增值。瓦斯科还特别关注了好莱坞电影产业如何通过新技术的应用和国际

---

[1] Wasko, Janet. (2015). *Risk and Capitalist Power: Conceptual Tools for Studying the Political Economy of Hollywood. Journal of Political Economy of Communication.* Retrieved from: polecom.org

化整合，保持其在全球电影市场的霸主地位。她认为，美国电影工业的利润驱动和国际化策略使得其商业化的结构更加突出，控制了全球电影产业的生产、分发与消费。她对迪士尼公司的批判尤为深刻，认为迪士尼不仅是一个娱乐巨头，更是"幻象的制造者"（manufacture of fantasy）。她揭示了迪士尼通过严格的管理和技术标准化，推销出一个被资本逻辑所塑造的理想化、娱乐化的"幻象"，这种幻象不仅深刻影响了受众的消费行为，也成为全球文化霸权的一部分。瓦斯科的这些观点与斯麦兹的政治经济学批判一脉相承，都强调了在资本主义社会中，文化产品如何成为控制工具，服务于资本的扩展和意识形态的传播。

在斯麦兹的理论框架下，他的另一位学生彭达库（Pendakur）继承并发展了"媒介依附理论"，并巧妙地将其与新古典经济学和马克思主义经济学相结合，为理解全球文化产业中的权力关系提供了新的视角。彭达库的研究显示，加拿大电影产业不仅在资金、技术和市场上受限于美国的影响，其文化身份和自主性也在美国的资本控制下逐渐削弱。他指出："资本主义的全球化进程使得像加拿大这样的中小型电影产业难以抵抗美国电影工业的文化和经济渗透。"[1]彭达库对这一现象提出了深刻的忧虑，并主张通过政府的保护性政策，推动加拿大建立独立的电影产业体系，以维护文化自治。彭达库的研究同样延续了斯麦兹关于文化依附的批判性观点，他主张保护文化多样性和国家主权，强调电影不仅仅是商品，也是文化传递和身份建构的重要载体。彭达库的分析不仅限于加拿大，还扩展到印度的宝莱坞电影产业，他考察了印度电影的生产、发行、放映与政府审查之间的关系，揭示了不同国家在全球文化体系中的位置与权力结构。他的研究深化了斯麦兹"媒介依附理论"的内涵，揭示了在全球化的背景下，小国电影产业如何在资本主义全球市场中争取文化自主权，并探讨了这种自

[1] PENDAKUR M. Film and the Americanization of the Canadian Media. *Journal of Canadian Studies*, 2003: 125-150.

主性如何通过政策和文化生产得到维护。

通过这些学者的延续与发展，我们可以看到，斯麦兹的学术遗产在现代电影政治经济学领域依旧具有重要影响。无论是瓦斯科对好莱坞的批判，还是彭达库对文化依附的分析，都延续了斯麦兹关于资本如何在全球媒介中运作的核心思想。斯麦兹的受众商品论和媒介依附理论为电影产业的批判性分析提供了坚实的理论框架，揭示了全球文化产业中深层次的经济与意识形态权力关系。这些理论不仅帮助我们理解电影产业的全球结构，也为我们反思和批判全球资本主义文化霸权提供了有力的工具。

斯麦兹一生的学术成就不仅体现在他广泛的研究领域，也通过他深刻的著作，展示了他对媒体、文化与政治经济关系的深刻理解。斯麦兹的这些作品，尤其是他在媒体政治经济学和文化帝国主义领域的贡献，至今仍对学界产生着深远影响。以下是他几部具有代表性的著作，它们集中体现了斯麦兹的学术主张，特别是在媒体和资本主义关系方面的理论创新。首先，斯麦兹的《通信的政治经济学》（*On the Political Economy of Communications*）被视为他学术生涯中的重要著作之一。在这本书中，斯麦兹深化了他关于媒体作为生产力的观点，进一步阐明了媒体技术和结构如何影响社会力量关系，以及如何通过对信息流的控制来维护资本主义的利益。他提出了"受众商品论"，认为在广告驱动的媒体系统中，观众的注意力本身就是一种商品，这种商品被媒体公司生产并出售给广告商，从而推动资本主义经济的进一步积累。斯麦兹通过这本书，批判了主流媒介理论对媒体中介角色的简化和忽视，强调了媒体产业作为资本主义体系中不可或缺的一部分，对全球文化和经济产生着深刻影响。在《盲点：文化的政治经济学》（*Blindspot: Toward a Political Economy of Culture*）一书中，斯麦兹进一步探讨了文化生产的政治经济学，特别是在广告驱动的媒体环境下，文化如何被生产和消费。他批判了现代媒体在全球资本主义体系中，如何通过广告和消费主义的推动，塑造了全球化的文化趋势，进而影响了受众的意识形态和行为。斯麦兹不仅仅分析了文化商品的生产过程，还探讨了文化消费如何被资本主义需求所塑造，揭示了文化与经济之间深刻的相互关系。此外，《依赖之路：通信、资本主义、意识与加拿大》（*Dependency Road: Communications, Capitalism, Consciousness and Canada*）这本书是斯麦兹对加拿大在全球资本主义体系中的媒体依赖状态的深入分析。他在书中探讨了加拿大如何通过媒体传播维持和加深其经济和文化上的依赖关系，特别是对美国的依赖。斯麦兹认为，加拿大的传媒环境并非独立于美国，而是深受其影响，并因此无法有效推动自身文化的自主性。他进一步批判了全球资本主义如何通过控制传媒内容，影响一个国家的文化自信与政治意识。斯麦兹的《传播：西方马克思主义的盲点》（*Communications: Blindspot of Western Marxism*）则是对西方马克思主义学者在分析资本主义时忽视媒体和通信的重要性的批判。他认为，虽然许多马克思主义学者强调经济基础和阶级斗争，但他们往往忽视了媒体和通信在资本主义社会中的核心作用。斯麦兹主张，媒体不仅是一个经济工具，它还直接关系到意识形态的形成和传播，是现代资本主义中至关重要的控制和操纵工具。通过这些著作，斯麦兹的学术遗产为现代社会的文化和媒体生产提供了重要的理论工具。他的研究不仅展示了全球资本主义中媒体的结构性作用，还揭示了资本主义如何通过媒体控制文化生产，进而塑造全球观众的意识形态和消费模式。他对全球文化帝国主义的批判，不仅对理解跨国资本主义如何影响文化产业提供了深刻的洞察，也为后来的学者提供了反思和批判现代媒体与资本主义结构之间复杂关系的理论框架。

　　总之，斯麦兹的学术成就和贡献，不仅使我们能够从一个全新的视角理解媒体和资本主义之间的相互作用，也促使我们重新审视全球化背景下文化生产和消费的经济政治基础。通过这些作品，他不仅开创了传播政治经济学的研究领域，也为反思现代社会的资本主义文化提供了宝贵的理论资源。接下来，本书就从传播政策批判、传播技术批判、受众商品论、媒介依附论等方面详述其思想。

第二节　文化的传播政策批判

一般认为，斯麦兹的学术生涯始于 1947 年，尽管有学者认为他的研究起点可以追溯到他在美国联邦通信委员会（FCC）的工作经历，但不可否认的是，斯麦兹在 FCC 的工作对他后来的媒介传播理论和政策批判观点起到了至关重要的作用。特别是在 20 世纪 50 年代，斯麦兹的学术关注转向了美国的电子广播政策和商业电视的内容分析，并通过这段工作经历，他对美国媒体的结构、功能以及其对社会的影响形成了深刻的批判视角。在 FCC 工作期间，斯麦兹深入分析了美国的电视和广播结构，尤其是商业电视和公共电视的不同运作模式。他对电视内容和其对观众的潜在影响展开了广泛的研究，关注点集中在电视节目的商业化倾向上。斯麦兹特别强调，商业电视台的节目内容是以广告和盈利为核心驱动力的，广告几乎成为节目内容的"隐性"部分，常常占据 20% 甚至更多的节目时间，打断了节目的连贯性。这种现象不仅导致节目质量的下降，也导致商业信息和娱乐内容的深度融合，使得观众在消费娱乐的同时，实际上也在接受着广告商信息的"洗脑"。斯麦兹的这一分析揭示了电视作为一个大众传播工具，其内容早已被资本逻辑所控制，而非独立于市场的文化或信息载体。他对电视内容的微观分析进一步突显了商业电视系统对信息多样性的压制。斯麦兹认为，商业电视的普及和其广告驱动的运作方式，使得电视内容呈现出趋同化的现象，各种节目形式在激烈的市场竞争中逐渐趋于相似，缺乏多元化和创新性。此时，电视媒体不仅仅是娱乐和信息传播的工具，更成为资本主义意识形态传播的主要阵地。广告和商业信息的无缝渗透，成为塑造观众价值观和消费观念的有效途径。这一观点揭示了资本主义对媒体内容的全面操控，也为后来的学者提供了理论支持，使得传播政治经济学的批判能够系统地反映出美国广播电视产业中的结构性问题。

除了对电视节目的批判，斯麦兹还对商业电视和公共电视之间的关系进行了深刻剖析。他指出，尽管公共电视被设想为为公众提供不以营利为目的的高质量内容，但在资本主义的商业环境中，公共电视往往也受到资金和广告的影响。这种依赖于资金和广告的公共电视系统，难以完全摆脱资本市场的制约，无法彻底回归到一个完全服务于社会公共利益的状态。因此，斯麦兹呼吁，必须对美国的广播电视政策进行深刻反思，探索如何让电视真正成为服务公共利益、提供多样化文化内容的工具，而不是被商业利益所主导的传播机器。斯麦兹的批判视角与他的"受众商品论"紧密相关，他认为电视观众并非单纯的内容接收者，而是媒体产业中的一种商品，媒体公司通过卖出观众的注意力和消费行为来换取广告收入。在这种框架下，观众的消费行为和观看习惯都被商业电视台高度控制和操纵，电视节目和广告的内容都服务于这一资本积累的目的。这种对电视产业中观众角色的批判，进一步深化了斯麦兹关于全球媒体政治经济学的分析，也使他成为传播政治经济学的先驱之一。

斯麦兹不仅在学术领域作出了杰出贡献，他还积极参与公共政策的讨论，并通过演讲和报告向各类组织提供咨询。1961年，他在美国国会作证，公开主张反托拉斯和打击垄断，批判当时通信行业中几个巨头企业，如贝尔公司、通用电气和西屋电气等，这些公司通过不正当手段主宰整个通信市场，严重违反了《反托拉斯法》。斯麦兹指出，这些企业经常将自己的意愿强加给联邦政府和各州政府，滥用市场力量，阻碍了真正的竞争和创新。他认为，单靠微小的改革无法解决这些问题，必须彻底解构当前的权力结构，才能真正实现公平竞争。在此基础上，斯麦兹提出了具体的政策建议，呼吁制定一套全国性的保护竞争的政策，尤其是在电话、电报和传播行业的规制上进行根本性的结构改革。他主张结束并禁止各种关税，打破电话运营商之间的壁垒，尤其是解散被他称为"贝尔帝国"的垄断巨头——贝尔公司。斯麦兹认为，"通过将这些电信巨头拆分成若干个互相竞争的小公司，能够有效促进市场的竞争，改善服务质量，并为消费者带来更公平的选择。这一政策提案最终在1984年得到了实现，当时美国电话和电报公司（AT&T）被拆分为多个小型公司，保留了设备生产企业和贝尔实验室等核心业务，而将市话业务分离为 7 个独立的运营公司，包括大西洋贝尔、西南贝尔等"①。这一政策的实施不仅标志着斯麦兹在电信行业反垄断方面的成功，也为他对传播产业结构的批判提供了实证支持，证明了在资本主义市场中，只有通过打破垄断、建立竞争机制，才能真正保障公共利益，促进社会整体的进步和公平。斯麦兹的这一系列传播政策批判，不仅在当时对美国媒体环境的分析产生了重要影响，也为日后的学者提供了批判性理论框架，去理解媒体如何在全球资本主义体系中运作，如何在利益驱动下影响观众的思想、行为和消费模式。通过这些研究，斯麦兹不仅深化了对美国媒体系统的理解，也将"传播政治经济学"这一学科推向了一个新的高度。

斯麦兹对国际文化传播研究的贡献不可忽视，特别是在卫星传播技术和全球媒体结构方面的深刻洞察。第二次世界大战后，广播技术尤其是卫星传播技术的迅猛发展，给全球媒体带来了前所未有的契机。由于美国未遭受直接的战争创伤，大量的资源被投入到电子传播的研究和应用上，使得美国在卫星传播领域迅速崛起，成为全球的技术领军者和垄断者。然而，斯麦兹并没有为美国主导的电子传播发展提供辩护，而是从一个全球视野出发，严肃考察了电子传播的全球影响，尤其是对国际传播体系中存在的垄断和不公问题。他对美国卫星传播技术的私有化深感忧虑，认为这一技术本应服务于全世界的公众利益，而不是仅仅成为美国资本主义扩张的工具。斯麦兹明确指出，国际技术联盟（ITU）在实际操作中被资本主义国家所控制，这些国家更多地关注如何将广播频谱用于军事目的，而非推动全球信息流通与合作。他认为，这种现状严重制约了全球范围内的平等信息交流，尤其是对第三世界国家的影响。斯麦兹批评了这种以军事和经济

---

① SMYTHE D, GUBACK T. *Counterclockwise: Perspectives on Communication*[M]. Boulder: Westview Press, 1993.

利益为核心的技术控制，提出"应建立一个新的国际广播频率使用秩序，在此基础上成立一个国际卫星传播的规范性组织。该组织应当协调卫星传播资源的分配，确保在互惠互利的政策前提下，任何国家都能根据国际广播委员会的规则自由使用卫星进行广播"[①]。这一提案展现了斯麦兹对国际传播自由流通的深刻关注，也体现了他希望全球信息交流能够摆脱资本主义国家控制的愿望。作为加拿大的代表，斯麦兹还积极推动联合国教科文组织为第三世界国家的信息自由流通建立规则，强调这些国家应当建立并控制自己的传播系统，确保他们在全球信息传播体系中拥有独立性和自主权。他认为，只有通过增强发展中国家的信息主权，才能在全球传播环境中实现更公平的资源分配，维护本国的文化独立性和传播自主权。斯麦兹的这一立场，体现了他强烈的国际主义精神，力图通过推动国际传播的公平与自由，为全球传播产业的健康发展贡献力量。

第三节　文化的传播技术批判

斯麦兹的技术批判深受加拿大传播学前辈如因尼斯和麦克卢汉的影响。因尼斯的"知识垄断"概念，尤其强调技术与权力之间的紧密关系，直接影响了斯麦兹对美国传播行业中技术与权力流通的分析。他反对传统传播学者常见的"技术中立"观点，认为技术不仅仅是单纯的工具，更是与现代西方社会的经济和文化结构协同发展的，且深刻影响了人类的性格和社会功能。对于斯麦兹而言，技术并非简单的机械变迁，它与社会的历史语境息息相关，必须通过具体的政治经济结构来理解。斯麦兹强调，技术从来不是自治的，它总是被现有的制度和意识形态所塑造和控制。他认为技术是高度政治化的，它不仅反映了社会的观念和结构，还承载了特定

---

① SMYTHE D. *Space Satellite Communications and Public Opinion*[M]. Urbana: University of Illinois Press, 1960: 24.

文化体制下的资源分配和权力关系。在资本主义社会中，技术常常被用来理性化和掩盖资本主义的弊端，成为掩饰社会矛盾和不平等的工具。他特别批判了美国电子传播领域的私有化现象，认为这些技术本应服务于公众福祉，却成为了资本家牟利的工具。斯麦兹指出，技术的使用是一个充满异化的过程，它导致社会成员的功能分化和官僚体系中的等级划分，反映了资本主义社会中人与人之间的权力差距和社会结构的深层矛盾。在这一背景下，斯麦兹对"技术自治"和"非政治性"的观点持怀疑态度，认为这些观点实际上掩盖了技术与资本主义利益之间的深刻联系。他批评了技术乌托邦式的乐观主义，认为这只是资产阶级为维护其利益而创造的神话。技术的本质，是被社会的经济利益、意识形态和文化政策所塑造的，它并非推动传播业发展的"动力"，而是被资本主义经济中的利润驱动所决定。斯麦兹还指出，美国传播业的所谓"虚假繁荣"，正是由资本主义的经济动机所推动。大众传播媒介在资本主义体系中被工业化，旨在通过控制信息流和传播内容，构建一个适应资本主义结构的"共识"，以此为社会设定问题和政策议程，生产受众和市场消费者。

他进一步分析了技术硬件，尤其是传播硬件在资本主义社会中的作用，认为它们是意识形态和阶级结构的载体。斯麦兹的批评尤为尖锐地体现在美国大选的传播中，媒体表面上给予各党候选人同等的时间和版面，实际上却在内容的选择和议题的设置上偏向某一政治立场，排斥其他党派的声音，且通过这种方式将政治歧视合法化。这一现象，斯麦兹认为正是技术在资本主义垄断结构下的典型表现——技术并非中立，它深刻反映了社会中的权力关系。因此，斯麦兹将"技术"视为一个政治概念，一个带有"复古倒退"性质的概念，他认为"技术自治"的说法不过是资产阶级对技术的美化与掩盖。通过这种对技术的批判，斯麦兹不仅挑战了"技术中立"的思维模式，还强调技术在现代社会中的政治性和社会功能。他特别关注技术与商业组织之间的微妙关系，认为掌握权力的商业组织往往希望人们不加质疑地接受新技术，而忽视其背后的目的和价值。这种对技术批判的视角，使斯麦兹的学术贡献不仅具有深刻的理论价值，也体现了他作为一位学者对人民利益的关怀与关注，强调技术发展应服务于公众需求，而非仅仅满足资本的利益最大化。

斯麦兹以通信卫星为例，深入论证了他对传播技术性质的批判性论断。他指出，通信卫星不同于传统的传播设施，其在全球范围内的使用具有深刻的政治和外交意义。广播频谱的分配并非简单的技术操作，而是伴随着明显的政治和经济权力斗争。斯麦兹强调，广播频谱虽然被视为全球的公共财产，但实际上常常被大型工业化国家，尤其是以美国为中心的资本主义国家所垄断。这些国家将广播频谱作为其军事、经济和政治力量的延伸，通过控制这些资源来巩固其全球霸权地位。这一点，斯麦兹认为，是"技术乌托邦"幻想的核心问题所在。战后，随着电子传播技术的迅猛发展，美国民众和政界普遍认为"信息自由流通"将带来一个理想化的全球传播环境，技术进步将打破信息壁垒，实现信息的全球共享。然而，斯麦兹看到了这一背后隐藏的资本主义霸权。他批判道，所谓的"信息自由流通"并非真正在推动信息的民主化，而是被美国及其盟国用作传播其意识形态和商业利益的工具。尽管美国宣扬这一口号，实际上世界范围内的信息流动始终是由美国主导的单向流动，资本主义和美国式的意识形态借助这种流通机制向全球扩张，进一步巩固其在全球经济和文化中的主导地位。斯麦兹强烈反对这一现象，并呼吁国际社会采取行动，保护文化的多样性。他特别强调，第三世界国家必须采取一定的文化过滤措施来抵制外来文化的压迫，保护本国的文化自主性。这不仅仅是对美国文化输出的反对，也是对全球资本主义文化帝国主义的有力反击。他认为，联合国教科文组织应当承担起保护全球文化多样性和第三世界国家文化自主的责任，推动制定更公平的信息传播规则，以打破由发达资本主义国家主导的信息流通结构。斯麦兹的这一批判不仅揭示了"信息自由流通"背后的不平等权力关系，更指向全球资本主义如何通过技术工具强化文化和意识形态的控制。这一批评具有强烈的政治经济学视角，凸显了传播技术如何被全球权力结构所塑造，如何成为支配全球信息流动和文化传播的关键因素。因此，斯麦兹的理论在全球传播学和文化研究中，提出了对技术、资本与文化关系的深刻反思，挑战了传统的技术中立观念，提醒人们警惕技术背后的权力逻辑和意识形态操作。

斯麦兹长期关注中国的社会主义媒介体制，并将其视为西方商业主义媒介体制之外的一个"异类"。20世纪70年代，他曾亲自访问中国，深入了解中国的媒介制度和政策，并对其进行过独立思考与评判。在他围绕中国传媒业走向的文章《自行车之后，是什么？》中，斯麦兹对中国引进西方传播技术提出了自己的见解，并提出警告。他指出，中国开始采用一些西方传播技术，尤其是在商业化方面有所探索。斯麦兹对此表示担忧，认为中国没有充分意识到从西方资本主义社会系统引进技术产品的深远后果。他特别警告道："西方的传播技术总是带有其独特的意识形态内涵，这些技术不一定会服务于工人的利益，反而可能引发消费主义的陷阱。"①斯麦兹建议，中国在引进这些技术时，应该从自身的利益出发，谨慎采用外国技术。他主张中国应该对西方科技进行文化过滤，将技术控制在工人手中，避免其成为消费主义工具。具体而言，他提议中国发展一个双向反馈的电视系统，让观众的声音能够真正影响到电视台的节目内容，以此推动技术与社会主义文化的深度结合。斯麦兹强调，技术不仅仅是工具，它具有政治维度，在社会主义发展道路上，必须将技术的引进与本国的社会文化目标相协调，而不是单纯地模仿西方模式。他警告中国不能以西方的标准来衡量自身的发展，否则将永远赶不上西方的步伐。相反，中国应当发展自己的社会主义文化，并在这一过程中建立起对社会主义制度和媒介的信心。然而，斯麦兹的警告未能完全被中国的改革开放政策所采纳。随着改革开放的推进，消费主义逐渐成为中国信息与传播技术发展的主导原

---

① 赵月枝：《传播与社会：政治经济与文化分析》，中国传媒大学出版社2011年版，第247页。

则，西方的传播技术和商业化模式在中国迅速扩展。这种趋势不仅促进了中国传媒市场的多样化和繁荣，也带来了不少乱象和负面影响。借用斯麦兹的说法，今天我们不禁要问：“手机之后又会是什么？”如今，在智能手机终端日益普及的背景下，消费主义的影响更是愈加深刻，尤其是在社交媒体和数字广告日益主导的情况下，资本主义的商业模式和意识形态渗透到每一个层面。

因此，斯麦兹的思想在今天的中国传播业中依然具有深刻的现实意义。如果中国的传播业希望避免陷入消费主义的陷阱，重拾斯麦兹的批判性思想和理论，重新审视技术和文化的关系，显得尤为迫切。只有通过对外来技术的审慎引进，并结合自身的社会政治需要，中国才能在全球化的媒介体系中找到一条符合社会主义道路的独立发展路径。

第四节　受众商品论

一、受众商品论的主要观点

斯麦兹的最重要理论贡献之一无疑是“受众商品论”。作为一位坚定的马克思主义批判学者，斯麦兹一直强调将马克思主义思想应用于传播理论的必要性，并不断反思马克思主义在传播研究中的“盲点”（blindspot）。这一理论的萌芽可以追溯到斯麦兹在FCC（美国联邦通信委员会）工作的早期阶段。当时，主流观念认为广播电视提供并出售的产品是播放时间，但斯麦兹敏锐地认识到，这个观点过于表面，实际上，广播电视台所销售的是受众的时间和忠诚度，即观众的注意力被卖给了广告商。他指出，媒介经济的核心在于“培养受众对广告商的忠诚度”[1]。这一发现开创了他

---

[1]　SMYTHE D. *The Modern Media Man and the Political Process: An Address Before the Adult Education Council, Chattanooga, Tenn.(Nov. 17, 1960)*[C]. Urbana, IL: Institute of Communications Research, University of Illinois.1960.

对传播业商业化机制深刻的批判。斯麦兹的这一思考成为"受众商品论"的理论基础。通过对广播电视广告模式的分析，他揭示了受众作为商品的本质——受众的注意力被媒介抓取并转化为广告商所购买的商品。在这一过程中，受众并不只是简单的观看者或消费者，他们的时间和注意力成为媒介运作和广告经济的核心资产。

斯麦兹进一步分析了广告商如何通过各种媒介手段最大化地影响并操控受众，推动消费主义文化的传播，从而巩固资本主义经济结构。这一理论的深入探讨体现在斯麦兹于 20 世纪 70 年代中期撰写的文章《传播：西方马克思主义的盲点》（*Communications：Blindspot of Western Marxism*）中。在《盲点》一文中，斯麦兹系统地分析了媒介、受众和广告商之间的三角关系，并批判了以往研究中过于关注媒介与受众之间关系的局限性，而忽视了受众与广告商之间的关键联系。他认为，传统的马克思主义传播理论未能深入分析媒介产业的复杂机制，尤其是在资本主义社会中的"意识工业"作用，忽视了大众传播系统在政治经济结构中的关键角色。斯麦兹认为，大部分的批判媒介研究仅仅停留在文化工业的文化层面，没有充分揭示媒介与资本主义经济体系之间的紧密联系，因此他将这一盲点称为"马克思主义的盲点"。他提出，大众传播媒介在资本主义制度中扮演了一个"黏合剂"的角色，主要服务于资本主义经济的运作，帮助再生产资本主义的社会关系。斯麦兹继承了马克思的商品交换理论，提出了"受众商品论"，并从媒介、受众和广告商三者的互动关系中揭示了资本主义媒介产业的本质。他批判了传统的媒介商品观念，即将信息、消息、图像、娱乐等视作一种商品，认为这些传统的观念过于表面化，仅仅关注媒介内容的表象，而忽略了媒介商品背后的经济运作机制。在斯麦兹看来，受众并非简单的消费者或被动的商品。尽管他们在媒介经济中被视为商品并出售给广告商，但他们在这一经济体系中仍扮演着重要角色，特别是在"受众时间"方面。他指出，在垄断资本主义下，大众媒介的主要功能是通过吸引受众并维持其忠诚度，从而为广告商提供一个稳定的消费市场。媒介通过提供精彩的节目和内容吸引观众，刺激他们的兴趣和胃口，从而将观众的注意力转化为广告的观看和消费。这种机制帮助广告商购买到"可预期的分化受众服务"[①]，即广告商能够精确地预测和影响特定群体的消费行为。斯麦兹扬弃了传统马克思主义和西方马克思主义中的劳动者观念，特别是关于"家庭生产劳动力"的论述。他指出，在高级垄断资本主义国家，劳动力的生产和再生产不再是由个人家庭承担的，而是通过各种机构和媒介进行的。在这一制度下，几乎所有人的非睡眠时间都被用于工作——包括通过接触广告媒介来"消费"商品、塑造购买欲望和再生产劳动者的身份。因此，受众的消费行为和消费品的需求不是个人选择的问题，而是资本主义市场实践的产物，受制于市场的结构性力量。斯麦兹特别批评了"广告解决受众问题"的传统广告学观点，指出广告商并不真正帮助受众解决问题，而是通过信息的操控和消费品的过度生产，鼓励冲动购买和"炫耀性消费"（Veblen）。他将受众的这种消费行为视为"思想奴役"（Mind Slavery），即受众的意识形态和消费行为被资本主义媒介体系深刻塑造，形成了一种心理上的从属和顺从。

斯麦兹进一步解释了"受众商品"背后的深层制约因素，认为受众作为商品被买卖的现象根本上是由资本主义体制决定的。他指出，垄断资本主义利用媒介综合体（包括电视、广播、互联网等传播形式）来生产和控制消费者，这些媒介提供了一种成本低、效率高的需求管理方式。这种方式不仅帮助资本主义制度在经济上持续运作，也通过操控信息流通和受众的心理，进一步巩固了资本主义的统治地位。具体来说，斯麦兹认为资本主义制度通过大众传媒实现了以下四个主要目的：一是为资本主义制度生产受众并驱动消费。大众媒介为资本主义生产了大量的受众，而这些受众通过接受广告内容，最终成为商品消费的主力军。二是服务于巩固资本主

---

① SMYTHE D. Communications: Blindspot of Western Marxism[J]. *Canadian Journal of Political and Society Theory*, 1977, 1(3): 1-28.

义意识形态。媒介的主要作用之一是传播资本主义的价值观和意识形态，巩固垄断资本主义的思想统治。三是产生支持国家战略和政策的公共意见：媒介在塑造公共意见和社会共识方面起到至关重要的作用，帮助国家和政府实现其政治战略和政策目标。四是经济获利支持资本主义体系。媒介不仅在文化层面服务于资本主义，还通过广告收入和其他赢利模式，为资本主义体制提供经济支持，帮助维持其运行和发展。在斯麦兹看来，美国完全商业化的传媒体制在这四个方面表现得尤为突出，特别是在资本主义媒介产业中，受众的角色不再仅仅是观众或消费者，更是作为一个商品被广告商购买和控制。受众在这一过程中不仅在经济上遭遇剥削，而且在意识形态上也被深刻异化。斯麦兹继承并拓展了马克思的异化理论，他指出，受众在资本主义媒介体系中不仅遭遇到工作结果的异化（即他们的观看行为和参与实际上并未改善他们的社会地位或生活质量），还遭遇到商品的异化（即他们的消费行为并非基于个人需求，而是由广告商和资本家操控的），以及劳动力的再生产的异化（即受众的消费行为实际上有助于资本主义体系的延续和强化）。

最终，斯麦兹回归到马克思主义理论，提出了文化传播研究取向的倡议，并强调马克思主义传播理论的重要性。他主张，传播研究应当更加关注阶级斗争的本质、无产阶级的处境以及性别沙文主义和国家理论等问题。他进一步指出，受众商品理论不仅为理解大众媒介和意识工业的运作提供了一个有力的分析框架，而且也能为结构主义马克思主义注入活力，帮助分析现代垄断资本主义的运作机制。斯麦兹特别强调，媒介传播研究应关注帝国主义和社会主义的理论，尤其是对跨国公司如何通过媒介生产受众商品并获取全球市场的控制权进行批判性分析。他提出，现代媒介研究应更加关注科学与技术的意识形态维度，并强调应从非经济、非实证、非欧洲中心论的视角进行马克思主义的批判研究。他还特别推荐吸纳萨米尔·阿明和赫伯特·席勒等学者对美国帝国主义和大众媒介关系的研究，这些研究将对传播学理论的发展产生巨大的启发。

通过这些主张，斯麦兹不仅为媒介学的批判理论提供了重要的新视角，也为未来的传播学研究指明了方向，特别是在全球化背景下，如何更好地理解跨国资本如何通过媒介强化其经济和意识形态的霸权。

二、受众商品论的意义与学术影响

斯麦兹的受众商品论是传播学尤其是传播政治经济学领域的重要理论之一，其理论意义和学术影响广泛而深远，具有革命性的启示作用。受众商品论的提出不仅挑战了传统的传播学视角，也为传播学研究提供了新的理论框架和分析工具，推动了学术界对媒介与资本主义关系的深入思考。

首先，理论意义。斯麦兹的受众商品论通过深刻批判传统媒介研究，提出了全新的视角，特别是重新定义了媒介在资本主义社会中的角色与功能。受众商品论的核心思想是，媒介不仅仅是信息传递的工具，更是资本主义经济结构的延伸，它通过将受众的注意力和时间转化为商品，直接服务于广告商的利益。斯麦兹通过这一理论，打破了传统传播学中受众仅被视为信息接收者的单一框架，提出媒介体系实际上是资本主义生产和再生产机制的一部分，承担着经济功能和意识形态再生产的双重角色。这一观点的重要性在于，它引导传播学从单纯的文化传播研究转向对媒介背后复杂的经济和社会结构的深入探讨。斯麦兹的受众商品论特别挑战并批判了西方马克思主义传播理论的局限性，尤其是霍克海默和阿多诺等文化工业理论的单一性。这些学者集中讨论了媒介作为意识形态工具的作用，但往往忽视了媒介背后的经济动力学。斯麦兹通过受众商品论揭示，媒介不仅是文化和意识形态的传播者，更是资本主义生产方式的延续和推动者。在这一理论框架下，媒介并非只是信息和文化的传播渠道，它通过广告收入支持资本主义经济的运作，成为推动生产和再生产受众劳动力与消费需求的核心环节。换言之，媒介不仅生产文化产品，还深刻地参与了资本主义市场的结构性运作，是全球资本主义体系中的关键组成部分。此外，受众商品论的理论内涵还包括对马克思主义异化理论的继承与发展。斯麦兹认为，受众在媒介消费过程中并非简单的"被动接受者"，而是被资本主义媒介体系异化的对象。在这一过程中，受众的注意力和时间被商品化，转化为广告商的利润。斯麦兹通过这一分析指出，受众在媒介体系中被剥夺了选择的自主性，成为资本主义经济中的"机械性齿轮"。这种异化的分析视角，不仅揭示了受众在消费媒介产品时的被动性和无意识性，还强调了受众在资本主义文化再生产过程中的关键作用。媒介通过对受众的操控与引导，将其转化为符合资本主义需求的"商品"，进而推动消费主义的意识形态扩展。斯麦兹的受众商品论同样强化了对资本主义媒介体系的批判性分析。他指出，大众媒介的内容和形式不仅仅是为了满足公众的文化需求，更主要是为了服务于广告商的利益。通过精准地引导受众的消费需求，媒介不仅维持了资本主义的生产模式，还巩固了社会阶层的结构。斯麦兹的这一分析揭示了媒介如何通过广告与内容的双重手段，不仅在经济层面为广告商提供了回报，也在意识形态层面塑造了公众舆论，进而有力地维护了资本主义社会的阶级结构和社会秩序。在这一框架下，媒介不再是单纯的"文化商品"，而是资本主义体系中的重要控制与管理工具，具有极强的社会操控力。斯麦兹通过受众商品论的提出，重新定义了媒介的功能和作用，使我们对资本主义社会中的媒介产生了全新的认识。媒介不仅仅是信息流通的载体，更是资本主义市场中不可或缺的经济工具和意识形态的生产者。这一理论不仅为传播学提供了批判资本主义媒介体系的新视角，也为后继学者提供了丰富的分析框架，推动了传播政治经济学及相关领域的深入发展。

其次，学术影响。斯麦兹的受众商品论不仅在传播学领域产生了深远影响，还为跨学科的学术探讨提供了有力的理论基础。作为传播政治经济学的奠基之作，受众商品论为后继学者提供了批判性分析的框架，特别是在理解媒介产业如何服务于资本主义经济以及如何通过广告和消费主义影响受众意识形态方面。斯麦兹的理论帮助学者们深入探讨了媒介作为资本主义体系的一部分，其不仅推动了生产和再生产的过程，也塑造了全球范围内的文化生态。后来的传播学者、社会学家及政治学者在此基础上进一步分析了跨国公司如何通过全球媒体运作影响不同国家的经济结构和文化生态，揭示了资本主义媒介如何在全球化过程中扩展其控制。斯麦兹的《传播：西方马克思主义的盲点》一文引发了广泛的学术讨论，尤其是与文化研究学派之间的"盲点辩论"。他批判西方马克思主义传播研究过度强调文化和意识形态分析，忽略了资本主义媒介经济的深层结构。通过受众商品论，斯麦兹提醒学者们，媒介的真正功能不仅仅是传播文化和思想，它还与资本主义经济、广告产业以及消费主义意识形态的再生产密切相关。这一观点激发了传播学界的持续争论，并推动了学者们重新审视媒介如何通过广告和消费主义塑造社会结构。这场辩论促进了传播学、社会学、政治学等学科的交叉融合，推动了学术界对资本主义媒介及其文化政治经济功能的深入研究。受众商品论对文化产业理论的发展也产生了重要影响，特别是在如何理解媒介与经济、政治、意识形态之间的复杂关系时，为学者们提供了新的分析框架。斯麦兹的理论不仅扩展了对资本主义媒体的批判，还为研究大众文化、广告、消费主义以及全球化中媒介控制的研究提供了方法论支持。在文化产业的讨论中，受众商品论强调媒介产品的经济性质，揭示了广告和消费主义在其中的作用，使得文化产业理论在反思资本主义生产方式的同时，得以更全面地理解媒介文化对社会的深远影响。在全球化与媒介帝国主义的研究中，斯麦兹的受众商品论具有重要的启示作用。通过对广告如何销售受众并推动消费主义的分析，斯麦兹为跨国公司如何运作以及如何通过媒体文化进行意识形态渗透提供了坚实的理论基础。尤其是在后殖民国家和发展中国家的媒介研究中，斯麦兹的受众商品论为批判全球传媒如何服务于帝国主义经济利益提供了深刻视角。随着全球化的进程，跨国公司通过控制全球媒体在不同地区传播广告和消费文化，进一步加剧了文化帝国主义和经济依附的现象。斯麦兹的理论为这一过程提供了深刻的政治经济学分析，并为研究全球媒介控制、文化渗透及意识形态统治提供了重要的理论依据。此外，斯麦兹的受众商品论不仅对传播学产生了重要影响，还对社会学、政治学、文化研究等其他学科产生了广泛影响。尤其是在分析资本主义社会中的信息流通、文化生产和消费模式时，受众商品论成为跨学科研究的重要理论工具。它揭示了媒介如何通过对社会阶级、性别、种族等议题的表现和操控，塑造并维持资本主义社会的阶层结构和权力关系。学者们开始深入探讨媒介在不同社会阶层中的表现形式，如何通过广告、内容和形式的设计，强化性别、种族、社会阶级等因素在社会中的分化和不平等，推动了对媒体影响力和社会结构之间关系的更为广泛和深入的研究。

斯麦兹的受众商品论不仅是传播学理论的开创性贡献，更为跨学科研究提供了重要的理论基础。其对资本主义媒介的批判、对全球化背景下媒介帝国主义的分析以及对文化产业理论的启发，都为学术界在多个领域提供了深刻的洞见和新的思考路径。受众商品论的学术影响仍在持续发展，为当代媒介研究、文化研究和社会政治分析提供了丰富的理论资源。

第五节　媒介依附论

媒介依附论是斯麦兹学术思想中的另一个重要组成部分。不同于受众商品论，媒介依附论从国家与文化的角度，探讨了全球化背景下，媒介如何通过依附关系加深了文化的殖民性与不平等性。斯麦兹的这一理论不仅关注了北美与其他地区的文化互动，更揭示了媒介如何通过跨国传播加剧了文化与政治的不平等。

一、媒介依附论的源头

从理论体系上看，依附理论（Dependency Theory）是发展理论中的一个重要组成部分。它起源于 20 世纪 50 年代至 60 年代的现代化理论。现代化理论秉持着社会达尔文主义的历史观，将社会发展简化为传统社会向现代社会转型的单一模式。该理论的核心立场是西方中心论，认为欠发达国家的社会落后源于传统社会内部因素，未能实现西方国家那样的现代化。然而，这一观点忽视了全球历史和政治经济的复杂性，导致对发展中国家贫困和落后原因的片面理解。到了 60 年代末，依附理论应运而生，主要聚焦于战后拉丁美洲等发展中国家的政治、经济与文化发展问题，尤其是探讨这些国家与发达国家之间的相互关系。与现代化理论的单一发展路径不同，依附理论强调世界体系中的不平等关系，并认为发达国家通过多种机制和结构性不平等控制和支配发展中国家。依附理论经历了从"古典依附论"到"依附发展论"的转变。前者强调发展中国家在全球经济体系中的被动地位，认为它们受制于发达国家的经济控制和文化影响；而后者则寻求突破，提出通过独立发展或自力更生来改变这种依附关系，从而保持对未来的某种乐观预期。依附理论的主要学者包括劳尔·普雷维什、霍布森、费尔南多·卡多索、塞尔索·富尔塔多、A.G. 弗兰克和萨米尔·阿明等。他们多为阿根廷、巴西、埃及等第三世界国家的学者，或是具有批判意识的新马克思主义者。依附理论的核心概念是"依附"（dependence），指的是国家间不平衡的关系，特别是政治、经济和社会文化领域的权力控制。这一理论强调全球经济体系的不平等，发达国家通过控制全球贸易和金融体系，将发展中国家推向"边陲"地位，迫使其为发达国家的发展提供资源和条件。中国社会科学院严立贤研究员将依附理论的核心思想总结为："居于'中心'地位的西方发达国家通过不平等的世界经济格局和不公正的贸易关系控制和支配非西方欠发达国家，使得后者不得不屈居于'边陲'地位，成为依附于'中心'国家并为它们的发展提供条件的国家。"① 简言之，依附理论直指全球格局中发达国家与发展中国家之间存在的剥削与被剥削的关系，揭示了全球资本主义体系中的不平等和不公正。

在此理论背景下，斯麦兹的媒介依附理论便应运而生。1981 年，斯麦兹回到加拿大，带着他对传播学深厚的理论积淀和实践经验，继续完

① 严立贤：《依附理论述评》，载《国外社会科学》，1998 年第 4 期，第 16 页。

善受众商品论，并积极推动加拿大高校传播学教育体系的发展。在这一过程中，他深入研究了加拿大传播业的发展状况，并提出了"媒介依附论"。在他的著作《依附之路：传播、资本主义、意识形态与加拿大》（*Dependency Road*: *Communications*，*Capitalism*，*Consciousness*，*and Canada*，1981）中，斯麦兹通过考察加拿大广播电视业及其他传播行业在资本流动、生产过程、媒体内容和受众效果等方面的情况，揭示了加拿大传播业对美国的依附现象。斯麦兹提出了一个具有警示意义的观点：美国的经济发展和通俗文化直接支配着其邻国——加拿大。他详细分析了加拿大依附于美国的原因、机制、过程和特征，指出："加拿大的军事工业复合体实际上是美国军事工业复合体的一个子集。"[①] 在他的描述中，加拿大人常常被形容为"加州人"，尽管他们生活在一个遥远的地方，拥有较短的历史传统，却在文化、消费习惯和经济结构上与美国高度相似。他提到，加拿大人往往忽视自身需求，在需要与美国利益发生冲突时，总是倾向于迎合美国的意愿。斯麦兹进一步指出，加拿大从对英国的依附转移到对美国的依附后，表面上获得了自治，实际上在资本主义核心地带，尤其是在国家边界上，加拿大并没有脱离美国的控制。斯麦兹认为，加拿大不仅是美国经济体系的一部分，也反映了不发达附属国家的一些基本特征。尽管加拿大是世界上最富有的不发达国家，但其经济、文化乃至意识形态的依附性非常强。斯麦兹指出："加拿大的文化产业，尤其是其意识工业，是围绕着美国跨国公司（TNC，Transnational Corporations）而建立的，成为美国文化的附庸。"[②] 这种现象深刻揭示了在全球化和资本主义体系中，小国如何被强大的经济体通过资本流动和文化渗透所控制，成为全球资本主义的一部分。

[①]　SMYTHE D. *Dependency Road: Communications, Capitalism, Consciousness and Canada*. Norwood: Ablex Publishing. 1981:Preface.

[②]　SMYTHE D. *Dependency Road: Communications, Capitalism, Consciousness and Canada*. Norwood: Ablex Publishing.1981:3.

斯麦兹的媒介依附论不仅对加拿大传播行业提出了批判，也为全球范围内的媒介依附现象提供了理论基础。他的研究进一步揭示了全球资本主义背景下，跨国公司如何通过控制媒体产业影响国家文化与社会意识形态，并维持资本主义中心与边缘国家之间的不平等关系。

二、对美加之间媒介依附之路的洞见与揭批

在斯麦兹的经典著作《依附之路：传播、资本主义、意识形态与加拿大》中，他以独到的视角深入剖析了加拿大与美国之间那种错综复杂的媒介依附关系，揭示了这一现象背后的经济与文化机制。作为一位锐利的批评者，斯麦兹从加拿大的立场出发，聚焦于 20 世纪中期以来，加拿大广播电视业及其他意识形态产业为何深受美国文化霸权的支配，而这一切的根本原因正源于国际经济和制度层面深刻的不平等关系。

斯麦兹的分析从经济与制度层面细致剖析了加美两国之间依附与被依附的关系。自 20 世纪 50 年代起，美国步入了资本主义发展的最高阶段——垄断资本主义，或可称作帝国主义。在这一阶段，美国不仅脱离了自由竞争的市场模式，更通过跨国资本的输送与政府的扩张性外交政策，构建了一个全球性的资本主义体系。美国的金融资本迅速扩展到世界各地，推动了全球市场经济的形成。在这一过程中，尤其是跨国公司和大型媒体集团的全球扩张，使得美国无可争议地成为全球资本主义的中心。然而，在这种全球资本主义体系中，加拿大的地位尤为特殊。尽管加拿大当时在经济上堪称全球最富有的不发达国家之一，但其经济与文化却长期深受美国控制与影响。斯麦兹揭示，加拿大的大型媒体和文化产业几乎完全依附于美国，这种依附性并非单纯由于文化渗透，背后更深层的原因是经济上的从属。自英国的商业帝国主义时代起，到后来对美国的依赖，加拿大的经济历经了数个阶段的历史惯性，始终没有脱离"附庸"角色。斯麦兹特别强调，美国的全球经济与金融霸权为其文化控制提供了坚实的基础。在垄断资本主义阶段，美国不仅通过大规模的资本输出与经济支配巩固了自己的全球

中心地位，还利用其强大的传播技术与意识形态影响力，控制了全球信息与文化的流动。加拿大作为美国的"南方邻居"，自然成为美国文化与媒体的附庸。这一切的深层次问题正体现在斯麦兹的分析中：两国之间不仅仅是经济上的依赖，更是文化与意识形态的深度融合。在这种不平等的关系中，加拿大的文化生产与传播内容大多服务于美国的利益与需求，导致其本土文化的独立性与特色不断削弱。斯麦兹用一个形象的比喻形容这一现象：美国若是受点儿风寒，加拿大就要患上肺炎。这一生动的表述不仅让人印象深刻，还深刻揭示了加美关系中的不对称性及文化依附的脆弱性。在全球资本主义体系的框架下，加拿大对美国文化的依附，正是通过经济支配这一深层结构性力量得以维系，成为这一体系中的典型例证。斯麦兹的分析不仅为我们提供了对加美文化依附关系的深刻理解，也为我们反思全球化背景下文化与经济如何相互交织、相互制约提供了重要的理论依据。《依附之路》出版后并没有立即引起广泛的关注，尤其是在加拿大学界和传媒业界，许多人依然将斯麦兹的贡献集中在"受众商品论"上，而对其媒介依附理论则相对忽视。然而，这本书的影响力在 1994 年《北美自由贸易协议》（NAFTA）生效后才重新得到广泛关注。当时，加拿大与美国之间的经济和文化联系进一步加深，斯麦兹在书中提出的许多观点和论断，特别是关于美加传播业一体化的深刻分析，开始在现实中得到验证。这种"先见之明"不仅使斯麦兹的理论具有了新的生命力，也使得《依附之路》成为反思北美传播业格局的重要著作。在这本书的重新审视中，斯麦兹的媒介依附理论为学者和政策制定者提供了一种全新的视角，帮助人们更清晰地认识到，跨国资本和传播技术在全球化进程中如何通过媒介一体化加强对文化和信息流通的控制。尤其是《北美自由贸易协议》使美国和加拿大在经济、政治以及文化层面上的合作进一步紧密，斯麦兹对这种媒介依附关系的预警，正成为现实的体现。

在中国，随着传媒产业的迅速发展，商品化、产业化、集团化、资本化以及全球化等趋势日益显现，斯麦兹的媒介依附理论在解释和预测中国传媒业的未来发展中也具有重要的参考价值。随着国内外资本的深度融合与国际化战略的推进，中国的传媒行业不仅面临着国内市场的激烈竞争，还不可避免地受到了跨国传媒集团的强烈影响。在这一背景下，斯麦兹的媒介依附理论为我们提供了一个新的框架，去分析中国媒体如何在全球化进程中逐渐与西方，特别是美国的媒体体系产生互动，并面临被"附庸化"的风险。

通过借鉴斯麦兹的思路，我们可以深入思考中国传媒业在资本流动、产业化整合和跨国媒体的影响下，如何应对文化自主性与经济依赖性之间的矛盾。尤其是在全球化和信息化不断加速的今天，斯麦兹的媒介依附理论无疑为我们揭示了一个重要的警示：在全球媒体一体化的进程中，文化的自主性和传播的独立性可能被侵蚀，成为跨国资本力量的附庸。这对中国传媒产业的政策制定者、学者和从业者而言，提供了重要的理论指导和现实警醒。

小结

作为批判学派的重要学者，斯麦兹不仅深刻分析了传播的政治经济结构，还对传统传播理论与批判路径进行了有力的比较和反思。他强调学者应关注历史的视角，探讨人类传播的功能与目的，分析传播如何受到外部力量的推动，如何被商业化，以及这一过程如何影响社会与文化。他主张"学者自我反省，关注传播中可能存在的伦理问题，关注理论的前提和偏见，确保研究的科学性与公正性，保护和传承文化遗产的价值"[1]。这一思辨性的理论精神，不仅影响了传播学的学术发展，也为传播政策与技术的变革提供了有益的指引。

斯麦兹毕生的研究围绕传播的结构和政策展开，并从国际视野对传

---

① SMYTHE D. Some Observations on Communications Theory [J]. *Educational Technology Research and Development*, 1954, 2(1).

播领域的权力关系进行了批判性分析，提出了与主流学术界不同的见解。他认为，尽管信息与传播科技迅猛发展，传播技术形式层出不穷，但传播结构和政策背后固有的权力关系并未发生根本性变化。政治经济权力依旧主导着传播的结构和内容，公众在传播政策的制定上仍然是无力的旁观者；传播资源仍然掌握在少数权力阶层手中，知识的私有化趋势愈加明显。全球媒体的融合加剧了产业的垄断，虽然公众的参与度有所增强，但他们依然是被反复出售的商品。在全球化的背景下，美国主导的消费主义浪潮依旧席卷全球，发展中国家的传媒依附现象不仅没有减轻，反而更加深刻，国内外媒体的同质化趋势愈加严重，创新性显著减弱。斯麦兹的政治经济学视角仍然是理解今天媒介化世界背后权力关系的关键，且其论述的逻辑和结论在今天依然充满生命力，值得我们深入思考和反思。

然而，斯麦兹的研究路径和传播政治经济学的开创性贡献也存在一些局限性。在研究的广度和深度上，斯麦兹的探讨涉及多个层面，但由于缺乏对传播文本和内容的深入分析，他的某些结论在理论上显得有些薄弱。例如，尽管传播和权力之间的相互建构关系是斯麦兹的核心议题，他却过于强调宏观层面的经济与政治权力结构，忽略了具体传播文本的解读与微观分析。这种"远视"与"近视"的结合，使得他的部分理论框架在实际应用中可能缺乏足够的依据和支撑。此外，斯麦兹的研究方法主要依赖定性分析与思辨性论证，缺乏量化和经验研究的支持，这使得他的理论在北美以量化为主的学术环境中面临较大的挑战。尽管他重视定性的深度判断，但过于依赖主观分析，使得其结论有时显得武断和缺乏充分论证。特别是在其强调经济因素决定传播内容和形式时，斯麦兹未能提供足够的案例来证明经济与传播内容之间的直接关系，这一"经济决定论"观点在学术界也受到了广泛的批评。

斯麦兹的学术贡献，不仅体现在他开创了传播政治经济学的研究领域，还在于他为这一新兴学科在传播研究中奠定了立足点。他首创了传播政治经济学的正式课程，为传播学界提供了一个新的学术视角，使得传播学在早期的理论体系中，能够融合更多的经济学和社会学元素。斯麦兹的研究集中批评了大众传媒，尤其是电子广播的结构和政策，力图揭示媒介、广告商与受众之间复杂的三角关系。他深刻探讨了政治经济权力关系如何在传播过程中被生产和再生产，以及这些权力关系如何通过技术嵌入传播体系，影响社会和文化的结构。尽管他的研究具有鲜明的批判性，且常常带有激进的左翼姿态，这使得他的工作长期未受到主流学术机构的青睐，但他始终坚持自己的学术理念，不追逐当时的学术潮流与时尚。斯麦兹的论述严谨而清晰，语言通俗易懂，尽管他是一位经济学家，却不依赖艰深的学术术语或流行的外语符号。他的写作风格强调实用性和通透性，这使得他的理论不仅具备深刻的思想性，而且易于被广泛理解和传播。斯麦兹的学术生涯充满了挑战和革新，作为一名启蒙学者，他不断质疑和挑战从自由贸易到后现代主义的各类理论与观点。他的工作跨越了经济学、传播学和社会科学的多个领域，推动了对技术、制度、社会需求及公共政策的系统性研究。因此，学者麦乐迪曾评价斯麦兹一生都处于传播学的前沿阵地。斯麦兹尤为强调作为社会科学家，研究者应当承担特别的责任与兴趣，去研究那些深刻影响人类生存的机制。他认为学术研究应当与实际政策和社会实践结合起来，为现实问题提供解决方案。作为一位倾向于马克思主义的学者，"斯麦兹不仅停留在理论层面，他将自己的研究成果应用于社会实践，参与社会变革。他的学术分析、政策研究和行动参与完美融合，成为许多人心中的典范"①。他深厚的知识积累和丰富的工作经验，使他能够在不同历史时期不断回应时代潮流，提出独立的思考。

斯麦兹影响了大批学生，培养了一批传播政治经济学领域的后继者。他所提出的研究主题和问题，为后来者提供了丰富的研究空间和广阔的学

---

① 郭镇之：《传播政治经济学理论泰斗达拉斯·斯麦兹》，载《国际新闻界》，2001年第3期，第58-63页。

术道路。斯麦兹的批判精神和理论深度激励着一代又一代学者在传播政治经济学的领域中不断开拓、耕耘。他的理论逻辑和推演，不仅为传播学的发展贡献了宝贵的思想资源，也推动了媒介政治经济学成为文化传播领域一个重要的分支和流派。

第三章　赫伯特·席勒：媒介帝国主义批判理论

在全球化时代，媒介不仅是信息的载体，更是政治、经济和文化权力的交汇点。赫伯特·席勒作为北美媒介文化批判学派的重要代表，深刻揭示了资本主义经济权力如何通过大众传播塑造社会意识，主导全球文化秩序。他的媒介帝国主义理论批判了跨国资本如何借助媒介传播机制，巩固西方文化的主导地位，侵蚀本土文化的独立性。本章将系统梳理席勒的媒介帝国主义批判理论，剖析媒介帝国主义的形成、机制及其对全球文化传播秩序的深远影响。

第一节　经济权力关系控制媒介文化的批判者

赫伯特·席勒是 20 世纪最具影响力的媒介批判学者之一。他的研究深受马克思主义政治经济学的影响，强调资本主义经济结构与媒介文化之间的紧密联系。席勒的媒介批判理论并非一蹴而就，而是在不断批判资本主义发展模式的过程中逐步形成。他早期关注媒介如何被资本操控，而后扩展至媒介帝国主义的全球结构性影响，最终提出文化工业、军工复合体和媒介霸权等概念，以解释全球信息传播的权力机制。本节将回顾席勒的学术背景、主要思想及其对媒介批判理论的贡献，并梳理席勒理论的发展轨迹，探讨其理论体系的演进过程。

一、席勒其人其说

赫伯特·席勒（Herbert Schiller，1919—2000）出生于纽约市的一个普通工人家庭，成长于20世纪一系列重大历史事件之中，包括经济大萧条、第二次世界大战、冷战以及第三世界的民族解放运动。这些经历深刻塑造了他的政治立场与学术观点。1929年经济危机爆发，美国进入长达十年的经济萧条期，席勒的家庭也未能幸免。父亲是宝石工匠，在经济衰退初期失业，直至战争经济带动就业才得以稳定工作。母亲则靠零工维持生计。家庭的拮据与经济压力让他从小便切身感受到资本主义体制的弊端。他曾回忆道："失去工作如何折磨人们，我永远无法忘记……从那时起，我憎恶那种毫不在乎让大量劳动者失业的经济体制。"[①]这一经历促使他在大学选择经济学专业，希望在动荡的经济环境中找到更稳定的职业。然而，这段时期对资本主义制度的观察与反思，也成为他日后批判研究的重要基石。在四十多年的学术生涯中，他始终对资本主义经济体制持批判态度。例如，他在《信息与危机经济》一书的扉页上写道："谨以此书纪念我的父母亲——本杰明·富兰克林·席勒、格特鲁德·珀纳以及在早年经济危机中遭受苦难的人们。"从这段话我们不难体会到席勒本人对经济危机及其给人们造成灾难的沉痛心情。

第二次世界大战爆发后，美国经济因战争需求而复苏，大量就业机会随之涌现。大学毕业后，席勒在华盛顿工作，随即被种族主义现实所震撼。1942年秋，他应征入伍（此前已获得哥伦比亚大学经济学硕士学位），并被派往加利福尼亚。他所服役的部队频繁往返于南加利福尼亚，席勒亲眼见证了战争带来的经济繁荣和人们几近疯狂的消费：战争工厂实行三班倒，娱乐场所通宵营业，乡间别墅举办数日连绵的宴会。然而，1943年9月，

---

① SCHILLER H. *Living in the Number One Country: Reflections from a Critic of American Empire*[M]. New York: Seven Stories Press, 2000:9.

席勒的部队被派往北非驻扎。面对战争后的北非，他目睹了当地满目疮痍的城市和荒凉的乡村，以及饥肠辘辘的民众。这一切与美国国内歌舞升平的繁荣景象形成了鲜明对比，深深触动了席勒的内心。他说："在我到达海外之前，我对贫困的理解非常有限。我了解美国经济萧条时期的救济队伍，亲眼目睹过纽约的贫民窟，也听说过'胡弗村'——20 世纪 30 年代经济大萧条期间城市边缘的简陋窝棚，但这一切都无法为我在北非所见所闻做准备。"[①] 这段经历不仅令席勒对北非人民产生了深深的同情，也让他在驻扎的两年多时间里逐渐意识到，北非国家正处在一个被外国投资者和地方寡头剥削的困境中。而此时的美国正在取代法国的殖民统治，成为北非的新支配者。1946 年 3 月，席勒到德国柏林从事美国驻德军政府的文职工作，他目睹了西德的市场经济复苏过程，对美国政府在西德实施的政策感到非常厌恶。1948 年，席勒回到美国。当时杜鲁门在 1948 年的总统大选中获胜连任，他对外推行全球扩张政策，并与苏联开展冷战争夺世界霸权，此后不久，麦卡锡主义盛行[②]，美国政府的反共宣传日益加强，这让席勒开始关注信息传播过程以及宣传问题，如灌输过程是怎样运行的、谁组织了它、信息是怎样经过调整后传播出去的等问题。自 1949 年起，席勒开始为"劳工研究协会"（Labor Research Association）撰写文章，探讨美国的对外经济政策。这些文章挑战了主流媒体的叙事，使他自称为"激进的新闻工作者"。在接下来的十多年里，他持续关注并批判美国的权力运作，特别是政府如何干预西欧与北非，同时排斥社会主义国家在国际经济中的参与。他的批判意识逐步深化，并最终奠定了他在传播政治经济学中的地位。他继承了达拉斯·斯麦兹在伊利诺伊大学的研究方向，专注于美国大众传媒业的权力结构。凭借犀利的批判笔触，他成为北美媒介文化

---

① SCHILLER H. *Living in the Number One Country: Reflections from a Critic of American Empire*[M]. New York: Seven Stories Press, 2000:17

② 从 20 世纪 40 年代末到 50 年代初，美国掀起了以"麦卡锡主义"为代表的反共、排外运动，涉及美国政治、教育和文化等领域的各个层面，其影响至今仍然可见。

批判学派的重要代表，被誉为"批判传播研究的领军人物"。席勒认为，大众传媒与政治经济权力紧密相连，往往未能充分履行民主监督的职能，而是充当了权力集团的工具。

席勒终其一生都在批判传播体制的道路上前行。他出身工人阶级，在经济萧条中度过青少年时期，这段经历成为他研究政治经济权力与媒介文化的起点。我国学者郭镇之曾称他为"北美传播政治经济学的精神领袖"，不仅因为他对资本主义体制的不公有着深刻的忧虑，更在于他始终以知识分子的立场介入现实问题。

自 20 世纪 60 年代起，他将研究重心转向媒介文化，出版了多部有影响力的著作，包括《大众传播与美帝国》（1969）、《思想管理者》（1973）、《传播与文化支配》（1976）、《天知道，财富五百强时代的信息》（1981）、《信息与危机经济》（1984）、《文化有限公司》（1989）、《信息不平等》（1996）以及《生活在世界头号国家》（2000）等。这些作品奠定了他在媒介文化批判研究领域的重要地位。席勒的核心研究关注美国大众传播业与国家权力、资本利益之间的关系。他剖析了美国如何利用媒介对国内公众进行安抚，同时在全球范围内施行文化霸权。他的研究涵盖信息娱乐产业的结构、美国文化产业的全球扩张，以及资本主义技术如何推动这一进程，尤其关注美国政府如何通过国际传播建立全球文化控制体系。他提出的"文化帝国主义""思想管理者""文化有限公司"等概念，成为媒介文化研究的重要理论范畴。在对美国媒介文化的批判中，他警示了两大趋势：其一，私有资本对公共空间与制度的侵占；其二，跨国传媒公司在全球范围内的文化垄断，尤其是在第三世界国家。这种批判立场使他与传统的媒介研究方法分道扬镳。

1969 年，赫伯特·席勒在美国伊利诺伊大学传播研究所任职期间，经过多次波折，最终出版了 *Mass Communications and American Empire*（《大众传播与美帝国》）一书。这本书首次系统地提出了"文化帝国主义"理论，直言不讳地批判了国际文化霸权的传播不平等现象。席勒认为，美国的大众传播产业、国家权力机构以及私人资本之间形成了一条隐秘且强大的利益链条，彼此交织，推动着文化霸权的扩张。这一观点在学术界引起了广泛关注，斯麦兹曾称该书为"朝着纠正传播学著作中的严重失衡现象迈出了坚实的一步"[①]。然而，这本书虽具开创性，但由于其强烈的左翼批判色彩，席勒也因此遭遇了来自学术界的排挤。事实上，他的遭遇与斯麦兹在伊利诺伊大学的境遇类似。尽管如此，正是这本具有深刻社会批判意义的著作，使席勒得到了加利福尼亚大学圣地亚哥分校新成立的第三学院的青睐，并因此得以在该校继续开展其批判传播的学术研究工作。次年，席勒便受聘于圣地亚哥分校，开启了他在西海岸的学术生涯。在此期间，席勒不仅继续深入研究并扩展其"文化帝国主义"理论，还致力于传播学的教学工作，培养了大批年轻学者，并与国际文化传播领域的专家进行了广泛的学术交流。在圣地亚哥分校的工作生涯中，席勒逐步完善了其批判传播学的理论框架。他的代表性著作如《传播与文化支配》（*Communication and Cultural Domination*，1976）和《生活在头号国家：一个美利坚帝国批判者的反思》（*Living in the Number One Country：Reflections From a Critic of American Empire*，2000）等，都是他在此期间对"文化帝国主义"理论进行深入反思与批判的成果。这些著作不仅体现了席勒对美国文化霸权的批判，也逐渐形成了具有完整与清晰思路的跨国媒体批判理论体系。席勒的学术贡献，不仅限于理论的创新，还对全球文化传播的研究产生了深远影响。直至1999年退休，他依然在学术界持续发挥着重要作用。

1973年，赫伯特·席勒在加州大学圣地亚哥分校教授传播政治经济学课程时，整理并汇编了自己关于媒体权力现状的课程材料，通过美国Beacon出版公司出版成书。这本书中，席勒提出了一个关于大众媒体的重要概念——"思想管理"（mind management）。这一概念与其早期提出的"文

[①] 〔美〕赫伯特·席勒：《大众传播与美帝国》，刘晓红译，上海译文出版社2013年版，第一版序言第1页。

化帝国主义"理论具有相似的批判性和理性深度。席勒认为，大众媒体在现代社会生活中充当着"思想管理者"的角色，操控并塑造公众的思维与意识。具体来说，他所描述的"思想管理"指的是，权力机构或精英通过媒体传播虚假的意识形态，进而达成操控大众思想的目的。为此，席勒将其这部著作命名为《思想管理者》（*The Mind Managers*），以突出其对媒体传播及其背后权力机制的深刻批判。

进入 20 世纪 70 年代末至 80 年代，伴随着新自由主义思想的兴起以及美国广播电视行业解除管制政策的实施，席勒逐渐将研究重点转向了这一变革的核心——美国的私人媒体公司及其公司权力。1989 年，席勒在《文化有限公司：公司接管公共表达》（*Culture, Inc.: The Corporate Takeover of Public Expression*）一书中，深入探讨了美国传媒业的私有化（privatization）和商业化（commercialization）趋势，并提出了"文化有限公司"（Culture, Inc.）的概念。席勒认为，随着私营企业在文化生产领域的崛起，传统的公共职能部门逐渐被私人公司取代，媒体产业的权力越来越集中在少数跨国公司手中，这些公司不仅主导美国的媒体市场，还通过其巨大的经济和政治力量，控制全球文化生产的走向。在席勒看来，随着公司权力的不断壮大，国家和个人的权力逐步被侵蚀，私有公司已在各个层面上控制着经济、政治、文化乃至社会生活。这些公司不再仅仅是经济体，更多地变成了文化生产的"帝国"，将文化生产从公众手中牢牢掌控。席勒进一步指出，美国的媒体不再是一个由公众授权的"公共空间"（public sphere），而是沦为私人牟利的"文化工业"。在这一过程中，文化生产的权力逐渐掌握在少数跨国公司手中，这些公司不仅控制了美国国内的文化话语权，还通过其全球化的文化输出，成为席勒所说的"文化炸弹"（cultural bomb）。这种文化侵略，不仅冲击了他国的文化生态，还导致他国文化自主权的丧失。更为严重的是，在资本主义自由市场经济的驱动下，文化创作逐步被商品化，文化产品的生产逐渐倾向于满足市场需求与消费主义价值观。这一过程直接导致文化创作价值的扭曲，公众的自由表达愈加受到市场逻辑的束缚，最终损害公共利益。席勒警示道，这种文化垄断与文化帝国主义的蔓延，使得全球范围内的公共领域越来越难以提供真正自由和多元的文化表达。

作为首位系统化阐述"文化帝国主义"理论的学者，赫伯特·席勒深刻分析了美国大众传播的结构与政策，揭示了其背后错综复杂的动力机制。他探讨了美国的传播机构与文化产品如何为美国的帝国政治提供支持，并论述了媒体文化力量在全球统治过程中的关键作用。席勒观察到，全球对文化、教育以及有效信息的迫切需求，在很大程度上依赖于美国传播系统的主导作用，并且深受其影响。通过经济控制、贸易影响以及他国的模仿效应，美国成功将文化传播作为其全球权力扩张的决定性工具。席勒认为，这一过程不仅是经济层面的操作，更是美国在全球范围内维持霸权地位的战略性手段。席勒对新兴民族国家面临的文化困境进行了深入剖析。随着发达国家，尤其是美国强势世俗文化的入侵，这些国家的文化空间受到严重挤压，迫使它们接受全球核心力量的价值观，并在此基础上调整社会制度以适应这一全球体系。席勒指出，这种文化帝国主义现象，不仅是全球化进程中的一种表现，更是现代帝国主义延续的重要组成部分，体现了在全球化背景下权力与文化控制的深度交织。

二、席勒媒介文化帝国主义批判理论的发展脉络

席勒的媒介文化批判理论将以美国为代表的发达国家在国际信息传播领域的霸权地位为批判对象，呼吁建立一个新的世界信息与传播秩序。这一理论的核心线索和首要任务是批判美国在全球范围内通过媒介文化实施的控制。席勒的学术研究深刻关注社会现实，随着国际与国内文化传播产业的变迁而不断发展。从他的代表作品来看，席勒最初集中于美国国内政治经济权力体系与大众传播之间的互动，批判媒介中立性的观点；20 世纪 70 年代后，他将视角扩展至国际传播领域，探讨国际背景下的权力关系；到了 80 年代，席勒的研究逐步涵盖了整个信息文化领域，着眼于信息社

会的多维问题；而90年代以后，互联网及国内相关问题开始成为席勒研究的新焦点。

1.信息生产与操纵——美国国内权力批判（20世纪60—70年代）

这是席勒最早关注的领域，他在《大众传播与美利坚帝国》（1969）和《思想管理者》（1973）等作品中，批判性地分析了美国政府和私人公司如何利用与干预大众传播业。在《大众传播与美利坚帝国》一书中，席勒专门探讨了美国国家权力机构（如政府和军方）如何占据大众传播资源，并与私人公司形成利益共同体。书中的多个章节深入分析了美国传播联合体的形成，包括政府部门的军事化、军事—工业团队的合作，以及如何通过电子技术在反革命中的应用来管理危机。在《思想管理者》中，席勒着重分析了信息如何被转变为带有意识形态色彩的商品。他以《国家地理杂志》、《电视指南》、民意调查和迪士尼为例，剖析了美国政府和私人企业如何操控信息的生产。他批判了商业媒介制造内容时所依赖的五大意识形态神话：个人主义与选择、中立性、人性不变、无社会冲突以及媒介多元化。他还分析了商业媒介常用的两种策略——市场区隔和资讯的即时性，指出这些策略通过插播广告分割信息和不断提供即时信息来制造错误的紧迫感，最终导致公众对信息的新鲜度过度关注，而忽视了对信息的理性分析。席勒回忆道，《思想管理者》中的一些分析素材来源于他在伊利诺伊大学的传播学课程，课程通过分析日常新闻报道内容和报道方式，揭示了媒介管理者在为商业利益服务过程中如何进行意识形态控制。可以看出，席勒早期集中于批判国内权力机构对信息生产的操控。

这一时期，席勒警告了两种主要倾向：在美国国内，强大的势力逐渐占领公共空间和公共体制；在国外，特别是在第三世界国家，美国公司主导着文化生活。这种批评代表了与当时媒介研究传统方法的根本分歧，席勒通过重新引入对政治经济权力的争议，推动了媒介研究学术议程的转型。

2.文化输出与控制——跨国媒介的权力批判（20世纪70—80年代）

20 世纪 70 年代中期，席勒将其学术关注的焦点转向了国际文化传播领域的权力批判。这一时期，席勒的研究不仅受到当时第三世界国家在国际文化传播领域斗争的启发，还在很大程度上推动了这一斗争的深入。他的工作可以说是为当时的国际信息与传播新秩序的倡导和发展点燃了火种。席勒在此阶段的代表作品《大众传播与文化支配》（1976），以及收录于《国家主权与国际传播》《希望与蠢行》《超越国家主权》等文集中的文章，集中探讨了这一主题。特别是在《大众传播与美利坚帝国》1992年版和《谁知道，在财富 500 强时代的信息》等作品中，席勒对这一主题的阐释愈加深入。席勒对国际文化传播领域的权力批判，主要聚焦于发达国家在全球信息传播中的主导地位及其支配方式，尤以美国为代表。这些观点形成了席勒一生关注的核心议题之一。《大众传播与文化支配》被广泛视为对"文化帝国主义"理论的深入探讨。在书中，席勒以国际社会的权力关系为背景，剖析了全球社会的分化，以及大众传播机构如何加剧或扩大这种分化。他着重分析了国际传播领域的文化支配问题，并在该书的前言中写道："我希望通过描述文化支配的过程、构成要素及其运行和发展的机制，最终在一般层面上提供抵御文化支配的可能方法。"[①] 这本书的核心内容便是对"文化帝国主义"这一术语的深入解析和批判。席勒借用马利·华勒斯坦（Immanuel Wallerstei）的世界体系理论，将 20 世纪 70 年代的文化帝国主义理解为一系列历史过程，具体而言，某些国家通过主动或被动的方式进入现代世界体系，这个体系由以美国为代表的市场经济

---

① SCHILLER H, *Communication and Culture Domination*[M]. New York: International Arts and Science Press, 1976:4.

国家主导。在这一过程中，美国扮演了至关重要的角色，几十年来，它有意识地推行其政治、经济、文化价值观，并通过推销"信息自由流通"的观念作为其主权扩展的手段之一。

在 70 年代，席勒积极倡导建立世界信息新秩序。1979 年，他与芬兰政治批判学者诺顿·斯壮合作编辑了《国家主权与国际传播》（*National Sovereignty and International Communication*）。这本书从批判传播的视角出发，以国家主权为主线，收录了关于当时国际传播问题的主要观点，尤其是左翼批判思想为主的观点评析。书中包含了席勒 1976 年撰写的《跨国媒介与国家发展》（*Transnational Media and National Development*）一文，席勒在其中阐述了跨国媒介如何作为跨国公司的组成部分，为后者提供意识形态基础。他写道："作为私人所有、旨在创造利润的跨国媒介，任务就是寻找市场，所谓的'受众'。跨国媒介所提供的影像和信息中的信仰和观点，创造并强化了受众对这一现代世界体系的依赖。"①

1989 年，席勒与他人共同编辑并出版了《希望与蠢行：美国与联合国教科文组织，1949—1985》（*Hope and Folly: The US and UNESCO, 1949—1985*），该书结合了国际传播领域的变迁，分析了为何关于建立国际信息与传播新秩序的呼声逐渐消退。1993 年，席勒与诺顿·斯壮再度联手，编辑出版了《超越国家主权：20 世纪 90 年代的国际传播》（*Beyond National Sovereignty: International Communication in the 1990s*）。进入 80 年代末和 90 年代初，建立国际信息与传播新秩序的运动逐渐失去动力，而美国布什政府提出的"世界新秩序"口号风靡一时。以此为背景，席勒和诺顿·斯壮在《超越国家主权》中继续探讨国际传播领域的权力关系，依旧涉及文化支配、文化帝国主义等一贯话题。

席勒对国际传播领域权力关系的批判，贯穿了其学术生涯的始终。在

---

① SCHILLER H. *National Sovereignty and International Communication: A Reader*[M]. edited by Kaarle Nordenstreng and Herbert I. Schiller, Ablex Publishing, 1979：30.

这十多年间，甚至在后来的时间里，席勒不断地回顾并强化自己的这一立场，尽管他的观点始终未曾改变，对这些问题的讨论也未见太大新意，但他那种持之以恒的批判精神，仍使席勒在国际传播研究领域成为不可忽视的重要声音。

3.信息技术的获益者——信息社会批判（20世纪80年代）

20世纪80年代，伴随着新技术的飞速发展，信息社会理论在西方国家掀起了广泛的讨论，席勒将其研究的焦点逐渐转向与信息社会息息相关的问题，涉及新技术的影响、信息控制的机制、信息经济的变革以及信息与社会之间的互动等。这一阶段的代表作品包括《谁知道：在财富500强时代的信息》（*Who Knows: Information in the Age of the Fortune 500*，1981）和《信息与危机经济》（*Information and Crisis Economy*，1984）。席勒在这些作品中提出，信息与传播系统对于跨国资本的运作至关重要，信息技术并非中立存在，它是一种社会的产物，不仅没有自治性，也不可能独立于社会背景而存在。他特别强调，跨国公司在推动信息产业方面起到了决定性作用，因为信息技术的进步使得地理距离逐渐消失，跨国公司能够在全球范围内进行无缝运作。然而，席勒警示道，建立在私有制基础上的信息社会，由少数公司控制的信息流动，无法真正解决西方社会所面临的结构性危机。信息社会的进程，在席勒看来，更多的是服务于资本的全球扩张，而非公共利益的普及。例如，在《谁知道：在财富500强时代的信息》一书中，席勒运用信息这一概念，剖析了国内外政治、经济和文化力量如何在信息领域相互交织，推动着信息社会的蓬勃发展。他详细分析了促进这一发展的各种国内外因素，揭示了现有信息系统的根本不足。席勒在书中探讨了信息社会的基础，信息私有化的趋势，私人企业如何利用传播新技术来强化其市场地位，以及信息流动的全球化对跨国企业的深远影响。在《信息与危机经济》一书中，席勒进一步深刻指出，西方社会乃至整个世界正面临来自政治、经济、社会和环境多重危机的挑战。这些危机的根源在于全球市场体系的不断扩展，这一体系在很大程度上催生了信息活动的激增。席勒认为，信息和信息技术被各国政府视为缓解或消解社会危机的工具，但这种方法只会进一步加剧信息控制者，尤其是跨国公司和强大信息使用者的权威性。对于数以千万计的普通民众来说，这种做法的代价高昂，因为信息经济的控制仍然掌握在少数公司手中，而这些公司及其权力始终占据着支配地位，民众的声音则被边缘化，社会的多元性遭到压制。

席勒警告说，只有当普通民众在政治与社会生活中占据主导话语权，信息的使用才能真正服务于公共利益，社会危机才能得到从根本上的解决。这一切的前提，是民众能够自由而平等地掌握信息，借此获得真正的表达权与参与权。

4.信息垄断——文化工业批判（20世纪80年代末—90年代）

席勒的学术研究在 20 世纪 80 年代末至 90 年代初迎来了一个重要拓展，尤其是他对文化工业的关注。在以往的作品中，席勒较多聚焦于大众媒介的分析，但在《文化公司：公司接管公共表达》（*Culture Inc.: The Corporation Takeover of Public Expression*，1989）一书中，他的研究视野大大拓宽，涉及了建筑、公共公园、户外广告、博物馆、图书馆等各种文化场所，并重新审视了"文化工业"（The Cultural Industries）这一概念。席勒指出："一个社会的经济生活不可能与其符号内容相分离。它们共同代表着文化的整体性……从早期开始，演讲、舞蹈、戏剧、音乐、视觉艺术和造型艺术便已成为人类生活经验中重要且不可或缺的特征。唯一的不同是，在工业资本主义时代，尤其是随着近代的发展，这些创造性的基本表达方式为了满足能够支付的人群需求，越来越被剥离出其群体和社会的根源。"①

---

① SCHILLER H. *Culture, Inc.: The Corporate Takeover of Public Expression*[M]. New York: Oxford University Press, 1989:31.

在这一背景下，席勒深刻分析了文化工业兴起的历史原因，并勾画出其近期发展的趋势。席勒对文化的关注远远超出了将其视作经济基础的派生物。他认为文化不仅受制于物质条件的制约，反过来它本身也具备着物质的性质。席勒在这部作品中不仅深入探讨了公共空间与商业空间之间日益紧张的关系，还对当今社会中"头脑的商业化与工业化"现象表达了深切的忧虑。他坚信，尽管全球媒介产业日益由私人公司控制，但仍有可能建立起一种不同于商业文化的文化体系，而实现这一目标的关键，在于对文化工业所有权问题的清晰认识，反对文化和信息的垄断，并确保信息的合法、透明使用。

5.信息的全球化批判（20世纪90年代）

20世纪80年代末，伴随着跨国公司在全球市场的激烈角逐，越来越多的国家和地区被纳入全球市场体系，大众传播领域也未能幸免。席勒继续秉持其一贯的学术立场，将研究视野拓展至因特网技术及其应用问题，基于此，对信息全球化进行了尖锐的批判。席勒始终坚持一种历史性和整体性的视角，力图将信息全球化放置在更为广阔的历史、政治、经济与社会背景下进行深刻剖析。针对一些学者、政策分析者、行政人员以及政治家对因特网发展所抱持的乌托邦式幻想，他指出，信息全球化所带来的并非是消除贫富差距、消弭国家间信息鸿沟的理想图景，相反，它不过是全球信息环境的商业化和私有化的过程。这一进程不仅未能消除贫国与富国之间的信息差距，反而加剧了国际社会的不平等，贫富差距进一步拉大，对民族国家、民族文化乃至国际社会产生了深远的负面影响，最显著的便是国家主权的削弱。例如，在《信息不平等：正在加深的美国社会危机》（*Information Inequality: The Deepening Social Crisis in America*，1996）一书中，席勒直言不讳地揭示，美国之所以推动信息高速公路建设，其背后根本动机是跨国公司建立全球商业秩序的需求。在美国市场经济体制下，尽管信息高速公路的最初建设依赖于公共资金，但席勒指出，最终其所有权会转交给私人公司，且这些公司会以"关心公众利益"的名义，将其用于创造利润。私人所有的信息高速公路必然导致的结果，就是其主要受益者将是那些拥有支付能力的大型跨国公司，而这不仅进一步固化了信息的私有化，也让大众的利益难以获得保障。

从整体上来看，席勒的五大批判主题在其媒介文化批判思想中各自占据着不同的地位。其中，批判媒介中立性为其他批判提供了理论基础和前提。席勒的作品最为显著的风格之一，就是对事实进行深入批判，而理论分析的篇幅则相对较少。他所关注的事实批判对象涵盖了广泛的领域，包括军工复合体、政商复合体、文化工业复合体、文化公司、信息—文化复合体、跨国公司以及跨国媒介等。在对这些对象及其行为进行严肃批评时，席勒常常使用一些较为抽象的术语，如"私人主义"和"公司资本主义"。这些术语的运用，实际上反映了席勒媒介文化批判的核心指向——从批判商业秩序对社会生活的侵犯，到对私有制、资本主义制度本身，乃至其意识根源的深刻反思。这一批判进程呈现出一个递进的层次，揭示了从表面现象到制度根基的深刻剖析。

作为一位左翼批判学者，尽管席勒并非马克思主义者，但他明确宣示自己的学术立场是左翼的，致力于推动当代西方社会的大众传播体制变革。他的研究目标不仅仅是反对媒介私有化，更是为了捍卫公共利益与社会平等，最终关注的是社会的公正、民主与平等。正是在这种媒介文化观的指导下，席勒一再强调，民众应当参与到文化的生产过程中，改变现有信息传播结构的使用方式——摒弃由私人控制、为有支付能力的私人或跨国公司所垄断的文化传播体系。

可以说，自资本主义诞生以来，西方资本主义国家的"文化帝国主义"行为便持续存在，并伴随资本主义的发展逐渐加剧。20世纪中叶后，随着美国影视文化产品的全球传播及其对发展中国家文化的潜在影响加深，席勒率先展开深入研究。他结合媒介的经济功能与政治功能，全面剖析美国大众传播政策和结构，揭示了大众传媒在美国文化帝国主义扩张中的核心作用。席勒批判美国通过跨国媒介公司输出文化产品，推广其传播体制、意识形态及文化价值观，试图塑造和控制他国文化。在批判中，席勒以美国大众媒介传播的历史与现实为切入点，以媒介中立性批判为逻辑起点，以跨国媒介批判、私有权批判、信息社会批判和全球化批判为支撑，构建起其文化帝国主义批判理论的主体架构，深入剖析美国文化帝国主义的兴起、本质、国内控制机制与国际霸权行径以及其伪善性，深入解构美国文化帝国主义的运作逻辑，提出了推动建立非支配性的国际传播新秩序的愿景。通过这些深刻的洞察，席勒不仅开创和扩展了文化帝国主义批判理论，也确立了自身作为媒介帝国主义批判领域的权威学者的地位。接下来，我们就对其展开分析阐释。

第二节　文化传播与媒介帝国主义的兴起

商业媒体的发展为媒介帝国主义的形成奠定了基础。随着资本主义市场经济的扩展，商业媒体逐渐从企业赢利工具转变为意识形态传播的重要渠道。媒介技术的不断革新，使得大众传媒从单纯的信息传播工具，逐步演变为高度产业化、系统化的庞大机构。传媒公司趋向集中化、垄断化，催生了跨国传媒集团的崛起，进一步加强了资本对文化传播的控制。

一、商业媒体的开拓性作用

赫伯特·席勒在其 1969 年出版的《大众传播与美利坚帝国》一书中，以深邃的视角分析了美国如何通过大众传媒和信息技术，深刻塑造全球权力结构，带动了全球文化生态的变革。虽然此时席勒未对"文化帝国主义"这一概念作出详细阐述，但这本书可视为席勒对美国文化帝国主义策略的初步研究。

席勒敏锐地洞察到，传统的形式殖民主义逐渐瓦解，全球范围的民族解放运动如火如荼地展开，同时美国的国力和科技创新突飞猛进，这一切为国际传播的新模式提供了推动力。他捕捉到的信息流变革正悄然发生——曾经单向的信息流动，如今正被互动性强的双向信息流所取代。那些曾经被殖民者忽视或从未涉及的地区，正逐步融入到一个更加广泛的全球信息网络中。在这一网络的搭建过程中，物质交换的局限性被超越，国际间的交流日益频繁。而席勒更为深刻地指出，信息技术的控制成为了当代权力结构的根基。正如他所言："这种对信息流动内容的影响，虽未达到绝对的控制，但其影响力却非微不足道。"① 这种话语权的争夺，早已不再局限于物质层面的斗争，而是涵盖了信息和意识形态的传递。席勒还揭示了美国如何在历史的关键节点上，通过媒体进行战略性的宣传和干预。在内战和西美战争期间，美国的传媒报道发生了重大变革，特别是在对战争的报道中，媒体敏锐地捕捉到了民众对战争的浓厚兴趣，借此吸引了大量读者。更深远的影响是，这一过程不仅促进了美国文化的全球传播，还为美国的干预主义政策提供了舆论支持。在 20 世纪初，媒体的报道方式开始呈现商业化趋势，并迅速倾向国家主义，媒体逐步成为国家力量的工具。面对这一现实，席勒采用全面的分析方法，透过文化帝国主义的镜头，深刻剖析了美国大众传播的双重功能：既服务于经济利益，又与政治目的紧密相连。美国的媒体不仅成为传播资本主义价值和消费主义思想的渠道，更通过全球传播网络，向世界各地传播美国的商业价值观和文化认同。席勒通过分析美国媒体如何成为商业传播的先锋，揭示了其背后深刻的资本主义意图。他写道："美国在全球传播领域日益增强的影响力，带来了巨大的文化后果。更广阔的市场为美国的广播商和电影制作商提供了显而易见的经济利益，但更重要的是，美国商业传播媒介在其商业组织及价值观向国际社会扩展过程中，扮演着先锋角色。"② 尽管席勒这里没有使用"文

---

① 〔美〕赫伯特・席勒：《大众传播与美帝国》，刘晓红译，上海译文出版社 2013 年版，第 121—122 页。

② 〔美〕赫伯特・席勒：《大众传播与美帝国》，刘晓红译，上海译文出版社 2013 年版，第 87 页。

化帝国主义"这个概念，但是实际上他论述的就是（美国）文化帝国主义的表现（价值观）。"如果美国在利用电子技术对世界进行商业侵略的过程中没有密谋策划，那么一定也有非常明确的意识——怎样使传播业既能够为高度的意识形态的目标服务，又能实现创造利润的商业目的。"[1]席勒的分析不仅仅局限于媒体的商业化运作，他同样揭示了媒体如何在军事和政治领域发挥作用。美国军方如何通过掌控媒体资源，为其政治需求服务；如何利用广播、电视等媒介进行战略宣传，甚至将媒体作为意识形态斗争的武器，都是席勒研究的重点。例如，"美国之音"作为美国政府的官方媒体，长期在全球传播美国的政策和价值观。针对古巴政府的"马蒂电台"和冷战时期的"自由欧洲电台"，更是体现了美国如何通过媒介进行全球意识形态的渗透与影响。

随着电视和其他现代通信技术的迅速发展，美国越来越充分地利用这些平台，加强对国际舆论的控制。电视的全球覆盖，使得电信产业不仅成为国际战略的重要支柱，更是成为实施外交政策的有效手段。席勒强调，尤其是在冷战时期，随着传媒技术的迅猛发展，商业传媒成为美国帝国主义对外扩张的不可或缺的一环，其在塑造全球政治、经济以及文化格局中起到了至关重要的作用。

二、大众传媒的产业化趋势

赫伯特·席勒在《大众传播与美帝国》一书中，精辟地阐述了美国在推动广播及其他传媒形式的国际产业化过程中所扮演的核心角色，并揭示了其工业化经济体系如何成为推动这一过程的根本动力。美国制造商为了追求更高的利润，不断提高生产力和效率，这一经济策略直接催生了传媒产业的商业化进程。随着海外市场日益成为美国企业开拓经济利益的重地，

---

① 〔美〕赫伯特·席勒：《大众传播与美帝国》，刘晓红译，上海译文出版社2013年版，第101页。

收购、合资及新建企业等全球扩张的商业手段逐渐成为常态。

美国的媒体产业，尤其是广播和电影业，成为文化帝国主义扩展的先锋，随着美国经济的强劲发展，传媒产业的商业化趋势愈加明显。全球化和产业化的浪潮使美国文化逐步走出国门，进入了无数国家的家庭中，成为世界各地文化消费的主流。这一进程的关键，便是美国电影和电视节目的全球扩张。美国影视制作公司通过全球发行网络，将美国的娱乐产业推向了世界的每一个角落。从北美到亚洲，从欧洲到拉美，美国文化的传播已经没有国界的阻隔，跨国传媒集团通过灵活的市场策略和先进的传播手段，强势输出其文化、价值观以及消费模式，使全球观众不自觉地进入美国主导的文化体系，推动了这一全球文化霸权的建立。

席勒以现实主义的视角，广泛运用企业与政府信息资源，深入剖析了大众传播的动力结构，并对美国的信息机构及其文化产品如何成为全球帝国政治策略的有力工具进行了批判性反思。他写道："二战结束后，美国获得了一种独特的手段，以支撑其在决策中非常明显的牟取世界领导权的意图，现代大众传播为今天的管理者提供了双重支持，这是早期扩张主义者无法企及的。"[①] 通过这些传媒渠道，美国不仅仅是展示一种生活方式，它还深刻地影响着其他国家的公众意识。信息的传播不仅限于知识的传递，它还塑造了公众的观念，甚至在某些情况下激发他们的行动。在席勒看来，现代大众传播已经不再是简单的"信息流通"，它已成为一个有力的工具，渗透到全球社会的各个层面，推动着美国在全球范围内扩展其文化和政治影响力。

三、传媒影响的关键机制

赫伯特·席勒在其深刻的研究中，特别强调了在美国推进全球霸权

---

① 〔美〕赫伯特·席勒：《大众传播与美帝国》，刘晓红译，上海译文出版社2013年版，第2页。

进程中，媒介与文化所起到的关键作用。这一切的理解是解读美国文化帝国主义的演变及其实质所不可或缺的一部分。席勒细致入微地分析了美国媒体如何通过操控信息流、塑造舆论，引导全球观众的思想与行为，揭示了美国大众传媒的独特功能及其在全球政治、经济乃至外交政策中的深远影响。

第二次世界大战后的变局，令美国的传播机构经历了三大根本性变革。第一个是军事力量对美国政府传播机构的影响逐渐加深，国家安全和文化传播开始紧密结合；第二个是"民用"军事-工业传播集团的不断扩张，加深了军事与工业之间的融合；第三个是随着信息技术的飞速发展，美国通过媒体传播在维持国际现状中，扮演了独一无二的核心角色。正是这一系列变革，不仅彻底改变了传媒运作模式，也使其成为美国全球战略中的"信息武器"。"由于军事和通信产业势力渗透到政府机构的最高层，这额外地加强了军事和通信产业双方的互助。它们特殊的权力地位通过控制20世纪最为敏感和有影响力的权力机构得到进一步加强。"①

在电子传播技术空前发展的今天，美国的电视节目已经在加拿大广播市场中占据了支配地位，三分之二的加拿大家庭都处于美国电视信号的覆盖范围内。这一现象并非偶然，它反映了美国通过广播和其他传媒形式，轻而易举地渗透到全球。美国的传播活动不仅仅局限于广播，而是迅速扩展到设备销售、运营服务和节目输出等领域，特别是商业电视节目已经成为美国的一项重要出口产品。美国电影产业的扩张呈现出类似的趋势——不仅电影本身作为文化产品被输出，更通过其广泛传播的途径，将美国的文化价值观同步输出，逐渐将世界各地的文化结构与价值体系纳入其影响之下。更为关键的是，美国的商业传播模式已开始在全球范围内扩展，许多国家迅速采纳了以美国为蓝本的传播体系，全球传播的商业化趋势愈加

① 〔美〕赫伯特·席勒：《大众传播与美帝国》，刘晓红译，上海译文出版社2013年版，第57页。

明显。这一模式的扩展，不仅是技术和内容的输出，更是一种文化和价值观的输出，它深刻影响着全球文化的结构和生态。席勒深刻指出，美国通过控制全球传播领域，特别是广播和电影的输出，逐步推进了对全球文化的同质化，实施了一种前所未有的文化帝国主义。通过全球化的传媒产业，美国不仅输出电影和电视节目，更通过构建一个全球性的商业传播体系，让其他国家的文化生产逐渐依赖于美国的传播模式和内容，从而削弱了世界多样性文化的自我表达。在这种媒介全球扩张的过程中，美国的文化产品，无论是肯德基、可口可乐、迪士尼还是耐克，早已不再局限于简单的商业消费品，它们代表的是一种全球化的生活方式，一种以消费主义为核心的文化形式。美国的品牌已经成为全球消费者文化的标志和趋势，这不仅影响了全球消费者的日常选择，更悄然改变了他们的文化认同与价值观。席勒通过对这种全方位文化渗透的分析，进一步阐明了美国如何通过文化和媒介的力量，不仅在经济上实现利益的最大化，更在文化领域推动了美国意识形态的全球扩张。美国的这种文化输出，不仅增强了其在全球政治和经济中的主导地位，也促进了全球文化的统一化，使其文化霸权更加深入人心。席勒写道："大众传媒目前已经成为正在浮现的美帝国的支柱。'美国制造'的讯息在全球传播，发挥着作为美国国家权力以及扩张主义的神经中枢的作用。'贫穷'国家的意识形态的形象越来越受到美国的信息媒介的监管，发展中国家在态度产生和意见形成方面的国家权威已经被削弱，并且正在让位给强大的外部势力。"①

综合来看，席勒通过对美国广播媒体的兴起、国内传媒联合体的构建、广播的国际商业化、大众媒介国际传播的控制结构以及美国全球电子侵略行为的系统分析，深刻揭示了发展中国家在这场电子文化保卫战中的艰难处境。他清晰地描绘了全球信息传播格局中的权力关系，尤其是美国如何

---

① 〔美〕赫伯特·席勒：《大众传播与美帝国》，刘晓红译，上海译文出版社2013年版，第142—143页。

利用其媒体霸权，影响全球文化的构建与认知形态。席勒的结论不容忽视："世界对文化、教育以及有意义的信息的迫切传播需求严重依赖于美国的传播机构与系统，并深受其影响。美国的权力——表现在工业、军事和文化领域——已经成为世界上最强大的力量，其影响力跨越了所有的国界。通过直接的经济控制以及间接的贸易和外国的仿效，传播已经成为美国世界权力扩张的决定性因素。"[1] 由此可见，伴随大众传播的兴起，文化帝国主义在人类社会已然形成，并在持续发挥作用。

第三节　文化霸权与媒介帝国主义的本质

文化帝国主义的本质，犹如一张无形的网，悄然延展并吞噬了全球文化的多样性。它不仅仅是文化的扩张，更是通过一套庞大且复杂的媒介传播体系，将西方的特定文化模式、消费方式和价值观如洪水般推向全球，最终巩固了西方资本主义的文化霸权。这个过程并非偶然，它背后是资本逐利本能的直接驱动，资本的扩展使得媒介帝国主义不仅成为一个文化现象，更深刻地与经济利益交织在一起，形成紧密的相互依存关系。

一、扩张：文化帝国主义的根本属性

自资本主义初现端倪以来，西方资本主义国家的"文化帝国主义"便悄然萌芽，随着资本主义的步伐不断加速，文化的输出也逐步成为其全球扩张的重要工具。特别是20世纪中叶之后，伴随着美国影视文化产品的强势传播，这些文化产品对发展中国家的本土文化产生了深刻而广泛的影响。赫伯特·席勒在这一时期作出了先锋式的学术探索，他尖锐地指出，西方国家，尤其是美国，通过其跨国传媒公司不断向全球输出媒介产品，

---

① 〔美〕赫伯特·席勒：《大众传播与美帝国》，刘晓红译，上海译文出版社2013年版，第156页。

从而推广其传播体制、文化和意识形态，力图塑造并控制其他国家的文化价值观。

席勒在其 1976 年出版的《传播与文化支配》中深入探讨了文化帝国主义的概念，明确将其定义为"文化帝国主义就是在进入现代世界体系的过程中，一个社会在外部压力作用下，被迫接受世界体系统治中心的价值观与结构，并使其社会制度与这个世界体系统治中心相适应的过程"①。席勒通过深入研究美国大众传播机构的运作，揭示了媒体、文化与美国政治经济权力之间复杂而紧密的联系，进而提出了文化帝国主义的概念。席勒对文化帝国主义的这个阐释包含三个关键信息：其一，文化帝国主义的核心是推广特定的价值观；其二，文化帝国主义本质上是资本主义国家实施的文化霸权行为；其三，文化帝国主义的目的是培养西方资本主义国家的附庸与随从，以巩固资产阶级的统治地位和根本利益。席勒指出，文化帝国主义并不仅仅是物质产品的输出，它还通过文化产品的传播，悄然建立起对其他国家的思想统治，并以此塑造全球认知结构。这种影响力深刻地改变了被传播国家的社会结构与文化身份，使其在不自觉中迎合并服从这一文化霸权的领导地位。

席勒写道："文化帝国主义通过将自视为'先进''优越'的文化模式，强行灌输给他国人民，令他们自愿接受并认同这种文化的统治。这一过程涉及了文化主权、文化隐私和文化自治等一系列核心问题，进一步凸显了文化帝国主义的广泛性与深远影响。"② 这种灌输不仅仅是文化的"侵略"，更是一种"文化殖民"的手段。席勒揭示了文化帝国主义并非依赖于传统的军事暴力，而是通过传播意识形态、思维体系和社会结构，悄无声息地掌控他国的文化心智与政治认同，展现了全球霸权主义的新面貌。

---

① SCHILLER H. *Communication and Cultural Domination*[M].New York: M.E. Sharpe and International Artsand Sciences Press,1976：5.

② SCHILLER H. *Communication and Cultural Domination*[M]. New York: M.E. Sharpe and International Arts and Sciences Press, 1976:31.

与军事侵略不同，文化帝国主义通过广泛的传播媒介将特定的意识形态、思维模式、行为规范、社会体制，以及有关身份和人权的观念传递到其他国家。这种"软实力"的运用，不仅是对全球市场的侵占，更是对全球民众心智和思想的操控。席勒的分析深刻地揭示了文化帝国主义通过这种无形的传播，逐步扩展其对全球的影响力与控制力，而这种控制不再通过显性的暴力手段，而是通过潜移默化的文化塑造与认同建立，实现了对全球舆论与社会结构的深层干预。席勒对"文化帝国主义"概念的阐释是基于大众传播的视域下，因此，学界也常常将其"文化帝国主义"具体化为"媒介帝国主义"，在席勒的批判理论中这两者具有同等含义。

在这里，席勒提到的"外部压力"并非军事高压，而是西方发达国家，尤其是美国，信息与文化产品如洪水般涌入其他国家，迫使其社会接受并吸纳西方的价值观和文化模式。席勒借助沃勒斯坦的世界体系理论，将20世纪70年代的文化帝国主义理解为一系列深刻的社会过程，尤其是美国如何以世界经济和文化的中心地位，通过传播媒介的主导地位，不断推进对全球的文化同化。席勒认为，20世纪60年代是美国经济和文化力量的巅峰时期。从此以后，世界在经济力量与活动中心之间的竞争变得愈加复杂，而美国的回应正是通过新传播技术的发展，更加猛烈地将其文化产品纳入全球文化产业中。"美国跨国公司在这一过程中发挥了举足轻重的作用，推动了全球信息传播的商业化进程，也促成了全球文化格局的变化。"[①]席勒在《大众传播与美帝国》的二十五年再版序言中，深刻反思了自书籍首版以来全球媒介景观的巨大变迁。他指出，美国的媒介及其文化产品在全球范围内的优势地位不仅未见削弱，反而在某些领域有了更显著的增强。如今，全球市场已充斥着美国制造的影像和信息，美国的流行文化已深深吸引了世界各地的青年一代。席勒批判性地观察到，全球各地的人们不仅

---

① 〔英〕尼克·史蒂文森：《媒介的转型——全球化、道德和伦理》，顾宜凡等译，北京大学出版社2006年版，第129页。

广泛接受，甚至热切期待美国所推广的文化、法律与经济观念，"这种文化所固有的、所提倡的产品与服务不是被世界各地的人们所接受，就是被人们所期盼。人们几乎不加区分地、自愿地，甚至如饥似渴地接受西方和美国的各种文化、法律和经济观点。"①

席勒在《大众传播与美帝国》的二十五年再版序言中深刻反思了自该书首版以来全球媒介景观的变迁。面对全球各地普遍充斥着美国制造的影像和信息的现实，席勒特别指出，"文化帝国主义"一词在20世纪90年代已彻底转变其内涵，原本专指美国的媒介和文化霸权，而现在则涵盖了更广泛的意义，形成了一种新的全球性文化帝国主义。席勒指出"文化帝国主义这个概念确切地是指美国的媒介和文化帝国主义，但是在20世纪90年代，这个术语或者说概念却发生了彻底的变化"②，这一变化与约瑟夫·奈的"软实力"理论密切相关。奈提倡通过文化帝国主义和软实力工具维持美国的全球统治地位，而席勒则强调，尽管美国利用这些手段维持着全球霸权，但他更倾向于支持那些努力挑战美国文化霸权的力量。

席勒通过其独到的视角，揭示了美国如何通过高度发达的营销技巧和精妙的说服策略，不仅在国内市场内推销商品，更在全球范围内大肆推广其文化产品，成功塑造了全球消费文化的新典范。这一切的背后，是美国深厚的商业与文化软实力，它们被巧妙地运用来维持美国在全球的文化霸权。从第二次世界大战结束到冷战结束，美国的媒体和文化产品已经渗透到全球的每一个角落，形成了一种全新的、具备全球影响力的文化帝国主义模式。在《大众传播与美帝国》中，席勒写道："美国的文化帝国主义并没有消亡，但是它不再能够准确地描述全球的文化环境。"③如今，具有美国特色的跨国公

---

① 〔美〕赫伯特·席勒：《大众传播与美帝国》，刘晓红译，上海译文出版社2013年版，第39、17页。

② 〔美〕赫伯特·席勒：《大众传播与美帝国》，刘晓红译，上海译文出版社2013年版，第12页。

③ 〔美〕赫伯特·席勒：《大众传播与美帝国》，刘晓红译，上海译文出版社2013年版，第14页。

司文化已成为全球文化交流的主导力量，这些跨国文化企业广泛应用美国的营销技巧，将全球化转变为一个服务于具有可支配收入人群的商业购物区，而广大人民却依然困顿在贫困的泥沼之中。席勒进一步预见，未来的阶级冲突将在媒介和文化机构之间激烈爆发，因为这些机构在维持一个不公正且技能流失的社会秩序中扮演了至关重要的角色。席勒的这一观察不仅揭示了文化帝国主义的演变，更强调了媒介机构在全球不平等结构中的核心作用。他指出：“未来的阶级冲突将聚焦在媒介和文化机构上，因为它对不公正的、丧失技能的社会秩序的维持负有重大的责任。”①

美国文化的全球化扩张离不开大众传播和美国文化群落的密切配合，而消费主义正是这一进程中的关键纽带。跨国公司以及文化媒介部门推动消费主义的全球扩展，使美国文化得以在全球范围内无孔不入。美国庞大且强劲的媒体消费力，首先为其全球传媒的扩张奠定了雄厚的国内基础。这一消费力不仅仅体现在传媒产业上，还通过以肯德基、可口可乐为代表的饮食消费文化，以迪士尼为代表的娱乐消费文化，以耐克等为代表的体育消费文化，以及以福特汽车为代表的汽车消费文化等多维度的文化渗透，逐渐形成了一个多层次的美国文化群落。这一文化群落从衣食住行到娱乐精神，几乎全面覆盖了人们的各类需求，并在全球范围内无形地建立了一个庞大的文化生态系统。美国通过这种全球化的消费文化模式，既满足了物质需求，又塑造了全球观众的精神文化价值，从而为文化扩张营造了一个更加适宜的环境，使美国的文化价值观和生活方式深入人心，成为全球化过程中的主流。“通过这种文化渗透，美国不仅在全球市场中占据主导地位，还成功地通过文化输出来强化其全球影响力。最终，这一切促使全球文化逐渐失去了原有的多样性和独立性，陷入了美国主导的文化体系中。”②

① 〔美〕赫伯特·席勒：《大众传播与美帝国》，刘晓红译，上海译文出版社2013年版，第14页。
② 卢思冰：《〈大众传播与美帝国〉的多维解读》，载《西部广播电视》，2015年第14期。

由上可见，在席勒看来，文化帝国主义与军事帝国主义、政治帝国主义、经济帝国主义既紧密相关联，又有明确的差别。文化帝国主义不依赖于军事暴力来侵占他国领土或控制经济生命线，而是通过传播媒介来传递特定的意识形态、思维模式、行为规范、社会体制以及身份与人权观念。这种传播手段目的在于征服和操纵人们的思想与意识形态，从而在无形中扩张影响力和控制力，进而达到经济政治霸权的目的。作为文化帝国主义理论的开创者，席勒不仅定义了文化帝国主义的内涵，还深刻分析了其在全球化背景下的表现和影响。席勒的这些见解为理解当代全球文化动态提供了宝贵的理论视角，并为挑战和重塑全球文化秩序的努力指明了方向。他的观点为那些研究全球文化流动、传播机制及其社会影响的学者提供了重要的理论支撑，使他成为该领域的权威人物。

二、资本：文化帝国主义的内在驱动力

在席勒的分析框架中，资本作为文化帝国主义的核心推动力，始终占据着举足轻重的地位。美国通过其强大的广播及其他传媒资源，成功推动了全球的文化扩张，展示了其工业经济力量在全球商业化进程中的重要作用。通过不断提升生产效率和利润率，美国企业将传媒工具转化为商业化产品，将视野投向全球市场。无论是通过收购、租赁、合资，还是创办新的公司，美国的传媒产业几乎渗透到全球每一个角落，几乎所有的传媒形式都逐步被产业化、商业化。美国的广播、音像制品、电视节目以及印刷媒体等，早已形成了高度成熟的产业化体系，并通过大众媒介的渠道在全球范围内传播其文化产品。以好莱坞为例，电影产业的年收益近一半来自国际市场，充分证明了美国作为全球音像制品主要供应商的霸主地位。席勒通过这一案例分析，进一步强调了尽管美国的经济地位在某些时段有所波动，但其在全球文化中的霸权地位始终未曾动摇。从 20 世纪 80 年代起，全球文化逐渐迈向美国化，背后驱动这一进程的正是经济利益的巨大诱惑和推动。这种文化扩张并非仅仅依赖于美国产品的直接销售，更得益于全

球各地地方电视节目在形式与风格上的模仿和借鉴。美国的文化风格通过电视节目、电影、广告等媒介渠道传播,迅速渗透到世界各国的日常生活中,逐渐重塑着全球观众的文化认知。席勒进一步阐述道,商业驱动的媒介不仅仅是传播美国产品,它还在全球范围内促进了美国化的进程。美国通过其跨国媒体和文化产品,不仅输出物质消费品,还深刻影响着全球观众的思想观念和生活方式。

全球资本的流动和网络不断深化的同时,各国都在力图保持自己的文化主权和社会认同,但这一努力在经济全球化的浪潮中却显得愈加艰难。全球传播并非由单一国家的力量驱动,而是在全球经济力量重新配置的过程中,发达国家和发展中国家的经济、文化差距日益加大。美国的文化霸权并非孤立存在,它伴随着经济实力的扩张,成为全球资本主义经济体系中的关键组成部分。正如席勒所分析的,全球文化的同质化趋势正是通过资本的力量,逐步削弱了本土文化的独立性,使得各国在接受美国文化的过程中不得不面对经济、文化与政治体系的重构。席勒在其著作中通过大量的案例,展示了全球资本主义文化的扩张如何在无形中压缩了新兴民族国家的文化空间。以好莱坞为代表的主流文化,带来了对地方民族文化的过度挤压与侵蚀。这一现象不仅揭示了不发达国家如何在全球文化体系中逐渐丧失文化自主性,还反映了这些国家在无意识的文化渗透中逐步接受并认同发达国家的价值观。席勒将这一过程视为文化帝国主义在现代帝国主义发展中的重要体现,不仅反映了文化的渗透和扩张,也是政治和经济控制的一部分。

第四节　文化产业与媒介帝国主义的控制机制

席勒的研究深入揭示了媒介帝国主义与军工复合体之间错综复杂的关系。在这一框架下,政府、军方与跨国传媒集团的紧密合作,赋予信息传播以政治战略意义,使其不仅仅停留在娱乐或商业层面,更被纳入国家安全和全球战略的宏大布局。文化产业在这个过程中扮演了双重角色——既是娱乐内容的生产者，又是社会认知和价值观塑造的主力军。在全球化进程中，跨国文化企业通过电影、音乐、社交媒体等多种平台，不断输出西方主流价值观，逐步侵蚀本土文化的影响力，使得全球文化生态朝着单一化的方向发展。

通过对信息流动的严密控制，跨国传媒集团不仅在全球范围内引导舆论，还巧妙地压制了批判性思维的声音。在这一过程中，媒介不再只是信息的传递者，它更是一个强大的思想塑造工具，潜移默化地影响着全球受众的意识形态。每一部好莱坞电影、每一条社交媒体的推送，都不是单纯的信息传播，而是在传递特定的价值观，形塑全球观众的世界观和生活方式。席勒的论述揭示了这一现象的深刻内涵——媒介不仅仅是传播工具，更是现代帝国主义的"思想控制装置"，通过掌握信息流动的渠道，主导着全球思想的脉动。

一、军工复合体的操控机制

在席勒的多部经典作品中，如《大众传播与美帝国》和《思想管理者》，他深入探讨了第二次世界大战后，特别是 20 世纪 60 年代美国大众传播业的发展背景，并详细阐明了美国政府和军事机构如何优先占用并操控传媒领域。席勒曾言："信息的专门使用权被认为是通向权力的通道。对于传播媒介的控制通常是取得政治权力的首要一步。"[①] 这种对信息传播的掌控，成为了美国政府及其军事机构影响国内外政策、塑造公众意识的有力工具，牢牢把握着政治权力的根基。席勒强调，政府、军队等国家权力机构从未停止过对大众传媒的操控，传媒不仅是权力工具，更是塑造社会认知和意识形态的桥梁。他的分析深入揭示了美国无线电频谱资源分配中的军事优先原则。大多

---

① 〔美〕赫伯特·席勒：《大众传播与美帝国》，刘晓红译，上海译文出版社2013年版，第29页。

数频谱资源都掌握在军事机构手中,彰显了军方在国家传播体系中的主导地位。在 20 世纪 60 年代,美国政府推动通信卫星技术的应用,背后不仅是为了促进民用通信,更是为了满足军事需求,确保其海外干预行动中的通信需求能够快速、安全、可靠地得到支持。席勒指出:"空间通信的军事可行性在通信卫星的发展中已经被放到了首要的位置。这种军事可行性左右了用于空间通信的频谱空间分配的国际谈判,也影响甚至有时决定了人造卫星系统的设计,同时也决定了不断进行的空间技术研究的方向。"[①]

席勒用"军事‒工业联合体"这一核心术语来概括和描述美国在传媒领域的操控机制。在《大众传播与美帝国》一书中,席勒以丰富的案例分析了军事‒工业联合体在传播领域的形成:这种关系网络,既有正式的结构,又具备非正式的协作形式;既体现了个体行动的自由,又表现为组织间紧密的协作。席勒具体指出,这一联合体包括了多个关键组成部分:一方面,具有军事背景的电子工业部门深度渗透并控制了重要的大型媒介企业;另一方面,许多大型媒介企业的领导者同时担任政府宣传机构、军事研究机构、情报机构等权力部门的多重角色;电子工业领域的高层领导人往往是国内外传播事务组织的核心成员;同时,这一联合体还通过建立诸如"武装部队通信与电子协会"(AFCEA)等正式组织,进一步巩固其在全球传播领域的影响力。

席勒曾在其多部作品中深入剖析了军事‒工业联合体对美国政治、教育和文化领域的深远影响。军事与工业的紧密联动不仅强化了政府、军队与大型企业之间的相互依赖,还在公共政策的制定过程中引入了显著的利益冲突,进而破坏了政策的独立性,削弱了公共利益的保障。席勒曾直言:"整个传播机器的产品的客观性和可靠性也就越来越令人怀疑了。似乎没有人知道军事‒工业的'配对'会在多大程度上影响公众

---

① 〔美〕赫伯特·席勒:《大众传播与美帝国》,刘晓红译,上海译文出版社 2013 年版,第 64—65 页。

对信息的使用以及信息的质量。"① 这一警告恰如其分地揭示了信息在军工业背景下所遭遇的变质与操控，信息流的背后，充斥着军事与资本利益的双重压力。他进一步揭示了军事－工业联合体如何渗透美国教育系统和文化领域，深刻影响着这两个至关重要的社会支柱。他提出了"教育－商业联合体"（Educational–Commercial Combine）和"文化联合体"等概念，用以描绘商业化倾向如何侵蚀教育与文化的独立性。席勒警告，军事和私营部门通过各自的途径深入教育领域，不仅扩大了它们在市场中的份额，还加剧了教育内容的商业化进程。这一商业化浪潮最终导致了文化和教育的同质化，迫使公众的意识形态在无形中受到操控和规范。在谈到这种操控的具体实践时，席勒说道："在20世纪70年代，那些生产教学硬件的工业制造商开始进入出版业，成为教材市场的主要参与者。"这一现象深刻反映了军事与工业界对教育资源控制的扩展，以及教育领域商业利益的增长。这一切，正是"教育－商业联合体"（EDCOM）结构的一部分。通过细致入微的分析，席勒揭示了军事－工业联合体在塑造美国以及全球社会政治和文化结构中的核心作用，暴露了这一结构对社会潜在的威胁。正如席勒所说，这种背后庞大的利益网不仅改变了教育的本质，也潜移默化地在全球范围内影响着文化和思想的格局。随着"教育－商业联合体"的影响加深，教育逐渐失去了其培养公民全面发展的功能，变成了一个由市场逻辑驱动、侧重技能训练却忽视人文关怀的体系。他进一步批判道："尽管美国的早期资源不足，但自它诞生伊始，公众就承担了教育的责任。现在，具有讽刺意味的是，当美国极为富裕之后，教育却面临着被逐利私营机构利用以及受军方影响的危险。"② 这种"讽刺"反映了教育从公共责任到私营化的深刻变革，

---

① 〔美〕赫伯特·席勒：《大众传播与美帝国》，刘晓红译，上海译文出版社2013年版，第47页。
② 〔美〕赫伯特·席勒：《思想管理者》，王怡红译，远流出版公司1996年版，第91页。

他警告道，随着教育和文化逐步转变为市场商品，公众利益与知识自由流通的基础正面临严重的威胁。政府在这种商业逻辑下的支持不仅削弱了教育和文化的社会功能，还进一步加深了社会不平等，导致信息获取的不公。这种趋势不仅有悖于教育的本质，更在无形中将社会发展的核心资源交给了资本和军事力量，影响了整个社会的价值取向。

席勒还深入探讨了美国国家权力部门如何通过系统化的操控和管理大众传播业，以捍卫政治与商业利益的共同目标。他追溯了从 20 世纪初广播技术的起步，到中期电视革命的席卷，再到末期多媒体与数字化扩张的浪潮，展现了美国政府如何通过政策制定、法规调整及直接干预，操控传播媒介的形态与内容。在席勒看来，美国政府不仅仅充当了大众传播领域的监管者，更是这一领域形态和方向的塑造者。例如，通过广播和电视牌照的颁发，政府不仅能决定哪些机构拥有发声的权利，也能间接控制它们可以传递什么信息。这种控制并非局限于政策层面，它进一步扩展到对传播技术研发和基础设施建设的深远影响，特别是通信卫星和互联网基础设施的规划与管理。席勒用犀利的笔触揭示了，这些表面看似为了确保信息流通效率和安全的政策，实际上却更多地服务于巩固现有政治经济秩序的目的，尤其是在保护和促进那些与政府保持密切关系的大型企业的利益方面，展现出资本与政治的深度融合。席勒在其最后一部作品——《生活在世界头号国家》中对这一现象作出了批评："上半个世纪的记载是关于政府建立、支持和宣传信息与传播政策的记载。我们必须理解，这是自第二次世界大战以来各届政府（包括克林顿政府）所采取的谨慎政策。资本及其行政管理者坚持否定代表社会需要的政府干预的合法性，同时极其渴望为强制部门和赚钱部门提供开支。"[①] 这种政府干预不仅加剧了媒介内容的同质化和商业化，也限制了媒体多样

---

① SCHILLER H. *Living in The Number One Country: Reflections from A Critic of American Empire*[M]. New York: Seven Stories Press,2000:51.

性与创新的生存空间。这种政治与商业利益的交织不仅塑造了美国国内的媒体生态，还通过全球化的传播网络，将美国的商业模式与文化价值观输出到世界其他地区，达成了文化帝国主义的宏大目标。美国的媒体霸权，借助技术和政策的双重力量，将其文化影响力扩展至全球，逐渐将全球观众的思想与生活方式拉入其既定的框架之中，推动了全球文化的同质化进程。

二、文化产业复合体的广泛影响

赫伯特·席勒在其理论框架中提出"文化工业复合体"这一关键概念，用来描述全球范围内大型企业如何通过扩张其文化产品和服务，塑造公众意识并控制社会认知。他认为随着20世纪80年代信息技术的迅猛发展和政府对传播行业的监管放松，大型企业不仅在传统的大众媒介领域占据主导地位，甚至扩展到整个文化产业，包括娱乐、体育、旅游等多个领域。这种趋势被席勒称为"公司接管文化"。在这一过程中，跨行业的大企业通过并购、合作及业务扩展等手段，控制了文化的各个层面，从电影、音乐到图书出版，甚至涉及教育、医疗、艺术和公共空间，如博物馆、艺术馆和主题公园等。通过这些渠道，这些企业不仅推销商品，还在全球范围内推广美国主导的商业文化和价值观，深刻影响了社会的消费习惯、公众认知及生活方式。席勒对这一过程提出了深刻的批判。他指出这种文化工业复合体的形成，使得文化的生产和消费完全遵循市场逻辑，将文化产品与其他商品等同对待。其后果不仅削弱了文化的多样性与创造性，也加剧了文化领域内的社会不平等，因为并非所有文化表达都能够在市场中获得成功。这种资本对文化的控制还意味着公众的文化选择受限，原创性和文化自主性面临严峻威胁。席勒对这种现象深感忧虑，认为这种趋势不仅仅是文化的商业化，更是资本主义经济结构得以延续和扩展的工具，控制了文化产品和信息流通的企业，也控制了全球的思想和意识形态。

　　文化工业复合体的扩张不仅体现在美国国内，也深刻影响了全球文化环境。席勒写道："文化工业已经成为市场经济不可分割的组成部分，其销售信息以各种方式填塞了公共的、私营的、个人的空间。"[①]这一现象不只是商业化的文化输出，更是一种全球文化帝国主义的体现。他警告跨国公司对文化产品的控制，不仅使世界各地的文化景观逐渐趋于单一，还加剧了全球范围内文化的同质化。文化不再是多样性与创造力的象征，而变成了资本主义经济利益的服务工具。

　　在席勒的批判理论中，文化工业复合体的形成和扩张，是媒介集中化趋势的重要结果之一。随着大企业在媒体领域的集权，它们逐渐主导了文化产品的生产和传播，从而也在无形中塑造了全球文化的走向。他在分析大众传播业集中化的过程中，着重探讨了20世纪80年代资本集中与媒体兼并的趋势。随着几家大型企业利用资本力量对广播、电视、出版和电影等媒介进行整合，大众传播逐渐集中在少数几家跨国公司手中。例如，大都会通信公司收购美国广播公司，鲁珀特·默多克的News Corporation（新闻集团）收购Metromedia旗下的七家独立电视台，海湾和西方公司通过并购使西蒙与舒斯特公司成为美国最大的出版商等，这些企业的并购案例成为媒体集中化趋势的生动写照。席勒认为这种媒体集中不仅仅是所有权的集中，更多的是通过广告等间接手段，进一步巩固了资本对媒介内容和运营的控制。广告业，作为重要的商业模式，推动了媒介内容的市场化，使得广播、电视等媒介的运营日益依赖于广告收入，从而在很大程度上影响了信息的独立性与多样性。在他看来，这种资本控制的商业模式给大众传播的自由与独立带来了严重威胁。公众获取多元、公正信息的能力受到了限制，这种集中化趋势直接压缩了信息的多样性与自由表达的空间。席勒强烈呼吁对媒体集中化趋势进行批评与监管，以确保媒体的多样性和公共

---

① SCHILLER H. *Culture, Inc.: The Corporate Takeover of Public Expression*[M]. New York: Oxford University Press,1989:34.

利益不被商业利益所牺牲。他写道："市场经济先是把广播媒介推向设备制造商的手中，接着又将它推向商业广播公司的怀抱。不管其他的利益群体有什么优势，他们都无能为力。"[①]席勒进一步分析了这种控制对美国电视业和全球传媒业的影响。他指出美国电视业的发展无异于广播业的"翻版"，从一开始就完全依赖广告收入维持运行。"电视从一开始就完全依赖于广告收入来维持运行。"[②]20 世纪 60 年代，美国通信卫星的发展也从一开始便被私人企业所掌控，并得到了《通信卫星法案》的保护与支持，进一步加强了私人资本在全球传播领域的主导地位。

随着媒介集中化的推进，这种文化工业复合体的扩展推动了美国文化的全球输出，使其文化价值观和商业理念迅速渗透到世界的每一个角落，进一步巩固了美国文化帝国主义的霸主地位。从 20 世纪 60 年代初开始，全球广播电视行业便展现出强烈的商业化趋势。英国、法国、意大利等欧洲国家纷纷调整了长期实行的广播服务政策，放宽了对商业广播电视市场的管制。这一趋势无疑为美国的大型传媒企业提供了更为广阔的市场空间。席勒写道："在推动广播国际商业化进程中，没有比美国工业经济本身更重要的动力了。" 媒介的集中化不仅改变了美国的媒体生态，也加剧了全球范围内文化帝国主义的效应。美国的文化和价值观，通过其强大的传播网络，渗透到其他国家并对其产生深远的影响。广告不仅是销售商品的手段，更是消费主义意识形态的传播者。"广告除了充当公认的销售商品以外，还培养了人们的新消费欲，粉饰操纵体系，并为公司经济提供另一项无价服务。"[③]这种现象并不仅仅是对信息内容的操控，更是对消费者心理的精准操作。通过媒介推广商品、宣扬消费文化并激发人们的购买欲望，

---

① 〔美〕赫伯特·席勒：《大众传播与美帝国》，刘晓红译，上海译文出版社 2013 年版，第 21 页。

② 〔美〕赫伯特·席勒：《大众传播与美帝国》，刘晓红译，上海译文出版社 2013 年版，第 23 页。

③ 〔美〕赫伯特·席勒：《思想管理者》，王怡红译，远流出版公司 1996 年版，第 28 页。

广告成为强有力的工具，它不仅鼓动人们不断追求物质消费，还潜移默化地将消费主义的思想植入每个人的心中，进而引导大众的行为模式和生活方式。席勒明确指出："美国生产公司无处不在操纵的大众媒介，已被用来促进美国消费品在全球的销售和服务的开发。"[①] "作为商业言论，在第一修正案的授权下，广告能够使巨型私人经济实体直接按照其要求来塑造国家经济活动以及国民意识。"[②] 在这种市场化背景下，广告业、传媒和大型企业形成了紧密相连的利益链。随着跨国化的加速，美国企业逐步推动全球广播电视业的私有化和商业化进程。这一过程中，他们的势力逐渐将媒体转化为专门的"商品推广者"，进一步加剧了全球文化的商业化和同质化。

三、思想控制与意识形态的管理

在席勒的分析中，商业化的大众传媒不仅仅是信息的传播者，它更扮演了一个更深远、更具操控性的角色——"思想管理者"。他们通过对信息和图像的筛选、处理与控制，精心编织出了一幅符合现有权力结构的社会图景，影响了美国民众的信仰、态度与行为模式，进而承担了思想控制的执行者角色。在这一过程中，美国的统治精英不仅依赖市场规则来塑造舆论，还通过直接的政治干预操控信息流动，构建了一个虚拟的社会环境，以便更广泛地实施思想操控。这种思想控制不仅限于国内，其背后的全球化扩展同样深刻影响了国际社会。而这种控制的全球扩展并非突如其来，事实上，它与美国经济的全球化紧密相关。在席勒看来，随着美国资本主义全球布局的推进，大众传媒不仅在国内发挥着巨大的影响力，也逐渐成为了美国全球战略的组成部分。美国的传媒机构，尤其是通过跨国公司的

---

① 〔美〕赫伯特·席勒，《思想管理者》，王怡红译，远流出版公司1996年版，第156页。

② SCHILLER H. *Culture, Inc.: the Corporate Takeover of Public Expression*[M]. New York: Oxford University Press, 1989：56.

传媒帝国，已经成为全球信息流通的主导力量。席勒如是描述："在市场经济框架内，大众媒体的所有权集中在少数富有的个体手中。政府不仅是信息的主要生产者和收集者，同时也是信息流通的控制者。"[①] 它们通过控制信息流的方向和内容，精心编织出一幅符合美国全球利益的文化图景。这不仅使美国能够在国内塑造民众的思想，也使其通过文化产品向全球输出美国化的价值观和生活方式。

席勒特别提出大众传播在转移和调节公众注意力方面发挥着双重作用。国内，大众传媒通过分散民众注意力的策略，缓解了公众对美国帝国主义全球角色的批评或缺乏热情的态度；国际上，它则用以掩盖和美化新形式的殖民主义压迫。这一过程通过源源不断的、满载美国价值观和文化输出的图像与消息，在全球范围内传播，借助本地媒体的再传播，成功地转移了国际社会对美国行为的批判。在席勒看来，媒介的作用远超新闻报道和信息传递的表面功能，它已成为政府在国内外实现政策目标，尤其是在国际舞台上推动战略利益的有力工具。通过这种方式，美国不仅在国内通过媒介塑造公众的思想和观念，使之与政府的政治经济目标保持一致，还通过输出美国的文化、价值观和生活方式，试图在全球范围内重塑文化格局，以符合其全球战略利益。这一策略体现了美国的文化帝国主义——通过文化渗透和思想控制，巩固并扩展其全球霸权。

席勒进一步批判了商业媒介在这一过程中的角色，指出其根本驱动力是利润最大化，商业媒介天然倾向于强化现有资本主义秩序的维系。在这一背景下，媒介不仅是信息的传递者，更是价值观的塑造者和意识形态的推广者。商业化媒介的运作方式与美国政府的全球策略相辅相成，二者共同推动了全球文化帝国主义的构建与维系，导致了文化的单向流动与多样性的衰退，同时加剧了全球不平等。席勒曾警告："有一点可以肯定，媒

---

① SCHILLER H. *The Mind Managers*[M]. Boston: Beacon Press，1972：4.

介不会将阅听人的注意力引向自己的存在或自己的运作模式。"① 他进一步阐述："美国的传播媒介提供的内容展示了一种生活方式。那种情景就像是一大堆由个体供应、购买和消费的物质产品。对节目播放和广告的强调成为美国媒介考虑的首要和根本的要素，而生产的私有特征通常被忽视，虽然不是总被忽视。"②

席勒对民意调查工业的批判揭示了他对大众传播和社会控制机制的深刻理解。他认为，民意调查并非单纯的现实反映，而是公众意见的塑造工具。这种工具的使用远远超出了表面上的客观测量，深深扎根于资本主义社会的政治经济结构之中。席勒指出，民意调查的起源与商业需求紧密相关，后来为战争需求服务，最终在和平时期演变成社会管理工具。调查数据不仅被用来支持企业的市场策略、推动商品销售，也被政府用来制定政策，影响公共决策。席勒特别指出，媒介所宣扬的中立性是一个神话，其真实功能是消解意识形态的边界，服务于现有社会秩序的维护。通过表面上宣扬的"中立性"，媒介实际上掩盖了其在社会控制和意识形态操控中的角色。这种策略不仅误导了公众对媒介的认知，还强化了资本主义社会中的权力结构。实际上，权力者进行思想管理所需要的所有"神话"都能在"生产休闲性娱乐产品的麦迪逊大街——好莱坞影像工厂里找到"，传播工业生产的正是"充满价值观念的休闲与娱乐节目"。③

在席勒的理论中，媒介和民意调查的角色不再仅限于信息的传递者或意见的反映者，而是成为现代社会中复杂的操控工具，深刻影响着公众意识的塑造与控制。他的批判性视角强调反思和批判这些机制的紧迫性，尤其是在全球资本主义框架下，了解它们如何运作，对于揭示当今社会中深

---

① 〔美〕赫伯特·席勒:《思想管理者》，王怡红译，远流出版公司1996年版，第23页。

② 〔美〕赫伯特·席勒:《大众传播与美帝国》，刘晓红译，上海译文出版社2013年版，第3页。

③ 〔美〕赫伯特·席勒:《思想管理者》，王怡红译，远流出版公司1996年版，第93—94页。

层次的权力结构至关重要。

第五节　跨国传媒与媒介帝国主义的霸权结构

跨国传媒集团的运作方式与跨国公司有着惊人的相似之处，它们的全球扩张不仅是资本积累的需要，更是在全球文化市场中占据主导地位、构建文化霸权的战略部署。这些传媒巨头通过收购、合资以及并购等手段，逐步将其触角伸向世界各地，力图形成一个垄断性的传播格局。在这个过程中，跨国传媒不仅仅是信息的传递者，更是文化认同和价值观念的塑造者。它们的扩张往往带来的是国家主权的侵蚀，尤其是在文化领域，跨国传媒对国内舆论的主导作用和对政策制定的深远影响，揭示了全球化背景下国家自主性日渐式微的现实。

在全球文化市场中，西方尤其是美国的传媒巨头，占据着压倒性的优势地位，掌握了全球信息流的主导权。由此，全球文化传播的格局显得尤为不平衡，西方的文化产品和价值观被源源不断地输出到世界各地，进而形成了以美国为核心的文化霸权结构。这种不对等的传播流动，直接威胁到全球文化多样性的存续和文化独立性的保护，造成了文化的单向流动和地方文化的逐渐边缘化。

一、跨国传媒作为跨国公司结构的核心

席勒深入探讨了跨国传媒在全球市场经济体系中的核心地位，揭示了这些公司如何成为全球资本主义扩张的重要力量。随着第二次世界大战后新兴民族国家的崛起，全球经济体系经历了深刻变革。在这一背景下，美国及其西方盟友所主导的市场经济体系，通过资本流动、技术扩散和文化渗透，成功地在全球范围内扩展其影响力，而这一切的背后，正是跨国传媒公司在发挥着至关重要的作用。跨国媒介公司并非仅仅是经济活动的参与者，它们通过控制电视、电影、印刷和数字媒介等资源，超越商业竞争

的范畴，成为全球信息流通与文化传播的关键力量。

首先，塑造消费观念与社会文化。跨国公司通过大众媒介的广泛影响力，所起到的作用远超简单的购买行为控制，它更重要的使命，是在全球范围内塑造消费者的社会和文化观念。正如席勒所言，这种通过媒介传播实现的社会文化投资，是跨国公司战略中的核心组成部分。这些公司通过精心设计的广告、影视作品、新闻报道等形式，将商品的价值与特定的生活方式紧密捆绑在一起。消费不再是单纯的物质行为，而是与文化和社会身份紧密相连的象征。"跨国媒介公司占据着重要位置。虽然它们的主要目的是获取利润，但同时，它们也构成了现代世界体系的核心——为跨国公司提供意识形态支持的信息基础。"[1] 跨国公司不仅仅是传播商品，它们更在无形中传播着一种生活方式，一种价值观，往往植根于西方，尤其是美国的文化标准。从消费品到价值观的转变，跨国传媒如同一只无形的手，推动着全球消费者的思想和行为不断朝向同一方向流动。然而，这一现象并非没有代价。席勒警示道，全球市场正在被同质化的西方文化产品所占据，而这一过程正在压缩本土文化的生存空间。这种文化同质化的侵蚀，不仅仅是在产品上展现出品牌竞争，更多的是对本土文化的挤压与侵蚀。当西方文化的影像、语言和价值观占据主流市场时，原本丰富多彩的文化景观被迅速同化，本土的传统与特色面临着被边缘化的风险。每一项文化独立性的削弱，都可能导致一个国家独特的历史脉络和文化符号的失落。

其次，提供意识形态支持。席勒在其研究中强调，跨国媒介公司不仅仅是跨国公司体系中提供意识形态支持的信息基础，它们还占据着这一体系的核心地位。通过控制信息流动和文化传播，跨国媒介公司成为全球资本主义框架中不可或缺的力量。以 20 世纪 60 年代为例，美国的多家媒介公司已成功转型为具有全球影响力的跨国企业。哥伦比亚广播公司（CBS）

---

[1] SCHILLER H. *Transnational Media and National Development*[M]// NORDENSTRENG K& SCHILLER H. *National Sovereignty And International Communication*[M]. Norwood, N. J.: Ablex Pub.Co.,1979:21.

在 1966 年便成为一个全球性的传播公司，其业务覆盖全球 100 个国家，凭借 72 个海外分公司，牢牢掌控广泛的市场份额。同年，全国广播公司（NBC）也通过其国际业务，覆盖了 83 个国家的 300 多家电视台，播出了 125 部电视和电影作品，形成了强大的国际传播网络。而美国广播公司（ABC）则通过其国际电视公司 Worldvision，进一步拓展了其在海外的影响力，其节目观众覆盖了全球除美国外的所有国家的电视家庭的 60%。该公司还在 80 多个海外市场销售其节目，成为全球媒体产业中不可忽视的力量。这些跨国媒介公司所展现出的全球运营能力，不仅仅是资金、技术和内容制作的优势，更是"美国媒介企业如何通过控制信息流动，主导全球信息传播的有力证明"①。通过拥有先进的技术和全球性的传播网络，这些公司能够迅速地将美国及西方的文化和价值观传播到全球各个角落，从而影响并塑造全球观众的文化认同与消费行为。

最后，扩展海外业务与利润最大化。跨国公司，尤其是美国及其相关广告企业，在扩展海外业务和最大化利润方面采取了多种策略。通过控制全球传媒，跨国公司不仅能够占据市场份额，还能够塑造全球消费者的购买习惯和文化观念。传媒作为跨国公司体系的核心，成为了影响全球市场的一种重要工具。一方面，这些企业通过直接收购、成立新公司、租赁设备和合资合作等多种方式，迅速扩大了其在海外的业务版图。例如，一些美国的电视台通过并购海外的广播公司，迅速进入新兴市场，并借助本地网络传播力实现全球业务的扩展。与本土企业的合作或合资，亦能加速它们在当地的渗透，使其传媒产品和广告服务得以顺利进入目标市场，打破了国家间的文化和政策壁垒。另一方面，为了进一步扩大商品的接受度和影响力，美国企业与广告公司紧密合作，共同推动全球消费文化的形成。通过精准的市场营销与广告投放，美国公司不仅成功扩大了在全球范围内

---

① 〔美〕赫伯特·席勒：《大众传播与美帝国》，刘晓红译，上海译文出版社 2013 年版，第 76—77 页。

的消费者基础，也通过传媒不断塑造一种全球化的消费标准。例如，在20世纪60年代，哥伦比亚广播公司（CBS）、全国广播公司（NBC）和美国广播公司（ABC）等跨国媒介公司，已通过其强大的传播网络，将美国产品和生活方式传播到世界各地。通过这种方式，美国产品不仅获得了全球市场的认同，还建立了稳定的消费者群体。通过广告和传媒的强大影响力，美国公司将其文化价值观深深植入全球消费者心中。与此同时，广告公司也通过多样化的传播渠道和创新的广告形式，使美国产品的品牌形象深入人心，进一步巩固了美国在全球市场中的文化霸权地位。然而跨国公司并不满足于仅通过传统手段实现市场拓展。在一些情况下，尤其是面对严格的公共广播政策或当地市场的竞争，这些公司采用了更加激进的策略，以突破政策限制和竞争壁垒。例如，为了绕过或改变其他国家的公共广播政策，美国公司与当地的特定利益集团合作，甚至建立非法广播站或通过其他隐蔽手段直接干预目标国的传播业。通过这些激进策略，美国公司能够迅速占领本土市场，推销其文化产品，并直接影响当地的传媒政策和舆论方向。席勒在其研究中提到："美国有实力的销售商暂时与其当地的竞争对手联手，坚持争取国外的广告市场，这正使一个又一个的国家广播管理部门不知所措。"① 这一现象彰显了美国跨国公司在全球传播领域的深远影响力，并揭示了它们通过操控传媒网络、绕过政策限制，所采取的强势策略。

二、跨国传媒对国家主权的侵犯

席勒批判指出，跨国媒介公司不仅在经济层面对全球市场进行影响，更在政治和文化层面上，通过传播特定的文化产品和价值观，实施对民族国家主权的间接干预。跨国媒介公司，特别是美国的大型传媒企业，通过

---

① 〔美〕赫伯特·席勒：《大众传播与美帝国》，刘晓红译，上海译文出版社2013版，第92页。

广告、电影、电视节目等多种传媒形式，源源不断地将发达国家的生活方式、消费理念以及社会价值观输送到世界各地，尤其是在那些尚处于发展阶段的国家。这些全球性的传媒产品不仅是一种单纯的娱乐消费，更是一种思想文化的传播途径，它们不知不觉地渗透到当地社会，侵蚀着本土文化的根基。

随着外来文化的持续输入，本土文化在长时间的冲击下逐渐出现了裂痕。许多地方的传统价值观和文化认同在强大外来文化的潮流下开始摇摆，甚至在一些地方，原有的文化特色和社会传统逐渐消退，几乎变得难以辨认。在一些文化保存较为脆弱的国家，传统的语言、习俗、节庆甚至历史记忆都在无形中受到侵蚀。原本多元、丰富的文化景观，正在被一种单一的、标准化的全球化文化所取代。这一过程，虽被许多人视为"软实力"的行使，但其实际影响却远非简单的文化交流或促进国际理解。跨国媒介公司通过其强大的传播网络，有效地改变了接受国的文化结构和社会认同。这种文化渗透的背后，是跨国公司为其全球利益服务的政治意图和经济目的，甚至有时候，跨国公司的文化输出在某些国家的政治决策和社会政策中留下了明显的印记。如此一来，本土文化的多样性和复杂性被迅速简化，传统的文化特色和价值观逐渐湮没在外来文化的巨大压力之下，民族国家的文化自主权也因此受到严峻挑战。席勒对此深感忧虑，呼吁国际社会和各民族国家加强对跨国媒介的监管，采取有效措施保护本土文化的多样性与政治的独立性，避免全球化过程中，本土文化和社会结构的进一步侵蚀。正如席勒所言，"在今天的欧洲，除了比利时、丹麦、挪威、瑞典以外，所有国家的电视都严重依赖广告收入"[1]，这意味着跨国公司已经成为这些国家电视业的资金来源。

跨国媒介公司对第三世界国家的干预表现得尤为明显，尤其是在经济、

---

[1]　SCHILLER H. *Transnational Media and National Development*[M]//NORDENSTRENG K& SCHILLER H. *National Sovereignty And International Communication*[M]. Norwood, N. J.: Ablex Pub.Co.,1979:26.

文化与政治领域的深远影响。这些公司通过财政援助、技术转移以及合作协议等多重手段，迅速在这些国家植入西方的传播模式和内容，形成对当地文化景观与社会结构的巨大冲击。这一过程远非单纯的商业扩张，而是带有明确政治和意识形态目标的战略行动，展现了跨国公司在全球资本主义框架下的经济运作智慧。席勒批判这种跨国媒介的干预行为，实质上是西方国家实施"文化帝国主义"的工具。通过全球化的媒介传播，跨国公司不仅仅是传播文化产品，更是通过这些产品传播一种特定的经济与政治意识形态。这种意识形态深深植根于资本主义全球化的背景之中，推动着全球市场的扩展和资本主义价值观的普及。这不仅仅是文化的输出，更是通过媒介作为软实力工具，支撑和维持了西方国家，尤其是美国在全球的政治和经济主导地位。在席勒看来，这种由跨国媒介公司推动的全球文化传播，实际上对民族国家的文化自主权和政治独立构成严重挑战。尤其是在第三世界国家，由于长期依赖外资和外来媒体内容，许多国家的文化身份和社会结构受到侵蚀。席勒以拉美地区为例，分析美国的跨国媒介公司通过直接投资、支持本地媒介的运营以及直接向当地市场输送信息产品等手段，已经成功渗透到该地区的传媒行业。1975 年，联合国教科文组织的拉丁美洲传播机构调查报告显示，美国的新闻通讯社，如合众社和美联社，在拉美的影响力可谓覆盖全境。合众社为 20 个拉美国家中的 16 个提供服务，美联社则为 14 个国家提供服务。更为令人震惊的是，"拉美地区 80% 的国际报道由美国新闻机构主导，区域性的新闻也被美国的新闻机构所操控。而在电视与电影方面，美国的跨国电视公司占据了拉美市场的绝大份额，31.4% 的电视节目来自美国，而美国电影更是占据了该地区电影放映的 55%，由米高梅、二十一世纪福克斯等公司垄断"[①]。对于第三世界国家而言，这种外来文化的渗透不仅削弱了其本土文化的独立性，更

---

① CARDONA E. *Latin America and the U. S.: Flaws in the Free Flow of Information*[M]// NORDENSTRENG K& SCHILLER H. *National Sovereignty And International Communication*[M]. Norwood, N. J.: Ablex Pub.Co.,1979:33−64.

在政治上也为外来势力的介入提供了可乘之机。特别是当本国媒介依赖于外资和外来文化时，国家的文化政策、社会结构乃至民族认同，都会在跨国媒介公司的强势干预下，逐渐丧失自主性，甚至被迫向全球化的潮流妥协。

第三世界国家对跨国媒介的扩张并非袖手旁观，而是积极发声，力图在国际政治舞台上争取更多的话语权与自主性。面对跨国媒介的强大影响力，这些国家意识到，要在日益全球化的文化与信息流动中保卫自身的文化和社会结构，必须主动寻求反击的路径，推动更加公平的信息流动结构。联合国教科文组织成为他们的重要平台，这些国家利用这一国际机构，发起了旨在重塑全球信息与传播秩序的运动，而且目标明确——修正现有的信息流动不平等结构，强化信息和文化的多样性，赋予每个国家控制本国信息和文化产业的权利。但是这一改革运动并未顺利推进，尤其是在面对发达国家，特别是美国的强烈反对和政治、经济压力时，第三世界国家的努力显得力不从心。美国及其盟友担心，这种倡议可能会限制他们媒体和文化产业的全球扩张，进而威胁到他们的政治、经济利益。冷战时期，地缘政治的影响更加剧了这场斗争的复杂性。西方国家，特别是美国，视文化和信息流动的自由为自己全球霸权的核心组成部分，认为任何形式的干预都可能削弱它们的全球领导地位。随着冷战的加剧，第三世界国家的反对声音遭遇前所未有的压制，导致这些改革努力最终未能取得预期的成果，世界的信息和文化流动继续由发达国家主导。

席勒对这一现象作出了深刻的批判。虽然全球范围内的政治去殖民化已经取得显著进展，但在经济和文化领域的去殖民化进程则依旧停滞不前。席勒的分析触及了第三世界国家面临的最深层次困境：即便它们在政治上获得了表面的独立，经济和文化依旧深受外部势力的控制与支配。他强调真正的独立不仅需要政治上的解放，还必须包括经济自立和文化自决。这是第三世界国家在全球化时代获得真正自主权的关键所在。文化自主权远非在传播内容上的控制，它涉及文化生产力、文化创造力以及文化消费权的完整掌握。这一过程中，第三世界国家不仅要摆脱对外来文化的依赖，更要在全球信息流动中占据一席之地，形成自己独立的传播体系。

三、跨国传媒在全球文化市场的主导地位

席勒深刻观察到，全球信息流动的不对称性在当今世界格局中越发明显。发达国家的文化产品牢牢占据国际传播市场的主导地位，而发展中国家的文化输出则被边缘化，形成了鲜明的文化鸿沟。这一现象并非偶然，它并非单纯的市场动力的结果，更是一种深思熟虑、精心设计的文化策略。席勒的批评无疑具有强烈的历史洞察力。他指出，这种文化上的主导与从属关系本质上是一种新形式的帝国主义行为，它并非以传统的军事入侵和政治占领为特征，而是通过文化产品和传媒手段的传播，潜移默化地改变其他国家的社会结构和价值体系。在全球化日益加深的今天，这种文化帝国主义的现象不仅没有得到有效遏制，反而在资本主义的框架下不断深化。在他看来，全球文化格局的这种不平衡，实际上映射了全球资本主义扩张的脉动。发达国家的跨国传媒公司，作为全球资本主义体系中的重要一环，通过媒体这一渠道，不仅加强了全球市场的经济控制力，更在文化领域施加了深远的影响。这种文化扩张，表面上是自由市场的自然流动，实际上却是资本主义全球化进程中的必然产物。

在席勒的思考视野中，20 世纪 90 年代后的全球文化帝国主义展现出新的面貌与复杂性。随着全球化的深入推进及技术的快速发展，尤其是在通信和信息技术领域的革命性进步，国际文化交流的方式和结构发生了深刻变化，原有的"文化帝国主义"概念已经无法完全涵盖这些转变，需要作出相应的更新与调整。

20 世纪 90 年代以来，解除管制政策的普及推动了文化产业的全面商业化，文化产业的渗透不仅限于传统的广播和电视领域，更扩展到整个文化领域，包括电影、音乐、出版以及日益崛起的数字媒体等多个维度。这种趋势催生了一个全球性的文化市场，而在这一市场中，跨国媒介公司逐

渐发展成为一个跨国文化工业的复合体。席勒指出，这些公司向全球及国内市场提供的文化产品，几乎覆盖了整个文化领域，形成了全球文化生产的主导模式。"这些公司提供的产品'几乎相当于整个文化领域'。"①在他看来，足见其在全球文化格局中的统治地位。随着跨国公司控制了越来越多的文化传播渠道，传统的文化产业和新兴的数字文化产业之间的界限愈加模糊。这些企业不仅是文化产品的生产者，更是内容的分销商与服务提供商，它们利用全球网络迅速将产品推向市场，全面影响全球消费者的文化习惯与消费模式，全球文化市场也因此被打上了跨国资本扩张的烙印。席勒并未停留在对传统"美国文化帝国主义"的批判之上。20世纪末，全球化和商业化的文化生产格局变得更为复杂，跨国媒介公司在全球文化市场的主导地位虽然依旧显著，但全球文化生产的局面已经发生了重大的变化。席勒指出，美国消费主义文化的全球扩散，促使非美国跨国公司在全球文化市场上崭露头角，尤其是那些在商业化进程中深受美国媒介影响的公司。例如，澳大利亚的新闻集团在80年代收购了美国的二十世纪福克斯公司，并迅速在美国广播市场中占据了一席之地。德国的贝塔斯曼集团和日本的索尼公司也通过大规模收购与合并战略，增强了其全球文化影响力。这些跨国公司不仅成为文化产品的生产者，还在全球范围内扮演了文化内容的分销商和服务提供者角色。通过迅猛的资本运作和高效的市场扩展网络，这些公司深刻影响了全球消费者的文化消费模式，推动了全球文化消费习惯的同质化。席勒特别提到，除了传统的美国跨国公司，其他地区的跨国文化公司也开始在全球文化市场上扮演重要角色。特别是一些拉丁美洲国家如巴西、阿根廷、委内瑞拉、墨西哥等国的跨国文化企业，不仅在本国和国际市场上不断扩大其影响力，还通过收购与合资等形式，积极拓展其他国家的文化市场。墨西哥的电视有限公司就是一个典型的例

---

① 〔美〕赫伯特·席勒：《大众传播与美帝国》，刘晓红译，上海译文出版社2013年版，第10页。

子，该公司通过收购外国电视台和杂志社，将其业务拓展到多个国家，最终成为了全球范围的文化企业。这些公司通过将消费主义文化的产品推向全球，不仅加剧了全球文化的同质化，还进一步强化了全球市场对西方消费主义的依赖与模仿。尽管它们提供的文化产品形式多样，但这些产品多半带有明显的美国消费文化特征，传播与美国文化密切相关的价值观与生活方式。席勒对此表示忧虑，他认为，全球文化的同质化进程正在迅速展开，许多地方的本土文化正在被无形中边缘化和同化。

席勒最终得出结论："美国的文化帝国主义并没有消亡，不过它已经不再能够准确地描述全球的文化环境。"[1] 传统上，文化帝国主义往往被理解为美国通过政治、军事或经济手段将自己的文化价值观和消费模式推广到全球。而今天，席勒认为这种文化帝国主义的驱动力已经不仅仅来自美国政府或单一的文化力量，而是由那些深受美国媒介商业化和娱乐化运作影响的跨国文化公司共同推动的。

席勒的理论在全球文化同质化与消费主义问题的批评中广泛引起共鸣，成为文化研究领域的瑰宝，尤其是在当今世界面对西方文化霸权的挑战时，他的思想为我们提供了深刻的反思视角。法国学者阿曼德·马特拉深入剖析了文化帝国主义的多层次结构，他提醒我们，在批判美国文化帝国主义的同时，不能忽视其他帝国主义力量的存在，尤其是法国在非洲、英国在亚洲大陆以及某些非洲国家和爱尔兰的帝国主义行径。他提出的"次帝国主义"[2] 概念揭示了跨国公司在第三世界的迅猛崛起，并非文化帝国主义消亡的标志，而是它转型为更隐秘、更复杂的新形式。这个新帝国主义，或称亚帝国主义，正是全球化背景下跨国资本与地方政权的结合体，在全球范围内悄然蔓延。席勒的洞察力远不止于此。他明确指出，文化帝国主

---

① 〔美〕赫伯特·席勒：《大众传播与美帝国》，刘晓红译，上海译文出版社2013年版，第14页。

② MATTELART A & SIEGELAUB S. *Communication And Class Struggle:An Anthology in* 2 volumes[M].New York: International General; Bagnolet, France: International Mass Media Research Center,1979:57-64.

义绝非单向的文化"入侵"现象，而是源自"各国统治阶级的相互认同甚至相互勾结"。这一深刻分析突破了传统的视角，揭示了文化依附的双向性。在 20 世纪 50 年代中期，电视技术首次进入拉丁美洲时，区域广播的私有化与商业化趋势已然形成。这一政治驱动的商业体系，既满足了政府和执政党的宣传需求，也吸引了国内外资本的投资，推动广告业的繁荣。然而，席勒通过引用伊夫琳娜·戴格尼诺的分析指出，这种文化依附并非单纯的外来"入侵"，而是该地区统治阶级为了所谓的国家发展而作出的选择。通过这一选择，民族文化在国际资本主义体系中沦为附庸，民族文化的本土性被迫向全球化的同质化形式靠拢，进一步加深了文化依附的陷阱。阿曼德·马特拉也认同席勒的观点，他认为，帝国主义的作用并非单纯来自外部力量的压迫，外部力量的渗透和控制只能通过各国内部的社会力量运作才能得以实现。"帝国主义只有通过与国内阶层和资本的勾结，才可能在每个国家深刻扎根，并实施其有害的控制。"①换言之，跨国资本与本土统治阶级的紧密合作，是文化帝国主义得以扩张的根本原因。这种深入骨髓的分析为我们理解文化依附的复杂性提供了新的视角。

　　如果初步批判聚焦于文化帝国主义在国内的表现，那么席勒随后将批判的视野扩展至全球的舞台，展现了跨国媒介如何成为全球文化控制和资本主义霸权的助推器。他的分析细致入微，触及了跨国公司在全球传播领域的复杂作用及其对世界文化和社会的深远影响。席勒不仅从宏观角度阐述了跨国媒介的崛起，还细化了其在全球化语境中的多重功能。一方面，席勒揭示了跨国媒介是如何作为跨国公司体系中的一环，在资本推动下不断壮大的。这些媒介不仅为全球资本的流动提供平台，更通过跨国企业的利益导向，推动着全球传播业的商业化和资本化。席勒深刻指出，跨国媒介不仅仅是在传播信息，它们在全球文化和思想的塑造上起到了至关重要

① MATTELART A & SIEGELAUB S.*Communication And Class Struggle:an Anthology in 2 volumes*[M].New York: International General; Bagnolet, France: International Mass Media Research Center,1979:58.

的作用，成为资本主义意识形态扩张的有力工具。另一方面，跨国媒介在席勒的批判框架中扮演了推广消费主义的重要角色。这些媒介无疑是全球消费主义的传播者，将消费主义的理念和价值观灌输到各个角落，推动了全球文化同质化的进程。席勒在此揭示了一个深刻的矛盾：跨国媒介不仅是在为跨国资本的全球扩张提供支持，更通过文化产品的输送，影响着全球受众的消费方式和价值观，从而加强了全球范围内的文化控制。席勒的分析并未止步于此。对于发达国家，尤其是美国而言，跨国媒介更是执行文化控制的强有力工具。

文化帝国主义不再仅仅是一种文化领域的霸权，它逐渐成为经济领域的具体表现。这种控制机制在战后通过信息的流通建立起来，成为全球传播的核心架构。特别是美国跨国公司在这一体系中占据主导地位，通过传播技术的优势、政策支持的保障以及对"信息自由流通"原则的推动，美国几乎掌控了全球信息流的方向和速度。表面上看，这种"自由流通"的理念似乎是为了促进全球的信息共享和文化交流，这不过是帝国主义包裹的一个美丽外衣，背后隐藏的是强者对弱者的深层控制。席勒尤为尖锐地批评了"信息自由流通"的神话，揭示了这一原则"如何被巧妙包装成一种看似中立的全球传播准则，实则成为强化以经济为基础的宰制结构"[1]。在他看来，所谓的信息自由流通，实际上是由强势资本主义国家控制的单向信息流动。美国通过其庞大的传播业，将信息流的主导权牢牢把握在自己手中，以此塑造国际舆论并巩固其全球领导地位。这种"自由流通"的背后，正是对弱势国家的剥削和操控——信息的流动并非真正双向的，而是由强者主导，弱者只能在这一流通网络中屈从。更为深刻的是，席勒指出，这种传播控制极大改变了第三世界国家的文化生态。美国跨国公司的渗透，不仅让这些国家在经济上屈服于国际资本主义体系，更在文化上加剧了对

---

[1] SCHILLER H. *Communication and Culture Domination*[M]. New York:International Arts and Sciences Press.1976：46.

其本土文化的侵蚀。这种文化入侵并非外部力量的单纯强加，而是内外互动的结果，统治阶级为巩固自身利益，选择与外部资本的力量相勾结，从而形成了一种内外联合的控制结构。这不仅让第三世界的民族文化沦为西方文化的附庸，更深刻影响了这些国家的社会结构与政治生态。

席勒的批判，毫不客气地揭示了全球化进程中的文化霸权现实。他通过对跨国媒介的深刻剖析，让我们看清了在信息流通的背后，隐藏着怎样深刻的权力斗争与利益博弈。全球传播不再仅仅是文化的交流，它早已被资本力量深刻塑造，并成为全球资本主义扩张的重要工具。在这一层面上，席勒的警示如一面明镜，折射出全球化时代中的文化控制与资本剥削的本质。

第六节　媒介中立性与媒介帝国主义的伪装

在这个信息时代，媒介的角色早已超越单纯的信息传播者，逐渐变成意识形态的构建者和权力结构的维护者。而其中，媒介中立性这一看似公正无私的伪装，恰恰掩盖了资本操控的深层痕迹，成为媒介帝国主义最狡猾的工具之一。媒介自诩为客观、独立的观察者，声称其传播的信息毫无偏向。然而这种"中立"的背后，潜藏着资本的操控与意识形态的精心操纵。从最初的宣传机器到如今的信息巨头，媒介始终在悄无声息地推动着全球资本主义霸权的延续和强化。

一、媒介中立：一个虚伪的神话

所谓的媒介中立性，实际上是一个精心编织的"神话"。表面上看，媒介仿佛是一个桥梁，连接着事实与公众，理应无偏见地传递信息。但实际上，在资本的操控下，媒介的"中立性"往往成为向公众灌输资本主义主流价值的伪装。席勒对西方新闻传播理论中的自由报刊理论、社会责任论和客观主义理论进行了深刻而犀利的批判。这些理论尽管自诩提倡媒体的客观性、中立性和多元性，并广泛被视为新闻行业的核心准则，但席勒却毫不留情地揭示，这些所谓的媒介中立不过是一种精心构建的幻觉。它掩盖了更为深刻的社会控制机制，使得公众深信，政府、媒体、教育和科学等社会的重要机构，能够在社会利益的冲突中独善其身、保持中立，宛如高悬于世事之外的神祇。这种看似平衡的中立性，不仅仅是一种认知上的迷雾，它的存在实际上对于维系社会控制秩序至关重要。

席勒在其经典之作《思想管理者》中，详细阐述了这一观点。他通过深入的分析，揭示了媒体如何在表面上披上"公正"的外衣，实则早已被政治与经济权力所操控，成为特定利益集团的代言人。这一批判，不仅挑战了传统新闻理论的基本假设，更是对媒介作为社会公正工具角色的严峻质疑。正如席勒所言，媒介并非简单的信息传递者，它在无形中成为社会意识形态塑造的工具，助力某些强势力量的社会控制。政府与大众媒介在构建和推广这一"中立神话"中扮演着举足轻重的角色。政府作为这一神话的幕后操控者，不遗余力地推动这一观念，而大众媒介则是这一观念的传播者和捍卫者。他在《思想管理者》一书中揭示了美国媒体如何通过塑造"联邦调查局（FBI）"这一形象来巩固这一神话。他写道："半个世纪以来，所有媒介都参与了将联邦调查局加以神化的宣传，称其为一个非政治性、高效率的执行机构。事实上，联邦调查局曾不断地被用来恫吓和威胁社会批判者。"[1] 这一段文字深刻地揭示了媒体在为政府机构涂脂抹粉、掩盖其暴力性与政治性时所扮演的角色。媒体常常自诩为中立者，强调其报道始终保持公正无私，任何失误都被解释为个别事件，而非系统性、结构性的问题。他指出，位于现代社会核心地带的传播机构所采用的传播方式，绝非偶然或无意的，它们背后有着精心的设计与深谋远虑。正如席勒所揭示的，现代美国的传播业，实际上是一场由白宫总统办公室、麦迪逊大街的公关与广告公司等组成的国家资本主义团队合奏的交响乐。这场由资本与政府的紧密合作所驱动

---

① SCHILLER H, *The Mind Managers*[M]. Boston: Beacon Press,1973:45.

的"大众传播"，表面上充满了节庆气氛，实则却在悄无声息地维护现有制度，并且获取公众的支持与认同。

席勒的这些思考不止步于对媒体"客观性"和"中性"外衣的揭露，更进一步探讨了国家权力、公司力量与大众媒介之间的复杂关系。他在其研究中深入分析了军事－工业联合体对美国公共政策形成的深远影响，揭示了军方、工业巨头与媒介巨头之间相互交织的利益网络。这种网络并非简单的合作关系，而是一种深刻的政治与经济依存性，使得政府政策的独立性被极大地削弱，同时也对公共利益构成了巨大的威胁。他在《大众传播与美帝国》一书中进一步批评了这种密切的联合，指出这一利益网络使得整个传播机构的产品在客观性和可靠性上存在严重问题。他强调，军事－工业联合体的存在，使得信息传播机构几乎无法保持所谓的中立性，反而成为了政治和商业利益的工具。他写道："整个传播机器的产品的客观性和可靠性也就越来越令人怀疑了。似乎没有人知道军事－工业的'配对'会在多大程度上影响公众对信息的使用以及信息的质量。"①

二、媒介中立性：旨在消解意识形态的工具

席勒在揭露大众传媒所谓中立性的谎言时，深刻剖析了媒介在社会控制中的潜在角色。他认为意识形态的消解不过是一个荒谬的论调，社会必须加强对这一虚伪观念的警觉。他毫不客气地指出，媒体所宣扬的"中立性"只是掩盖其深藏不露的社会控制意图，而这一点在他的《思想管理者》中有着极为直白的表述："除了播放新闻节目与纪实片之外，根本就没有播放过教育节目。"他对这种"娱乐毫无教育意义"的观点直言不讳，称其为"历史上最大的骗术之一"。权力者所需要的所有神话，其实都能从"麦迪逊大街——好莱坞影像工厂"所生产的消遣性娱乐产品中找到。② 席勒

① 〔美〕赫伯特·席勒：《大众传播与美帝国》，刘晓红译，上海译文出版社2013年版，第47页。

② SCHILLER H, *The Mind Managers*[M]. Boston: Beacon Press,1973:45.

通过这番犀利的批判，揭示了媒体如何通过包装"娱乐"来掩饰其深层的意识形态目的，进而实现对公众思想的潜移默化控制。席勒进一步分析了传播工业如何在宣传"非意识形态"的同时，实际上却在推广一种特定的消费主义文化。无论是《电视指南》还是《国家地理杂志》，甚至沃尔特·迪斯尼公司，都在无形中担负着传播特定社会文化价值观的任务。举例而言，《电视指南》看似只是一个普通的电视节目指南，但它背后却深深植根于商业广告和消费文化的土壤中，成为了推动商业化广播电视系统的工具。这种表面上中立的形象，掩盖了媒介在社会、政治和经济利益交织中的复杂角色。席勒撕开了这一伪装，揭示了媒体不仅仅是信息的传递者，还是商业与政治利益交织的核心部分。

在席勒的笔下，《国家地理杂志》成为媒介力量背后潜藏的政治意图的典型代表。尽管该杂志以其权威性的科学报道和广泛的教育影响而享有盛誉，席勒却毫不留情地揭露其背后的权力运作。他指出这本杂志表面上的"中立"形象，其实是被一群权势显赫的理事会所操控，这些人通过影响力将杂志转变为政治宣传的工具。通过巧妙地避谈争议话题，巧妙地展示、掩饰与省略，杂志实际上在悄无声息地推广资本主义与自由企业的价值观。这种策略不仅有助于维护现有的社会经济结构，还在潜移默化中影响读者对社会重要议题的认知与理解。通过这种隐秘而高效的手段，《国家地理杂志》在保持其"教育权威"形象的同时，实际上也在推动特定的社会与政治议程。这一切让它成为了美国最受尊重的杂志之一，也无形中强化了社会现状的正当性和不可动摇性。

席勒对沃尔特·迪士尼公司的批判，则将商业媒体与文化控制的关系进一步深化。他认为，迪士尼通过其庞大的影响力与"纯娱乐"形象，实际上执行着一种更加深层的社会与文化教育。这种教育远非单纯的娱乐，而是一种潜在的意识形态植入。从动画电影到主题公园，迪士尼的每一项娱乐产品都在向观众传达一个无冲突、理想化的和谐世界的幻想，这种幻想不仅在全球范围内塑造了消费者的生活方式，也使得现有的社会结构与价值观得以固守和延续。席勒进一步指出，这种"中立神话"的维护，实际上根植于自由市场理论的土壤中。自由市场的倡导者常常声称市场远离任何形式的意识形态干预，但席勒认为，这种说法本身就是意识形态的产物，正是为了掩盖市场与资本对文化和社会深远的影响。在席勒的眼中，迪士尼不仅仅是娱乐产业的巨头，更是文化帝国主义的一大工具，它通过每一部电影、每一个动画角色、每一个主题公园的建设，影响并塑造着全球消费者的价值观和生活方式。

席勒的这些批判不仅让我们看清了媒体背后复杂的权力网络，也揭示了所谓的中立性不过是掩饰其深层意识形态功能的空洞口号。通过对大众传媒的锐利剖析，他让我们意识到，媒介不仅仅是简单的信息传递者，更是支配思想和塑造文化的一股不可忽视的力量，而这种力量的存在，往往伪装成所谓的中立与客观，悄无声息地影响着我们对世界的认知和判断。

第七节　非支配性与文化传播新秩序愿景

在当今信息化的浪潮中，媒介全球化本应成为连接全球、推动文化多样性传播的桥梁。然而，事实却恰恰相反，全球化的媒介不仅未能实现信息的公平传播，反而加剧了世界文化之间的鸿沟。在这种背景下，媒介帝国主义的阴影越发明显，信息流动和文化传播的主导权掌握在少数强势国家手中，导致文化的单一化趋势愈加显著。为了应对这一困境，全球文化传播迫切需要一种新的秩序，而这个秩序的建立，便需要我们从世界体系理论出发，重新审视和构建文化传播的结构。

一、世界体系理论的视角：深刻解读全球文化结构

世界体系论（World-System Theory）由美国社会学家伊曼纽尔·沃勒斯坦（Immanuel Wallerstein）在 20 世纪 70 年代提出，成为全球不平等

与资本主义体系分析中的重要理论工具。沃勒斯坦的代表作《现代世界体系》被认为是这一理论的经典之作，也是世界体系论学派的奠基之作。这一理论不仅延续了依附理论对全球不平等现象的批判，还进一步深化了对全球资本主义体系结构的理解，提出了一种新的分析框架。世界体系论的核心观点是，全球社会并非由独立的、孤立的国家组成，而是一个紧密联系的整体，各个国家和地区在其中处于不同的位置，形成了一个层级化的、动态变化的全球体系。该体系由"中心国家""半边缘国家"和"边缘国家"组成，其中，"中心国家"控制着全球资本流动、技术创新和文化主导权，拥有最大的资源配置权和决策权，而"边缘国家"则通常依赖于中心国家，承受着不平等的经济和文化剥削。与现代化理论和依附理论相比，世界体系论在分析全球不平等的基础上，更加强调全球资本主义体系的结构性与历史性。沃勒斯坦认为，资本主义不仅仅是一种经济制度，它深刻嵌入全球历史过程之中，并通过不断扩展其全球范围，形成了今天我们所看到的世界格局。世界体系论尤其注重历史的长期性，认为当今的全球不平等并非偶然发生，而是通过几百年的殖民扩张、资本积累和全球市场的建立逐渐形成的。

在这一框架下，媒介帝国主义不仅是技术上的全球化现象，更是文化霸权的延伸。世界体系理论对席勒关于文化支配的研究产生了深远影响，尤其在其《传播与文化支配》一书中，席勒巧妙地借用了沃勒斯坦的世界体系理论框架，深入剖析了20世纪70年代文化帝国主义的过程。席勒将文化帝国主义视为一种国家主动或被动融入现代世界体系的现象，而这一体系的主导力量正是由美国主导的市场经济体系，拥有着全球的支配地位。在这一过程中，美国始终处于核心地位，主导着全球文化的传播与控制。席勒指出，几十年来，美国不仅在全球经济中占据主导地位，更通过一系列有意识的文化传播行为，推动其政治、经济及文化价值观的普及，其中尤以推销"信息自由流通"的理念为其文化霸权的核心支撑。美国通过强调信息自由流通，实际上为其文化输出提供了理论基础，这种输出不仅仅局限于信息的传播，更深层次的是价值观、意识形态的传播。这一文化霸权的机制在20多年后依然屹立不倒，尽管美国在全球经济中的相对地位有所下降，但其在文化领域的主导地位却未见削弱，反而在某些方面愈加巩固。席勒在《二十五年来的回顾》中总结道："尽管全球经济的格局发生了变化，但美国的文化霸权在全球范围内并未退缩，反而借助于全球化进程更加深入人心。"① 尤其自20世纪80年代以来，全球范围内的文化逐渐"美国化"，这一过程的背后隐藏着强大的经济动力。美国通过广泛的媒介产品推广，甚至地方电视节目模仿美国文化模式，推动了全球文化一体化的进程。席勒强调，美国资本主义不仅通过国内机制去边缘化社会对立结构，且在全球市场上也通过文化产品的输出，将美国化的文化形态渗透到全球的每个角落。美国资本主义的强势推动使得其媒介产品成为全球文化传播的核心力量，并迅速在全球范围内扩展。"从电影到电视、从广告到音乐，所有这些媒介产品都是美国价值观、文化模式的载体，成为文化霸权的重要工具。"②

在这一过程中，全球经济的力量正在逐步取代民族国家的传统主权，全球资本成为新的主宰力量。在此背景下，民族国家的文化与经济独立性正面临前所未有的挑战，尤其是那些发展中国家，受到美国产品、价值观与意识形态的强烈冲击。席勒认为，在当代世界体系中，新兴民族国家的文化空间被发达资本主义国家的传播机器深刻控制，尤其是好莱坞等世俗文化的代表性产品，严重挤压了本土民族文化的生存空间。这种现象不仅揭示了不发达国家在文化上的被动认同，还深刻反映了这些国家逐渐接受并内化发达国家文化价值观念的过程。为了融入全球体系，这些国家甚至开始调整自身的社会制度与文化结构，以迎合全球化的潮流和资本主义的要求。这种文化帝国主义的扩展，远非单纯的文化输出与渗透，更是现代

① SCHILLER H. *Communication and Cultural Domination*[M]. Longman, 1976: 42.

② SCHILLER H. Mass Media and the Globalization of Culture [J]. *Journal of International Communication*, 1992, 3(1): 23-37.

帝国主义历史进程中的一部分。发达国家通过其强大的媒介与信息控制手段，进一步加深了对全球南方国家的支配与剥削。文化霸权，不仅是经济霸权的延伸，更是对全球不平等秩序的重塑。

席勒的研究揭示了全球文化传播的深层动力——它不仅是文化的流动，更是意识形态的战场。而这种战斗的最终结果，是发达资本主义国家在全球范围内深化了对其他国家文化的侵蚀和控制，形成了以美国为中心的全球文化霸权格局。

二、媒介全球化的冲击：信息传播的失衡与挑战

随着媒介技术的飞速发展，信息传播的全球化本应使得各国文化能够更平等地交流。而现实却远非如此。信息传播失衡已成为媒介全球化不可忽视的副作用。媒介全球化的背后隐藏着不平等的结构与权力斗争，这不仅加剧了全球文化的单一化，也让少数发达国家的文化在全球舞台上占据了压倒性地位。尤其是美国作为全球传播体系的核心，其政策与媒介架构的失衡现象，深刻影响了全球信息的流动和文化的多样性。

首先，美国传播政策的偏见与结构性不平等。美国的传播体系，无论在国内还是国际舞台上，充斥着不自由、不平等和不平衡的结构，特别是在政策的制定过程中，这种失衡尤为显著。席勒深入剖析这一现象，揭示出美国的传播政策从未真正反映出民众的声音。在决策过程中，公众参与的空间极为有限，广泛而开放的讨论始终缺席，始终由一小部分精英操控着话语权。席勒毫不留情地批评美国联邦通讯委员会（FCC）长期偏袒私有企业，忽视了公共利益。这种偏向性导致私有资本肆无忌惮地渗透到公共广播领域，同时削弱了对这些企业应有的监管。私有化议题的讨论几乎完全未曾进入公众视野，不仅在主流媒体中鲜有报道，也未在行业刊物中广泛讨论，整个话题的讨论空间几乎完全被少数利益集团所垄断。席勒认为这一现象并非偶然，它是政府政策的直接产物，而非自由竞争的自然结果。美国政府并未为市场提供一个公平竞争的平

台，反而是通过特殊的政策，给予已占据市场的"游戏玩家"便利。政府赋予私人公司垄断权，确保了这些媒介巨头并非通过市场竞争而是通过特殊权力和资源的支持，获得了主导地位。这样的结构几乎让广大民众无法参与其中，使得少数利益集团的特权地位得以巩固，进一步加剧了社会的不平等。在国际层面，席勒指出美国在电子传播和空间传播领域的主导地位，使其能够巧妙地将自身利益置于全球传播体系的核心。特别是在卫星传播的规范方面，美国的精英们不仅主导了相关目标的设定，还通过控制卫星传播的形式和资源分配，牢牢把握了全球传播体系的控制权。席勒强调，在这一过程中，全球贫困国家几乎被完全排除在外，没有任何实质性的话语权，关键决策也未曾顾及他们的利益。美国的卫星传播体系不仅代表了美国政府的利益，更通过层层把控和话语主导，构建了一个由美国主导、控制并深刻影响的传播结构。整个过程中，并没有展开真正的全球性、公开、平等和公正的讨论，反倒形成了一个根深蒂固的不平等体系，其中美国的利益始终占据着主导地位，而其他国家的声音则被边缘化，甚至被彻底忽视。

其次，媒介结构的深层失衡：权力与利益的暗流涌动。席勒提出了美国媒介架构中的失衡问题，揭示出与外界普遍认知相悖的真相。对于许多主流传播学者而言，美国长期以来被誉为新闻自由的典范，其新闻媒体在自由主义传统和第一修正案的保护下，似乎享有高度的独立性与言论自由。然而，席勒以历史的视角反驳了这一观点，他认为，美国的媒介体系并非如外界想象中的那样自由，背后隐藏着深刻的控制与依赖问题。席勒的分析从美国媒介历史入手，指出美国的"新闻自由"并非无懈可击，而是与其"军事工业传播复合体"息息相关。美国的政府、军事部门、经济与传播工业之间早已形成紧密的联系，这种复杂的结构催生了国家传播系统的军事化。正因如此，"媒体的资源和运作方式远远超出了联邦通讯委员会（FCC）的监管范围，媒体的管理与控制逐渐被军事化，民用领域则被边缘化"①。随着电子媒介行业的逐步融合和对管制的松绑，媒体所有权的集中化越发严重，大量的主流媒体逐渐落入少数大型集团和富有个人手中，而这些资本的唯一关注点则是盈利。在这一过程中，媒体集团通过直接或间接的方式，深刻影响和操控着媒体机构的架构和运作，甚至在某些情况下，决定了新闻的报道方向和内容。这种集中化的媒体控制催生了所谓的"新闻管理"，即"媒体内容越来越成为利益集团的工具，新闻报道往往反映的是统治精英的需求，而对那些敏感的、具有争议的话题则刻意回避"②。在这种环境下，媒体不再单纯地反映社会现实，而是通过"新闻框架"这一机制，影响公众的认知和判断。新闻框架不仅指新闻内容的选择、呈现方式，更是如何通过组织话语和报道模式，服务于政治和经济精英的利益。在这种体系下，媒体在报道新闻时往往以官方立场为基调，忽视社会冲突、敏感议题，最终加固了现有社会结构与权力体系的合法性，巩固了少数精英的特权。在国际层面，席勒的"媒介依附"理论再次揭示了全球媒介架构中的不平等与失衡。他通过对美国和加拿大之间传播与文化工业关系的分析，指出加拿大的文化产业早已与美国紧密相连，成为美国跨国集团的附庸。加拿大的报纸、书籍和电影产业几乎是美国市场的附属品。美国的电影公司通过与加拿大放映商的联合，牢牢掌握了加拿大大部分电影产业的资产，从而使得美国在文化上的霸权地位越发巩固。席勒更进一步探讨了加拿大的教育和大众媒体体系，它们在某种程度上也为美国的利益服务，帮助维系这种文化帝国主义的关系。值得注意的是，加拿大的统治阶层并未挑战美国的媒介霸权，反而积极参与其中，借助各种集团和国家机构，维护与美国之间的依附关系。最终，这种依附的根源在于加拿大经济对美国垄断资本主义的深度依赖，形成了一个文化和媒介的"从

---

① SCHILLER H. *Mass Communications and American Imperialism*[M]. Boston: Beacon Press, 1969: 33.

② SCHILLER H. *Mass Communications and American Imperialism*[M]. Boston: Beacon Press, 1969: 45.

属"结构，使得加拿大在全球媒介格局中成为美国的附庸国家。

再次，信息传播的失衡：全球化浪潮中的文化侵蚀。席勒认为，在这个全球信息流通日益集中化的过程中，美国通过控制卫星传播和媒体网络，成功塑造了全球文化的主流形态。非西方国家的文化在这场信息传播战争中渐渐被边缘化，难以抗衡美国强势的文化输出。他深刻揭示了信息传播失衡的根源，尤其在国际领域，并对"信息自由流通"这一普遍推崇的口号提出了严肃的批判。所谓"信息自由流通"并非如表面所见的"自由"与"平等"，而是被美国资本主义利益所主导的一个有力工具。这一工具不仅通过传播美国的价值观、政治经济模式，还通过文化与信息的流通，持续塑造着世界的意识形态和政治结构。事实上，美国的传媒技术输出往往伴随着一整套经济制度、商业安排、金融网络和技术结构，这一系列输出将美国的权力扩张和全球资本主义的发展紧密相连。席勒认为，"自由流通"的信息背后，是美国以传媒为武器来推进其全球霸权的战略，而这一过程的核心，并非信息的开放与共享，而是美国对全球文化市场的主导和控制。席勒指出，这一信息流通体系深刻改变了其他国家的文化、意识形态和媒介实践。"美国不仅仅是输出其内容和结构，更是输出其运营哲学和职业观念。通过这种文化输出，其他国家无意识地被吸纳进美国式的文化与媒介体系之中，其自主性和独立性逐渐被侵蚀，成为美国全球文化扩张的附庸。"① 这一现象凸显了"信息自由流通"这一口号的虚伪性，席勒称之为"花招"，其实质是美国文化工业全球扩张的借口和工具，目的是进一步控制世界文化市场并巩固美国的全球霸权。

席勒进一步强调，全球媒介市场由美国少数跨国媒体集团所主导，这些集团通过商业化、全球化、私有化和解除管制等手段，逐步将其他国家的文化和媒介体系纳入美国资本主义经济体系的轨道。这种全球信息流通

---

① SCHILLER H. *Cultural Imperialism: The Political Economy of the Global Communications Flow*[M]. International Sociological Association.1976：36.

的结构，实质上并非平等与自由，而是充满了美国对全球市场经济和文化的深度控制。他指出，无论是在美国国内还是在国际舞台上，信息流通的过程始终由美国经济力量和媒介集团所主导，这一过程本质上是不自由、不平等的。正是在这种不平衡的传播结构下，全球范围内的信息和知识鸿沟越发加剧，形成了一种恶性循环，导致弱势国家在全球信息传播中日益被边缘化。信息传播不再是一个单纯的媒介技术问题，而是一个复杂的全球政治经济现象。通过对信息流通模式的深刻剖析，席勒揭示了全球信息传播体系的失衡，指出弱势国家和地区在这一结构中的脆弱地位，并警示着全球文化交流中存在的深刻不公。

最后，媒介市场的失衡竞争：美国资本主义的全球扩张。席勒对媒介市场竞争失衡的深刻批判，触及了现代社会最根本的经济及政治问题。自由主义的传统一直鼓吹"自由市场"的理想，主张市场应由个人自由意愿主导，金钱和商品的流动应当是无拘无束、自发自然的。自由市场，按照这一理想，便是小政府、大市场的典范，市场在无形的"看不见的手"的引领下，能够最有效地分配资源。然而，席勒以犀利的眼光洞察到这一理念的虚伪与局限。他对 20 世纪 80 年代以来新自由主义思潮的回潮进行猛烈的反击，尤其是在全球范围内日益盛行的"自由市场"神话背后，席勒看到了更加复杂且不可忽视的现实——市场并非如自由主义者所描绘的那样自由平等，反而充斥着深刻的垄断和不平等。在席勒看来，所谓"自由市场"的推广，实质上是市场形式的一种操控，它掩盖了资本积累过程中深藏的不平等和垄断本质。他批判这种市场机制的核心问题，揭示了市场表面之下隐藏的深层结构：这种"自由"不过是通过剥夺竞争来实现"成功"。媒介市场的构建，从来就不是自发的自由竞争，而是现有的媒介巨头借助权力的手段，操控市场规则，设立层层壁垒，防止新兴企业的进入，牢牢守住垄断的堡垒，稳固自己的利益。这种"自由市场"展现出的，实际上是少数强势企业的操控，而非自由竞争的理想舞台。席勒深刻指出，现实中的媒介市场是少数寡头的天下，这样的市场竞争完全与自由主义者所推崇的公平竞争相去甚远。更为深刻的是，主导电子传媒的公司不仅控制着信息传播的基础设施，而且牢牢掌握了传媒技术的专利和传播渠道。当政府逐步放松对这些行业的监管时，大型公司之间的合并和并购便成为必然，进一步巩固了它们在市场中的主导地位。这样的市场集中化进程，使得本应自由竞争的媒介行业变得愈加封闭、僵化，垄断的局面越发严重。席勒愤慨道，数字媒介系统并非自由竞争的沃土，恰恰相反，它进一步加剧了垄断和寡占现象的蔓延。社会阶级的分化越发加剧，政治经济的反民主趋势也在这场巨大的资本游戏中恶化了。

席勒对自由市场神话的根本原因进行了深刻剖析。他认为这一神话的广泛传播根本源于资本主义经济体系的运作逻辑。资本主义本质上追求通过投资和利润最大化来积累财富，而这种逐利的动力，使得大公司不断巩固在媒介市场中的地位，削弱了竞争，从而形成对信息传播的垄断。席勒总结道：尽管数字媒介和电子传媒的发展被誉为技术创新的胜利，然而，它们并没有实现市场竞争的理想，反而加剧了资本主义经济的垄断趋势，使得社会阶级的分化越发显著，政治经济的不平等局面越发严重。

席勒深刻洞察到的并非仅是市场的表面现象，而是背后隐藏的结构性不公与无形的权力控制。这一切在他笔下，似乎都变成了一个悖论：自由市场的"自由"不过是一个空中楼阁，掩饰着市场竞争的惨烈失衡。

在席勒看来，美国主导的集团媒介制度早已超越了国界，形成了一股全球范围内的文化帝国主义式扩张力量。借助新自由主义的媒介政策，这种扩张不仅推动了商业化进程，还推动了对信息流通的管制解除，迅速在全球蔓延开来。跨国集团的并购活动成为全球化浪潮中的一部分，发展中国家在发达国家强大的电子传播网络的"包围"下，逐渐失去了自己独特的文化特性。这种单向文化渗透，正在让这些国家的文化逐渐依赖于外部力量，极大地削弱了这些脆弱社会的文化完整性。更严重的是，全球信息流通的失衡日益加剧，文化霸权的支配力越发强大。随着信息传播的主导权被少数跨国集团和精英所把控，公共政策愈加被这些少数集团左右。无论是国内还是国际层面，信息流通的不自由和不平等的现象正在不断扩大，导致社会阶层之间的信息鸿沟越来越深。在这种背景下，信息贫困者和相对贫困者的获得信息的机会被极大限制。尽管信息流通的速度不断加快，但这种加速并没有缩小贫富之间的差距，反而加剧了贫富差距和权力不平等的现象。国内外的社会斗争变得愈加激烈，公众的信息需求与跨国集团利益之间的冲突也愈加尖锐，社会因此陷入了前所未有的危机之中。

但是席勒对未来并不全然悲观。尽管全球信息流通的现状充满挑战，他依然看到了希望的曙光。他认为，随着殖民主义的逐渐瓦解，各地的独立运动和技术迅速发展的势头，正在为国际传播模式的转型提供新的可能性。传统的单向信息流通正逐步被双向互动的信息交流所取代，这不仅为美国的媒介帝国主义带来了新的挑战，也为发展中国家的传播产业提供了独立发展的机遇。席勒也看到了全球范围内的变革潜力，他认为随着信息和知识劳动力队伍的不断壮大与自我觉醒，世界范围内日益增强的社会变革意识正为全球社会的深刻变化提供了希望。尽管面临许多挑战，席勒乐观地认为，社会结构的转型和全球信息格局的再塑造充满着巨大的潜力和可能性。

三、非支配性传播模式的探索：重塑国际文化传播秩序

面对媒介帝国主义带来的信息传播失衡和文化压迫，全球文化传播的未来应当朝着非支配性传播模式迈进。席勒理论的核心愿景之一便是构建一个非支配性的信息传播新秩序，这一构想力求在全球范围内实现更加平等和开放的文化传播模式。他在其"文化支配"批判的思想框架中，主要通过两条思路展开论述：一方面，他深刻批判了当前媒介传播体系中不平等的文化支配现象；另一方面，他始终探索一种能够替代现有支配模式的、更加平等和开放的文化传播新秩序。正如席勒思想研究的学者迈克斯韦尔（Richard Maxwell）所指出的："席勒的思想历程呈现出这一批判性工作的两个截然不同的路径。第一个路径是关注那些被他视作批判媒体研究的

任务，第二个则针对努力制定非支配性传播文化政策的决策者。"①

　　构建一新秩序的核心是去中心化，文化传播不再由少数强势国家主导，而是呈现出更加多元化的特点。席勒认为首先需要具备以下三个关键特征，这些特征不仅关乎媒介体制的改革，更是对全球信息传播格局进行深刻反思与重塑的出发点。第一，强调媒介的公共性与信息文化产品的社会性。席勒坚信，新的传播政策必须摒弃自第二次世界大战以来，特别是在里根政府时期盛行的以商业为主导的信息传播模式。他深刻批判了这一模式对信息流通的控制，认为这种以利益为导向的传播方式忽视了公众参与和社会责任。他强调，信息传播应恢复公共参与的机制，媒体和文化活动应负有社会责任，而非仅仅服务于商业利益。特别是在国际层面，席勒提出，美国政府应停止对联合国及其教科文组织的攻击，重新加入并全额补缴会费，支持全球争取文化与信息自主权的努力。这种跨国合作应当成为新传播秩序的重要支撑。同时，他提倡重新定义"信息自由流通"的原则，赋予其更民主的内涵，减少私人企业对新闻、电视节目、电影、音乐、出版等领域的垄断，鼓励将信息作为社会共享的公共产品而非单纯的商业商品来流通。席勒的观点不仅关乎理念的转变，更是对全球信息共享公平性的强烈呼吁。第二，强调对非商业性表达和创造性活动的公共支持与鼓励。席勒特别提到，公共资金应当支持报纸、杂志、电视、广播、剧院和电影等非商业性文化和传媒活动，使其成为社会文化景观的合法组成部分。这一政策不单单是对非商业性文化活动的资金支持，更是对这些活动在社会中的合法地位的确认。他明确指出，公共资金的支持应避免政府对这些活动的直接干预，而是要确保其独立性和多样性。他警告过度的政府干预可能会削弱这些文化活动的独立性，进而影响社会的文化多样性。如他所言："公共资金支持的报纸、杂志、电视、广播、剧院和电影应该成为美国社

---

① 〔美〕迈克斯韦尔：《信息资本主义时代的批判宣言：赫伯特·席勒思想评传》，张志华译，华东师范大学出版社 2015 年版，第 160 页。

会景观的合法组成部分。与此同时，这需要一系列的相应的经营和管理模式，以确保这些活动免于政府的指令。"① 席勒的这种提案，实际上在为传媒领域的独立性与多元性提供一种保障，避免被单一化的商业或政治利益所主导。

第三，强调技术的社会性。席勒警告技术的发展不应仅仅被视为增加自由度的工具，它更应当被用于实现社会公共目标。他批判了那些认为有线电视频道数量增多必然带来观众选择自由的观点。他指出，技术的体制性因素往往制约了其应用，技术的增多未必能够有效增加观众的选择自由，反而可能在有限的范围内加剧内容的单一性。他进一步强调："技术本身作为一种社会目的，就是指这样一种观念，即由于有线电视提供了大量频道，所以观众的自由度就必然随之提高。然而完全没有理由确信事实就是如此。在目前的这种公司方案下，更可能的是忽视频道的丰富性，在狭窄的范围内传播熟知的素材。"② 席勒认为，现代传播技术的快速发展并不意味着真正的自由度提升，相反，技术本身的结构和应用往往服务于大型企业的利益和政治操控需求，而非为公众创造更广泛的参与空间。席勒的警告深刻指出，现代传播技术的发展，特别是大公司对媒介技术的掌控，往往与政治操控和大规模商业销售的需求紧密相关，而与促进政治民众支持、独立思考和政治自治的目标无关。他严肃提醒道："现代方法确实与建立政治的民众支持、独立的思考、政治自治毫无关系，它们是满足公司大规模销售和政治操纵需要而发展起来的方法和技术。"③ 在这一过程中，各种文化形式都能在全球范围内得到平等的展示和传播机会，文化的多样性得到尊重和保护。通过构建更加公平的信息传播体系，全球文化不再是

---

① SCHILLER H. *Culture, Inc.: the corporate takeover of public expression*[M]. New York: Oxford University Press,1989:173.

② SCHILLER H. *Culture. Inc.: the corporate takeover of public expression*[M]. New York:) Oxford University Press,1989:17.

③ SCHILLER H. *Culture, Inc.: the corporate takeover of public expression*[M]. New York: Oxford University Press.1989:174.

强势文化的附庸，而是一个充满活力、相互交融的多元共同体。

席勒所构想的非支配性、平等的信息传播新秩序绝非一蹴而就，它需要强大的政治力量和民众运动的推动。这个变革不仅是对信息平等使用权的呼喊，更是对信息在民主进程中不可或缺作用的深刻再认识。席勒从阶级斗争的视角出发，揭示了如今媒介传播中不平等和不自由的深层根源，尤其是在国内外斗争越发紧张的背景下，公众的信息需求与跨国集团的利益冲突日益显现。这一过程并非平坦无阻，而是充满了诸多挑战与矛盾。新兴的信息传播技术在短期内为跨国公司和全球市场提供了某种表面的"稳定"，但席勒并不为这种短期的安逸所迷惑。正如他所言："这种所谓的'稳定'不过是昙花一现，资本主义制度的内在矛盾终将使这一体系走向崩溃。"[①] 跨国公司虽然通过大规模的信息活动在短期内维系了全球市场的秩序，但是这种秩序掩盖了更为深层次的危机。席勒清楚地认识到，这些措施虽然暂时取得了成功，但也为未来更严重的危机埋下了伏笔。这种局面并非不可改变，席勒坚定地相信，信息传播中的不平等是资本主义制度下政治经济权力控制的产物，而通过抗争与结构性的变革，最终能够实现信息传播的自由与平等。

席勒的远见不仅仅体现在对现状的批判，更在于他对未来变革的预见。他坚信，随着商业信息的无孔不入，社会必将迎来民众的广泛抗议，特别是知识工人群体，他们将成为推动变革的关键力量。这一群体不仅具备较高的教育水平、富裕的闲暇时间和稳定的收入，而且掌握着专业技术，能够深刻认识到资本主义社会的弊端，并具备了批判与变革的能力。席勒明确指出："正如我们所见，正是这个受过教育的集团，才对现行系统的目标和竞争，提出了最严厉的批评。我们有理由相信：产业工人，无论其年龄大小，都有可能为了保护自己，被迫放弃其现在对社会'制度'的支持，

---

① SCHILLER H. *Information Inequality: The Deepening Social Crisis in the Information Age*[M]. New York: Routledge.1995:81.

并采取紧急的批判立场。"[①] 在席勒的视野中，这些"知识工人"不仅仅是高层次的专业人士，更包括那些在媒介领域的非商业性工作者，如独立的电视节目制作人、编创人员、非商业媒介工人，甚至是那些具备社会责任感的商业媒介从业者，以及计算机网络的开创者。这些人所提供的信息，与商业媒介所传播的内容迥然不同，它们更贴近社会团体和社区的真实需求，关注的是人类社会普遍的福祉与进步。然而，席勒并非盲目乐观。他深知，尽管这些非商业性的信息传播力量在某些方面显示出发展潜力，但它们仍面临着重重阻碍，尤其是在美国这样一个以商业为主导的文化环境中，公众依然深陷在公司信息的"茧"中，无法突破现有传媒体系的枷锁。尽管非商业媒介的努力令人欣赏，但其力量仍然微弱，无法有效打破商业传媒的垄断。这一矛盾的根源，不仅仅在于制度本身的结构性问题，还在于大众文化的消费模式早已被商业力量深刻嵌入。席勒呼吁全社会觉醒，抵制由商业媒介主导的意识形态霸权。他强调，民众必须推动一种新的政治运动，这个运动必须以社会为中心，捍卫反对私人信息垄断的思想与理念。这不仅仅是对商业垄断的挑战，更是一场捍卫公共利益、提升社会责任感的文化斗争。席勒的呼声，正是在号召每一个公民，尤其是那些知识工人，打破沉默，站出来为更加公平、平等的信息传播体系而奋斗。

席勒的思想像一盏明灯，照亮了信息传播的黑暗角落。他既不是简单的批判者，也不是乌托邦式的理想主义者。他通过深刻的阶级分析与历史洞察，揭示了不平等与不自由背后的深层次原因，并为全球信息传播的未来指引了前进的方向。这不仅仅是对媒介结构的反思，更是对未来文化传播秩序的全新构想，呼唤着我们每一个人去参与，去抗争，去建设一个更加公平、公正的信息传播世界。

---

① 〔美〕赫伯特·席勒：《思想管理者》，王怡红译，远流出版公司 1996 年版，第 230—231 页。

小结

在全球一体化的进程中，赫伯特·席勒的媒介帝国主义批判理论犹如一面镜子，深刻映照出现代信息传播体系中潜藏的权力结构与结构性不平等。通过对席勒思想的回顾与分析，我们得以窥探媒介如何在资本的推动下，悄无声息地塑造了全球文化的格局。从他对商业媒体霸权的严厉批判，到对跨国传媒集团对文化领域掌控的深刻洞察，席勒为我们展示了媒介不仅是信息传递的工具，更是文化、意识形态与政治经济力量的交织体。在席勒的理论框架下，媒介帝国主义并非单纯的经济现象，而是通过文化产业、思想控制以及全球信息流通的结构性不平等，形成了一种根深蒂固的全球文化霸权。席勒不仅在批判中揭示了全球信息传播体系的失衡，还以独到的视角对未来的文化传播秩序进行了展望。他深刻地揭示了媒介帝国主义的核心特征：文化产业的全球化、信息流通的不平等，以及意识形态在大众传媒中的渗透。通过对跨国公司对全球市场的渗透与文化霸权的构建进行剖析，席勒让我们看到商业化的传播模式是如何塑造社会认知与大众心理的。他的批判不仅是对当时媒介现状的质疑，更是对未来传播秩序的深刻反思。席勒清楚地意识到，文化全球化并非一场平等的信息流动革命，而是资本主义体制的延续与强化，是全球性的不平等与不自由的加剧。

席勒的理论并非仅仅停留在批判的层面。正如他所表达的那样，面对全球文化霸权的压迫，社会并非无力回天。席勒提出的非支配性文化传播模式，试图从根本上重构信息传播的全球秩序，摒弃现有的商业化模式，推动更加平等、民主的信息流通机制。他呼吁通过公共资金的支持与多元化的文化表达，推动民众反抗跨国传媒的意识形态操控，倡导更加包容的传播形式。这种非支配性的传播理想不仅是对现状的反叛，更是一种前瞻性的探索，试图为未来的全球文化交流提供一种新的可能性。不过，席勒并不忽视现实的艰难与挑战。尽管他为非支配性传播模式的出现提供了理论支持，但在资本主导的全球媒介体系下，非商业性信息传播的影响力仍然有限。在美国这个商业化传媒主导的文化环境中，公众被牢牢捆绑在商业传播的桎梏中，民众的选择受限，文化的多样性与表达空间受到压缩。正如他所言，媒介并非中立，所谓的中立性往往掩盖了背后的权力操控。为了实现更加公正与平等的文化传播，民众必须意识到这种机制的危害，并积极争取更为公平的信息传播环境。

席勒的媒介帝国主义批判，不仅是对全球传播格局的反思，也为我们构建更加公正、多元的文化传播秩序提供了理论蓝图。在如今信息化、数字化、全球化迅速发展的背景下，席勒的批判依然具有深远的现实意义。他让我们认识到，文化的自由与信息的平等，不应被经济利益所左右，而应成为社会共同体的基石。我们需要更加警觉地应对跨国传媒集团的操控，勇敢地推动以民众为中心的文化传播模式，捍卫信息流通的公平与多样性。正如席勒所展现的那样，只有通过不断的反思与实践，才能在不平等的传播格局中找寻到一线生机，迈向一个更加平等、民主的信息社会。席勒的媒介帝国主义批判为我们理解当今世界的传播格局提供了理论基础，同时也为我们的文化与信息传播实践指引了方向。通过对席勒思想的深度解读，我们不仅能更清晰地认识到全球文化霸权的结构性问题，还能从中汲取力量，勇敢地迈向一个更加公平与多元的文化传播新时代。

第四章 诺姆·乔姆斯基：媒体控制论
与宣传模式说

在现代信息时代，媒体的作用已远超简单的信息传递者，成为塑造公共舆论、推动社会变革的强大力量。然而这股力量并非总是无偏无私，反而常常被各种政治和经济势力所操控，成为意识形态的推手。诺姆·乔姆斯基，这位思想深邃的语言学家和社会评论家，凭借其对美国主流媒体的深入批判，提出了"媒体控制论"和"宣传模式说"，揭示了主流媒体在现代资本主义社会中如何巧妙地操控公众意识，并通过系统的手段巩固现有的社会结构与权力关系。

第一节 美国主流媒体操纵意识形态的揭露者

一、乔姆斯基其人其说

作为一位杰出的语言学家、哲学家、思想家和政论家，艾弗拉姆·诺姆·乔姆斯基（Avram Noam Chomsky）被誉为"语言学界的爱因斯坦"和"最伟大的持不同政见者"。他是麻省理工学院语言学和哲学领域的教授，并被广泛认为是现代语言学的奠基人之一。在语言学上，乔姆斯基提出了"转换生成语法"理论，开创了语言学的新纪元，这一理论彻底改变了学术界对语言结构的理解。

乔姆斯基生于 1928 年 12 月 7 日，出生在美国宾夕法尼亚州费城的一个具有多元文化背景的家庭。他的父亲是一位知名的希伯来语言学家，母亲则是来自俄罗斯的犹太人。乔姆斯基的家庭不仅多语种，且多民族，父亲为乌克兰人，母亲为纽约语言背景的俄罗斯人，而他们的第一语言均为意第绪语。这样一个多语言、多文化的成长环境，使得乔姆斯基从小便对语言学产生了浓厚的兴趣，并在父亲的熏陶下，掌握了语言学的一些基本理论。然而，乔姆斯基的成长环境远不止于语言学。乔姆斯基的家庭历史深刻地影响了他的人生观和世界观。乔姆斯基的父亲在乌克兰小镇生活时，目睹了纳粹对当地犹太人的残酷迫害，而乔姆斯基母亲的家乡也曾经历过纳粹主义的侵袭。为了逃避迫害，乔姆斯基的父母移居美国，这一经历给乔姆斯基的政治意识留下了深刻烙印。特别是，乔姆斯基的父亲曾目睹纳粹政权对犹太人进行的种族灭绝，这使得乔姆斯基自幼便对极权主义、压迫与不公深感敏感，并且养成了深厚的自由主义和无政府主义信念。这段童年经历深刻塑造了乔姆斯基的政治理念，并在他的一生中发挥了巨大影响。随着时间的推移，乔姆斯基对自由主义和无政府主义的信仰愈加坚定，成为他一生政治立场的核心。乔姆斯基的政治观念不仅在他个人的学术和理论探索中得到了体现，也深刻影响了他对语言学、哲学乃至新闻传播学的相关思考。他的反权威、批判主流的思想，使他在学术界和公共事务中始终站在持不同政见者的立场上。从早年的家庭背景到日后的学术与政治理念，乔姆斯基的成长历程无疑是多元文化与历史创伤交织的结果，这一切形成了他日后在语言学、哲学和社会政治批判领域无与伦比的深刻洞察力和反思精神。

从 1945 年起，乔姆斯基在宾夕法尼亚大学师从哲学家 C. 维斯特·切奇曼（C. West Churchman）、尼尔逊·古德曼（Nelson Goodman）和语言学家泽里格·哈里斯（Zellig Harris）学习哲学和语言学。尤其是泽里格·哈里斯的政治观点对乔姆斯基日后政治立场的形成起到了至关重要的作用。1949 年，乔姆斯基与语言学家卡罗尔·莎兹（Carol Schatz）结婚，婚后育有两个女儿——阿维瓦（Aviva，1957 年）、戴安（Diane，1960 年）和一个儿子哈里（Harry，1967 年）。1951 年，乔姆斯基在宾夕法尼亚大学完成了硕士论文《现代希伯莱语语素音位学》，并于 1955 年顺利完成博士论文《转换分析》，获得博士学位。自 1955 年秋季起，他便在麻省理工学院任教，并且在 1961 年被授予语言学与哲学系正教授职务，1966 年至 1976 年间，他担任现代语言和语言学教席。乔姆斯基的学术生涯不断向前推进，在世界各地发表演讲，先后在加利福尼亚大学、牛津大学和伦敦大学等学术机构讲座，广受赞誉。乔姆斯基的学术道路并非一帆风顺，早期他受结构主义方法的影响，研究过希伯莱语，但他很快意识到这种方法的局限性，转而探索新的语言研究途径，最终创立了"转换—生成语法"理论。这一理论的提出，标志着语言学的重大转折，被学界称为"乔姆斯基革命"。他的代表作《句法结构》出版于1957年，成功挑战了传统的结构主义语言学，并迅速在学术界产生深远的影响。此后，乔姆斯基继续对该理论进行深入探讨，发表了《句法理论要略》《深层结构、表层结构和语义解释》《支配与约束论集》等一系列作品，进一步奠定了其在语言学领域的领导地位。

"乔姆斯基的理论著作不仅在语言学领域引发了广泛的关注和赞誉，还促使他获得了世界各大高校的名誉博士学位，如芝加哥大学、芝加哥洛约拉大学和伦敦大学等。"[1] 此外，乔姆斯基还在麻省理工学院培养了大量优秀的学术人才，他的教学影响力不仅局限于语言学，还涉及哲学、认知科学等多个学科领域。

在政治评论方面，乔姆斯基的角色甚至超越了他作为语言学家的辉煌，他被誉为美国的"牛虻"。乔姆斯基不仅在学术界有所建树，同时也积极参与政治活动。受到童年时期家族背景和求学时老师的深远影响，乔姆斯基的政治思想具有深刻的左翼色彩。20 世纪 60 年代，他积极反对越南战争，迅速成为美国左翼运动的领军人物之一。乔姆斯基始终坚守知识分子的良

---

[1] 〔英〕约翰·莱昂斯：《乔姆斯基评传》，陆锦林、李谷城译，华东师范大学出版社 1980 版，乔姆斯基简介第 1 页。

知，毫不妥协地批判西方新自由主义及其伪善的民主制度，尤其是批判西方大国，特别是美国的霸权主义行为。乔姆斯基对时事的敏锐洞察和对美国政治深刻的批判使他在西方知识界获得了广泛关注。他的政治评论涉及诸多热点问题，每当国际政治格局发生重大变化时，西方媒体便会迅速聚焦于他的观点。例如，2001年"9·11"事件后，乔姆斯基接受了几乎所有世界知名媒体的专访，严厉批评美国政府的外交政策。乔姆斯基的精辟见解与直言不讳的批评，使他成为西方政治界和知识界的重要声音，并赢得了众多支持者和读者。乔姆斯基的政治评论作品包括《霸权还是生存》《反思肯尼迪王朝》《海盗与君主》《宣传与公共意识》《失败的国家》《恐怖主义文化》等，这些著作深刻探讨了自越南战争、海湾战争到"9·11"事件以来的美国对外政策，尤其对那些自诩为"价值中立"的美国媒体和舆论界进行了有力的批判。乔姆斯基关于媒体的研究亦同样具有影响力，其代表作包括《媒体控制》《必要的幻觉》和《制造共识：大众媒体的政治经济》，这些著作揭示了西方媒体在政治经济体系中的作用，尤其是如何通过媒体塑造公众意识、传播意识形态并维护现有的政治秩序。

乔姆斯基一生致力于解决人的本质问题（The Problem of Human Nature）。他认为，要解决人的本质问题必须回答两个相关的问题：一个是柏拉图问题（Plato's Problem），一个是奥威尔问题（Orwell's Problem）。所谓柏拉图问题，借用罗素的话来讲就是："尽管人类在其短暂的一生中与世界的接触是如此有限，为何他们的知识却如此丰富呢？"[1]而奥威尔的问题则是："为什么人对事实似乎知之甚少，尽管现实中的证据是如此丰富？"[2]这两个问题构成了乔姆斯基一生100多部著述试图解开的谜团：人有充分认知外部世界、实现自由的能力，但在认知的过程中，

---

[1]　Noam Chomsky：*Knowledge of Language: Its Nature, Origin, and Use*，外语教学与研究出版社2002年版，前言第37页。

[2]　Noam Chomsky：*Knowledge of Language: Its Nature, Origin, and Use*，外语教学与研究出版社2002年版，前言第39页。

人又无处不受到控制。关于柏拉图问题，乔姆斯基希望通过语言研究来揭示人的认知方式，进而揭示人类心智的本质。至于奥威尔问题，"他试图通过大量的事实剖析来揭示人性如何受到压制和扭曲，统治阶级如何掩盖事实，歪曲、操纵和控制信息从而控制民众思想以便维护其统治"[①]。媒体研究是乔姆斯基对奥威尔问题探究的一个重要步骤。他认为，奥威尔问题的核心在于"社会建制和政治力量能束缚人们的认知能力，意识形态更能封锁人们的视野"[②]。这就是乔姆斯基媒体研究的逻辑起点和终极目标。在研究奥威尔问题的过程中，乔姆斯基通过广泛地运用搜集到的资料（主要是解密的档案材料和相关媒体报道）对美国政治进行了强烈的抨击，对美国媒体和舆论界进行了强有力的批判。乔姆斯基对美国政府和美国媒体的抨击引起广泛的注意，美国负责美洲国家间事务的助理国务卿埃利奥特·艾布拉姆斯曾向英国一家期刊社写信表示抗议："在贵刊的最新一期杂志上，也就是1986 年 7/8 月号，有一篇真正让人震惊的文章，从第二页开始，篇幅很长。这篇文章是诺姆·乔姆斯基对美国、美国政府以及美国新闻界的攻击……它使用了整整三页篇幅持续攻击世界上最自由的新闻界。"[③]

　　乔姆斯基早年曾就读于一所实验学校，该校推行杜威主义教育理念，倡导进步教育方法。他后来指出，这种教育背景对他形成独立思考的习惯及其观察社会与政治问题的方式具有深远影响。不过，对其思想和研究道路产生重要作用的，还有更早的社会经验。他成长于经济大萧条时期的美国，那是一个底层生活极为艰难的年代。他的家庭成员中，有多人在生活压力下投身工人运动，参与共产党或其他左翼组织。这一背景对他的社会认知和价值观塑造具有决定性作用。童年时期，他经常出入纽约第 72 街

① 单波、李加莉：《奥威尔问题统摄下的媒介控制及其核心问题》，载戴元光主编：《泛溪传播学论坛》，上海交通大学出版社 2008 年版，第 4 页。

② 单波、李加莉：《奥威尔问题统摄下的媒介控制及其核心问题》，载戴元光主编：《泛溪传播学论坛》，上海交通大学出版社 2008 年版，第 17 页。

③ 〔美〕诺姆·乔姆斯基：《海盗与君主》，上海译文出版社 2006 版，第 121-122 页。

的地铁站，其叔叔在此经营一家报摊。他在那里接触到大量普通劳动者，从中获得了对底层社会的直接观察。这些经历使他始终保持对普通人群的深厚情感，也促使他在公共表达中坚持使用简明、直接的语言，以减少与受众之间的隔阂。乔姆斯基在青少年时期即开始参与左翼政治运动。到20世纪60年代，他活跃于反对越战的校园运动之中，并逐渐确立了其"异见者"的立场。从此，他被视为美国政府的长期批判者，尤其在外交政策与媒体话语的层面上提出了系统性反思。尽管其后生活环境改善，乔姆斯基依然对主流精英文化持批评态度。上述成长经历与认知立场，成为他后期研究语言与意识形态关系的重要背景，也为他在奥威尔问题上的持续探索提供了思想基础。乔姆斯基作为知名社会批判家，一直对美国政府持鲜明的批判立场，提出两点理由：首先，他相信如果他的著作是针对自己国家的政府，会产生更大的影响；其次，乔姆斯基认为，美国作为世界上现存唯一的超级大国，与以前的所有超级大国一样，依然霸道。

乔姆斯基的研究工作主要集中在政治批评、语言学与哲学、新闻传媒等领域，出版了百余部作品，其中政治批评领域的作品最多，约60部，中文译本大约10部。他的语言学与哲学作品约40部，已有12部中译本。相比之下，乔姆斯基在新闻传媒领域的著作最少，仅有三部：《媒体操控》（2003）、《宣传与公共意识》（2006）和《制造共识——大众传媒的政治经济学》（2011），但这三部作品均有再版，影响力较大，且都已出版中文译作。乔姆斯基的媒介思想深受其政治和哲学思想影响，尤其是他对美国政治体制、对外军事行动的批判以及对民主理想的维护。在政治批评中，他揭露了美国民主、自由、人权的虚伪，尤其批判美国在古巴、越南、伊拉克、科索沃、阿富汗等地的霸权主义政策。在这一批判中，他发现了美国大众媒体在政治与文化控制中的作用，并在《媒体操控》和《制造共识——大众传媒的政治经济学》中深入探讨了这一点。此外，乔姆斯基的哲学思想对其媒介观念也有重要影响，他的民主观念受到笛卡尔唯理主义哲学的影响，认为每个人天生具备理性和智慧，应该积极参与民主。他提倡公众参与的民主，反对李普曼等人主张的"精英统治"。这一思想影响了他对美国媒体的批判，他认为美国的媒体并非独立于政府，而是充当了维护统治阶级利益、巩固霸权主义的工具。乔姆斯基的媒介研究既包括对媒体内容的批判，也涵盖了对媒体结构和控制的分析。他通过对新闻报道的内容分析，揭示了媒体如何通过框架设置、选择性报道等手段影响公众认知，而他著名的"宣传模式说"理论则进一步探讨了媒体所有权和控制权如何影响信息的传播，最终维持现有的社会不平等与权力结构。

二、乔姆斯基媒介批判思想的研究价值

乔姆斯基作为美国顶尖的语言学家、政治评论家和媒介批评思想家，自越南战争爆发以来，便对美国的政治体制、媒体机制以及西方的民主制度提出了持续且尖锐的批评。凭借其深刻而犀利的政治与媒体批评，乔姆斯基获得了全球范围内的高度认可，被视为"过去一个世纪最具影响力的政治评论作家"。同时，乔姆斯基的观点也受到了广播电视观众的热烈欢迎。20 世纪 80 年代，美国公共广播公司记者比尔·莫耶斯（Bill Moyers）采访乔姆斯基，探讨他对媒体操控的看法后，节目收到了超过 1000 封观众来信，创下了该节目历史上最高的观众互动纪录。乔姆斯基及其媒体批评观点的纪录片《制造共识：诺姆·乔姆斯基论媒体》也获得了极大关注，成为"最成功的加拿大人物纪录片"，赢得了 22 个奖项，并在超过 300 个城市进行放映，最终在全球 32 个国家的电视台播出，影响深远。

乔姆斯基秉持古典自由主义立场，坚定反对一切有损人类自由追求的行为，尤其对美国政府通过媒体操控舆论、制造共识的做法进行了严厉批判。正因如此，乔姆斯基及其媒介批评理论在美国逐渐被边缘化。然而，由于他捍卫人类自由权利的观点深深吸引了广泛的公众，其思想通过多种途径迅速传播，且其影响力"远远超出了现有传播网络的覆盖范围"。作为一位批判美国政治与媒介现象数十年的左翼知识分子，乔姆斯基在媒介

文化批评领域的地位和价值是显而易见的。因此，对乔姆斯基的媒介批评思想进行系统梳理、深入挖掘其理论内涵，不仅具有重要的理论意义，也对实践具有深远的价值。

研究乔姆斯基的媒介批评思想，首先有助于丰富媒介批评理论。一方面，乔姆斯基是一个重要且独特的媒介批评思想家。目前，国内外的媒介批评主要可分为宏观批评和微观批评两类，前者注重理论层面，后者注重实践层面。而乔姆斯基的媒介批评则兼具这两者，不仅揭示了媒介制度和宣传现象的本质，也对具体的媒介事件进行了经验性的分析。另一方面，乔姆斯基的媒介批评超越了传统媒介批评的"本体"范畴。随着媒介批评逐渐专业化，出现了新闻评议会、新闻监督员等常态化的批评机制，而乔姆斯基的批评并不仅仅局限于这些"本体"研究，而是将其纳入更广泛的宣传控制研究框架，视其为媒介制度的一个组成部分。这赋予乔姆斯基的媒介批评更高的理论价值。因此，系统总结乔姆斯基的媒介批评思想，能够为媒介文化批评理论的丰富与完善作出贡献。其次，有助于重新定位乔姆斯基在传播学界和文化学界以及西方马克思主义理论界的影响。乔姆斯基认为大众传媒具有巨大的影响力，正因为如此，政府和企业试图通过种种方式操控大众媒体，并利用媒体对民众实行意识形态灌输，以维护少数精英群体的利益。站在传播学史的角度，可以看到乔姆斯基的媒介批评思想正是建立在上述关于大众传媒影响力的学界共识之上的。在巴兰和戴维斯（Baran & Davis）看来，乔姆斯基的媒介批评思想可以划归到现代宣传理论中。实际上，基于传播学发展特点的归类未必能够全面反映乔姆斯基媒介批评思想的深层内涵。乔姆斯基的媒介批评思想，或许更能体现为在现代资本主义体系下，个体如何追求思想与行动自由的问题。在这个层面上，研究乔姆斯基的媒介批评思想具有重要的现实意义，主要体现在以下两个方面：首先，有助于更深入地理解美国媒介制度背后的意识形态操控本质。美国新闻业长期以来被标榜为监督权力、捍卫民主、维护公正的重要力量，然而，乔姆斯基认为，美国的媒体往往被政府和资本势力所控制，成了操控公众思想的工具。在美国国内，媒体被政权控制，精英阶层通过掌握媒体对反对声音进行边缘化；而在对外传播上，媒体则成为推动国家利益的"先锋"，比如美国媒体在国家利益的驱使下，系统性地对中国进行妖魔化。系统研究乔姆斯基的媒介批评思想，将帮助我们深入了解现代社会中媒体如何通过其"超级力量"发挥作用，进一步剖析美国社会中政治、资本与媒体之间的复杂权力互动。其次，有助于提升我国在国际意识形态斗争中的能力。随着国际关系格局的深刻变化，依托国际传播能力的意识形态斗争已经成为国际竞争的关键领域之一。乔姆斯基的媒介批评思想核心之一就是对美国霸权主义和对外侵略行为的批判。对这一思想的系统研究，不仅可以帮助我们揭示资本主义媒介制度的本质及其宣传逻辑，理性评估美国推动的各类政策，还能批判性地借鉴其中的理论观点，强化我国在反击美国"西化、分化"战略中的理论基础与实践能力。

第二节 控制思想：对媒体宣传本质的批判

乔姆斯基在其政治传播理论中，持续关注一个核心问题：信息的控制权掌握在谁手中。他的这一关注，与早期西方批判理论中关于媒介与意识形态关系的讨论有密切关联。乔姆斯基从"媒体在现代民主社会中的角色"出发，区分了两种民主理念：一种主张公众应有效参与社会治理，另一种则认为应避免公众直接干预政治事务。这两种民主观分别对应着开放性的信息传播模式和高度控制的信息机制。在后者模式下，媒体往往充当筛选与过滤信息的工具，有时甚至可能向公众传递误导性的内容，从而影响其判断力和参与能力。乔姆斯基指出，尽管美国制度看似倡导民主参与，实则偏向于通过制度化的信息管理来限制公众的实际参与。他在多个研究中引用历史案例，以说明宣传机制在塑造公众意识中的功能。例如，在第一次世界大战期间，美国政府建立了专门机构，负责向国内传达特定战时信息，成功地将原本反战的社会氛围转化为支持军事行动的共识。类似的宣传策略也被用于战后对劳工组织和左翼势力的打压。在这些历史情境中，媒体的功能不只是传递事实，更是在引导公众舆论、重塑社会意识结构。乔姆斯基认为，这种机制的核心在于"制造共识"①——即通过系统性的信息过滤和议程设置，将权力阶级的利益包装为"公共利益"。他进一步指出，随着普通民众获得选举权和政治参与的形式权利，仅靠武力已难以维持统治，因此对思想的控制变得尤为关键。在他看来，这种控制不仅隐蔽而有效，而且通过看似开放的言论空间实现实质上的压制。即便表面上允许广泛发声，背后的制度与结构却决定了哪些声音能够被广泛听到，哪些则被边缘化。

在乔姆斯基看来，美国媒体在思想控制或"制造共识"方面采取了多种手段，这些手段大致可以归纳为以下几种形式：选择性认知、隐瞒真实、转移注意力、舆论控制以及制造恐惧等。通过这些技巧，媒体能够有效地塑造公众的思想和行为，维护统治阶级的利益。

一、选择性认知

乔姆斯基所提到的"选择性认知"并非指民众的选择，而是指美国主流媒体的选择性报道。媒体倾向于选择那些有利于政府的部分事实进行报道，甚至对某些细节进行夸大或修饰，而忽略或轻描淡写那些对政府不利的信息。乔姆斯基以1986年获释的古巴受刑人亚达雷斯为例，说明了这一点。亚达雷斯回国后撰写了关于古巴监狱生活的回忆录，他对古巴监狱的严酷揭露成为美国主流媒体的报道焦点。这些媒体如《华盛顿邮报》和《纽约时报》不断评论亚达雷斯的回忆录，并将卡斯特罗描绘为"独裁的屠夫"和"杀人狂"，并利用这一点对古巴政府发动舆论攻击。然而，与此形成

---

① 〔美〕诺姆·乔姆斯基，爱德华·S.赫尔曼：《制造共识：大众传媒的政治经济学》，邵晓松译，北京大学出版社2011年版，第32页。

鲜明对比的是，里根政府支持的危地马拉、萨尔瓦多等地区的恐怖统治却鲜有媒体关注。事实上，那些地区的民众所遭受的苦难与亚达雷斯的经历相差无几，甚至更为严重。但当这些地区几百名受刑人提出的指控被媒体提起时，主流媒体选择了忽视，不予报道。即便是美国自身涉及的恐怖主义活动，媒体也仅在不起眼的版面上作温和描述，甚至选择完全不提。这种"选择性"报道使得受众接触到的信息来源变得单一且偏颇，导致其对政策的理解变得片面和机械化，最终在公众中形成对政府政策的支持"共识"。乔姆斯基总结道："发现宣传话语中被省略掉的东西永远都能给人以启迪。"① 乔姆斯基指出，媒体对政府的顺从是让事实"消失"的前提，许多重要的事实被故意忽视或省略，以维护官方立场和国家利益。在《媒体操控》中，他提到美国媒体在履行政府宣传任务时，往往"选择性地忽视"事实。例如，1981 年《纽约时报》刊登了勃列日涅夫在苏共大会上的讲话，但"关键部分被省略了"。同年，勃列日涅夫的声明得到了巴解组织的支持，但这一事实没有在《时代》周刊上报道。乔姆斯基评论道："官方教条所持的立场是，苏联一贯只关心如何制造麻烦，阻碍和平，因而支持阿拉伯的拒绝主义和极端主义。媒体非常尽职地履行了分配给它们的任务。"② 这一现象充分体现了美国媒体为配合政府的宣传需要，往往选择忽略对其不利的事实，或故意省略与官方立场不符的信息。乔姆斯基进一步指出，美国媒体通过"选择性认知"履行了其思想控制的责任。最具代表性的事件之一就是"杰宁新闻"事件。2002 年，英国记者在杰宁难民营的废墟中发现了一辆被压成铁板的轮椅，描述了巴勒斯坦人卡迈勒·左哈伊尔在轮椅上被以军打死的惨状。尽管这一事件十分残忍，且与以色列军队有关，但美国媒体对此保持沉默。反而，《哥伦比亚新闻学评论》对英

① 〔美〕诺姆·乔姆斯基、戴维·巴萨米安：《宣传与公共意识》，信强译，译文出版社 2006 年版，第 3 页。

② 〔美〕诺姆·乔姆斯基：《海盗与君主：现实世界中的国际恐怖主义》，叶青译，译文出版社 2006 年版，第 6-7 页。

国媒体的报道进行了抨击，指责他们"直接把罪责扣在了以色列人头上"，并且宣称美国媒体才是真正"崇尚独立精神"的记者。该期刊为美国媒体的报道吹捧，声称"杰宁并没有发生蓄意谋杀数百人的冷血事件"①。乔姆斯基对此评论道："美国媒体根本不值得《哥伦比亚新闻学评论》如此卖力地喝彩，'崇尚独立精神'的桂冠戴在他们头上简直就是一种侮辱。细心的读者总会了解到发生在杰宁的罪行，不过，至于以色列和欧洲媒体所报道的骇人细节，美国读者不会了解得那么多。"②

这些案例充分展示了美国媒体如何通过"选择性认知"或"故意忽视"来制造"共识"，使民众对政府的政策保持支持，掩盖对立和不利的事实，最终实现了思想控制的目标。这种操作不仅局限于新闻报道的"遗漏"或"省略"，更深入到对公众认知框架的构建，推动了符合政府利益的意识形态的传播。

二、隐瞒真实

乔姆斯基在分析美国媒体的宣传策略时，特别强调了媒体如何通过隐瞒、歪曲或选择性报道来塑造公众对战争和冲突的认知。以越南战争为例，媒体在报道美国对越南的军事行动时，采用了大量的宣传技巧，尤其是通过塑造美国作为"受害者"的形象，来掩盖其侵略行为的真实面貌。在越南战争初期，美国媒体将美国描绘为被越南威胁和侵略的受害者。这种叙事框架通过将越南描绘成敌人和威胁，巧妙地为美国的军事行动赋予了正当性，进而减少民众对战争的反感和反对。随着越战的推进，越来越多的事实逐渐浮出水面。为了维持原有的叙事并让自己的行为看起来正义，美国媒体不得不不断歪曲事实。例如，当美国对南越进行轰炸时，媒体宣称这是"保护南越不被别人欺负"，而对于战争的实际影响，如战争的毁灭

---

① 〔美〕诺姆·乔姆斯基：《霸权还是生存》，张鲲译，译文出版社2006年版，第256页。
② 〔美〕诺姆·乔姆斯基：《霸权还是生存》，张鲲译，译文出版社2006年版，第257页。

程度、越南平民的伤亡等，媒体则选择性地忽略或虚假报道。这些手段在越战初期产生了显著的效果，使得公众对战争的真相了解不多，甚至在战争结束后，许多事实依然没有得到应有的关注。乔姆斯基还提到了一项麻省大学的民意调查，调查结果显示，大多数美国人认为越南战争中越南人的伤亡人数在是十万左右，但真实的伤亡人数却高达三四百万。这个巨大差异的根源在于美国媒体的宣传，它通过掩盖或歪曲真相，深刻地改变了公众对战争的认知和态度。这种信息控制策略，使得美国民众很难全面了解战争的真实情况，从而对战争持支持态度，直到很多年后才开始逐步揭露出战争的真正伤害。

乔姆斯基认为，媒体和政府的合谋是制造宣传和隐瞒真相的核心机制之一。尤其当政府面临公众支持缺乏时，制造"共识"变得至关重要。在这种背景下，"政府常常能够编造罪名，强行将其加诸其他国家或群体身上，并确保这些'无中生有'的消息登上头版头条"[1]。这不仅是对真相的掩盖，也是一种通过信息控制来引导公众意见的手段。乔姆斯基通过科索沃战争的案例详细分析了美国媒体如何与政府合谋，支持政府的战争行动。在科索沃事件中，媒体普遍按照政府的说法报道战争的原因和背景，宣称美国的空袭是"为了保护该地区人民的利益"，并通过种族清洗等罪行的描述来为美国的军事干预提供合法性。然而，乔姆斯基指出："这些报道中的时间顺序和因果关系存在严重错误。"[2] 此外，乔姆斯基还强调，美国媒体通过"设计一种合适的官方宣传用语"来颠倒黑白，歪曲事实。例如，他指出在利比亚被称为"恐怖主义国家"时，媒体并未提供任何确凿证据，却通过重复这一标签使其成为"既成事实"。这种"真相"式的宣传手段通过持续的报道，最终将错误的叙事转变为公众认知中的事实，进一步强

---

[1] 〔美〕诺姆·乔姆斯基：《恐怖主义文化》，张鲲、郎丽璇译，译文出版社2006年版，第14—15页。

[2] 〔美〕诺姆·乔姆斯基：《霸权还是生存》，张鲲译，译文出版社2006年版，第70—71页。

化了政府的立场。

通过这些例证，乔姆斯基揭示了美国媒体如何成为国家利益和公司权力的工具，如何通过隐瞒和操控信息来影响公众的政治认知，最终达到支持政府政策、限制公众讨论和维护现有政治秩序的目的。这种信息控制的策略不仅仅是在战争时期，实际上它是维持政府权力和资本利益的一种常规手段。

三、转移注意力

乔姆斯基对美国媒体和政府之间的关系进行了深刻剖析，特别是它们如何通过控制信息和"制造共识"来塑造公众意见。然而，他也认识到，尽管存在如此强大的控制机制，公众并非完全屈从于媒体的宣传。20世纪60年代以后，尤其是在越南战争的背景下，社会上出现了显著的"异议文化"。这些异议不仅来源于对战争的不满，还体现在"环保运动""女性主义运动""反核运动"等社会运动的兴起。乔姆斯基认为，这些运动对社会方方面面产生了深远影响，尤其是它们关注人民的困境和苦难，对主流文化产生了冲击，从而在一定程度上抵制了统治阶层的思想控制，并在社会中培养了批判性思维的氛围。在乔姆斯基看来，越南战争及其引发的反战情绪使得美国的统治阶层感受到了前所未有的压力，随之而来的是美国国内的各种社会问题，如贫困、失业、教育问题、犯罪率上升等逐渐暴露，迫使政府和资本势力不得不重新审视如何保持对公众的控制。

为了应对这一"失控"局面，乔姆斯基认为，资本所有者和政府采用了一种新的策略，即"转移公众的注意力"。这一策略的核心是通过制造外部"敌人"来将公众的焦虑从国内问题转移到国外。在冷战期间，苏联和"俄国人"曾是美国媒体集中描绘的主要敌人。但随着苏联解体，"俄国人"这一形象逐渐失去了吸引力，政府开始寻找新的"敌人"，例如"国际恐怖主义"。这些敌人并非固定不变，而是随着美国的外交政策和全球霸权主义的需要而不断变化和调整。乔姆斯基将这种现象描述为"塑造出一个空想的怪物，然后发动战役去粉碎它"[1]。换言之，敌人往往是基于美国的全球战略需求被精心设计和构造的。这种"敌人"往往是通过媒体的持续渲染成为公众焦虑的焦点。例如，美国将"俄国人"和"疯狂的阿拉伯人"描绘成迫在眉睫的威胁，而这种描绘往往掩盖了美国国内日益严重的经济和社会问题。

这一策略的实质是通过转移公众注意力和制造外部威胁，来维护内部的社会秩序和政治稳定。在美国的霸权主义道路上，每一位反对者、每一个潜在的威胁都会被描绘成"敌人"，这一点不仅反映了媒体和政府合谋的本质，也体现了资本主义国家通过宣传手段维持其权力结构的能力和策略。

四、舆论控制

乔姆斯基在分析美国媒体的控制机制时强调，媒体不仅仅通过隐瞒真相和制造外部威胁来控制公众舆论，实际上，当民众面对重大社会和政治问题时，媒体承担着更加复杂的舆论引导任务。在某些情况下，单纯地将民众边缘化，阻止他们参与政治讨论是不够的。大多数时候，公众并不会轻易地被转移注意力，因此媒体需要采取更加系统化的控制手段，操控公众的政治态度和社会观点。乔姆斯基以 1954 年美国入侵危地马拉为例，揭示了媒体如何通过大规模的反复宣传来洗脑民众。在这场事件中，美国联合水果公司利用媒体力量，尽管大部分民众反对该公司利益的扩张，媒体却通过持续宣传将民众反对的声音转变为支持的舆论。这种手段的核心是通过控制信息的呈现方式，使得民众在面对重大社会问题时，无法有效地形成自己的独立见解。这一过程中，媒体不仅仅是信息的传递者，更是"舆论控制"的执行者。乔姆斯基还指出，这一过程符合"沉默的螺旋"

---

① 〔美〕诺姆·乔姆斯基：《海盗与君主：现实世界中的国际恐怖主义》，叶青译，上海译文出版社 2006 年版，第 93-94 页。

理论，即当反对意见被淹没在大量的主流意见中时，持反对意见的民众会感到自己的观点不被社会接纳，进而选择保持沉默。这种舆论控制机制通过反复的宣传和无形的社会压力，使得民众形成一种"服从"的态度，逐渐对社会和政治问题变得冷漠和消极。乔姆斯基认为，这也是美国媒体所谓的"民主危机"①，即民众并未真正参与到政治决策和社会讨论中，而是被边缘化，无法对社会问题产生有效的反响。

越南战争时期，民众对战争的支持逐渐转变为反对，但媒体却将这种情绪标记为"越战症候群"，将公众的反战情绪定义为一种"病态的禁止使用军事力量"的态度。乔姆斯基指出，媒体的这种反应不仅仅是在应对民众的情绪变化，更是在通过定义和标签化将公众的反对声音"路径化"，使之不能进入正当的政治讨论中，从而进一步推动了公众对现实问题的忽视和"自我审查"。此外，乔姆斯基还通过 20 世纪 30 年代美国劳工运动的例子，展示了企业界如何通过操控舆论和媒体，塑造特定的社会认知，最终使得大众对社会不公和政治不平等保持沉默。1937 年约翰镇的钢铁业大罢工促使企业界采取了新的策略：他们通过媒体宣传，将工人运动描绘成"有害的破坏分子"，而那些提出正当诉求的工人被贴上了"破坏和谐"的标签。乔姆斯基进一步指出，这种宣传手段常常通过模糊的抽象概念进行，这些概念既没有明确的含义，也没有实质的内容，公众对其既不易产生深刻思考，也无法真正参与到讨论中去。这种方式本质上是一种"对大众的洗脑"，将复杂的社会问题转化为情感化的口号，从而转移公众对真正问题的关注。同时，媒体还借助消费主义宣传，进一步侵蚀民众的政治意识。通过不断播出的广告和极其空泛的口号，媒体不断强化"拥有更多商品"和"过上富裕生活"是人生唯一的目标，将大众的关注从社会问题和政治斗争上转移开来。

① 〔美〕诺姆·乔姆斯基：《海盗与君主：现实世界中的国际恐怖主义》，叶青译，译文出版社 2006 年版，第 93-94 页。

总之，乔姆斯基通过分析这些历史和现实案例，揭示了美国媒体在政治和社会控制中的核心作用。媒体不仅仅是信息的传递工具，更是舆论和思想控制的关键环节，它通过操控宣传和信息的呈现方式，逐步塑造出一种符合统治阶级利益的社会认知体系。在这个体系下，公众往往被迫保持沉默，无法有效参与到政治生活和社会讨论中，从而保障了统治阶级的持续权力和社会秩序的稳定。

五、制造恐惧

乔姆斯基指出，长期以来，美国媒体倾向于制造"威胁论"，通过引发民众的恐慌来帮助维持政府的权威。这种策略通常被用于赢得大众对外交政策的支持。美国政府的情报部门经常利用媒体来"制造共识"，通过操控信息的传播方向和内容，使民众相信其对外政策的正当性和必要性。

在伊拉克受到制裁时期，美国媒体充斥着关于伊拉克拥有大规模杀伤性武器的虚假报道。尽管美国政府未能找到这种武器，依然有三分之一的美国民众相信美军在伊拉克发现了大规模杀伤性武器，超过 20% 的民众甚至认为伊拉克人在战争中使用了这种武器。[①]乔姆斯基认为，这种现象表明，公众在经过长时间的高强度宣传后，已经成了"惊弓之鸟"。这种宣传通过制造恐慌情绪，使得民众的反应变得过度敏感，从而在一定程度上让他们对政府的行为失去独立判断能力，并顺从于主流媒体所塑造的世界观和叙事方式。乔姆斯基深入探讨了美国政府如何利用媒体制造恐惧和"威胁论"，通过对"敌人"的描绘来塑造公众的恐慌情绪，并借此巩固政府的权威及其政策的正当性。他指出，这种策略有时通过简单的标签化实现，政府和媒体将一些国家、组织或人物塑造为"恶棍"，这使得公众在心理

---

① 〔美〕诺姆·乔姆斯基：《霸权还是生存》，张鲲译，上海译文出版社 2006 年版，第 26 页。

上将这些"敌人"视为对自身安全的直接威胁，从而为政府采取军事行动或政治打压提供了道德上的支持。乔姆斯基认为，这种宣传手段极为成功，能够巧妙地将一些本来微不足道的国际事件或者局势，塑造成全球性、普遍性的安全威胁，使得公众的恐惧成为一种被操控的情绪反应。例如，在冷战期间，里根政府就巧妙地将卡扎菲、巴解组织以及桑地诺组织等标签化为"邪恶帝国"的一部分，宣称这些组织威胁美国及其盟国的安全。特别是利比亚，因其与美国的敌对关系以及国内外反美情绪成为这一宣传的重中之重。美国政府通过媒体不断强化利比亚与恐怖主义的联系，抹黑其国际形象，并借此为军事打击提供"合法性"。乔姆斯基在《恐怖主义文化》一书中提到，里根政府通过一系列的恐怖主义宣传，成功地将公众的视线从国内问题转移到"外部敌人"上，构建出一种"国家生存危机"的幻想，使得美国民众不仅认同对外干预的必要性，也无条件支持军事行动。乔姆斯基认为："这种制造'威胁'的策略是美国政治精英维持其权力和全球霸权的核心手段之一。"[1] 在这种背景下，美国政府的恐惧制造策略并非偶然，而是经过精心设计的。比如，里根在1981年曾声称，萨尔瓦多的"恐怖主义分子"有意"称霸整个中美洲，最终还想占领北美洲"。这种极端的言论通过媒体广泛传播后，公众对这些"敌人"的恐惧情绪被进一步激发，从而支持美国政府在中南美洲的军事介入。乔姆斯基批评道，这种宣传完全忽视了事实的真相，将政治冲突和军事行动包装成捍卫国家安全和保护自由的必要行动。事实上，这些敌人往往是被赋予了夸大其词的标签，以便符合美国政府的外交策略和军事目标。[2] 乔姆斯基还分析了如何通过反复的媒体宣传来巩固恐惧情绪。美国媒体不仅在报道中反复强调这些"敌人"构成的威胁，还将它们与冷战时期的"邪恶帝国"进行对比，成功地让公众感受到一种无形的、持续的危机感。乔姆斯基指出，1988年总统选

---

[1] 〔美〕诺姆·乔姆斯基：《恐怖主义文化》，张鲲、郎丽璇译，译文出版社2006年版，第206页。

[2] 〔美〕诺姆·乔姆斯基：《霸权还是生存》，张鲲译，译文出版社2006年版，第52页。

举期间，布什通过威利·霍顿越狱事件成功激发了种族恐慌，进一步加强对国内犯罪和移民问题的政治操控，这种通过制造恐慌进行政治操控的手法被他认为是极其有效的宣传战术。1989 年，布什政府更是大力推广"反毒品战争"，将哥伦比亚的毒贩描绘成美国社会的一大威胁，尽管有大量证据表明毒品问题并不像政府宣传的那样严重。通过这种方式，政府不仅将公众的注意力从国内问题上转移开，还为进一步加强国内控制和扩大对外军事干预提供了理由。乔姆斯基认为，这种策略本质上是"制造共识"，通过制造恐惧和"敌人"来确保政府政策的合法性和公众支持，尽管这些所谓的"敌人"往往只是政治精英为了自己的利益而构建的虚假形象。乔姆斯基进一步总结道，政治领导人和政府通过媒体的"恐惧制造"能够有效操控公众情绪，尤其是在面临国内社会不满或经济危机时。政府利用媒体的宣传力量，使得原本不显眼的国际问题和国内挑战成为"迫在眉睫的威胁"[①]，从而削弱了民众对内部问题的关注，将公众注意力引导到外部虚构的"敌人"上。这不仅帮助政府稳定了国内局势，还为其外部干预和军事行动提供了理论基础和舆论支持。

这些手段的结合形成了一个复杂的社会控制体系，通过操控信息流和公众情绪，精英阶层不仅在政治决策上维持高度的自由度和灵活性，还将民众的参与限制在表面的民主框架内，防止社会真正发生结构性变革。通过这些策略，权力阶层能够维持社会秩序，压制反对声音，同时将公众的不满和批判转化为对外部"敌人"的敌意和对内部社会问题的漠视。乔姆斯基的分析揭示了在现代资本主义社会中，媒体和信息不仅仅是传播工具，更是维护统治、操控大众思想的重要机制。这种控制的深层次机制使得大众的意识形态逐步同化于既有的权力结构中，最终导致民主的表象与实际权力的集中相背离。

---

① 〔美〕诺姆·乔姆斯基：《霸权还是生存》，张鲲译，译文出版社 2006 年版，第153 页。

第三节　宣传模型：对媒体宣传模式的批判

在深入探讨媒体控制问题时，乔姆斯基与赫尔曼通过对大量的美国国内外政策相关资料进行比较分析与文本分析，揭示了美国主流媒体的报道方式如何受到政治经济力量的深刻影响。他们认为，美国的大众媒体并非如其所宣称的那样"客观公正"，而是服务于统治阶级的利益，以维护统治阶级的政治和经济优势为基本准则。新闻信息在报道时往往会被框定在特定的框架内，反对和异见的声音则会被隔离或边缘化，从而形成一个高效的宣传体系。在与经济学家赫尔曼合著的《制造共识：大众传媒的政治经济学》一书中，乔姆斯基和赫尔曼提出，美国媒体遵循着一种特殊的宣传模式，这一模式通过五个关键的"过滤器"来筛选和扭曲信息。这些过滤器相互作用、互相加强，共同作用于媒体内容的生产和传播过程。根据这一理论，媒体的报道并非单纯的新闻传播，而是一种精心设计的宣传工具，有助于精英阶层制造统一的社会认知，并通过媒体影响普通民众的思想和行动。

一、五层过滤器：媒体的控制与筛选机制

乔姆斯基和赫尔曼的五层过滤器模型揭示了现代资本主义社会中，媒体如何在政治和经济利益的作用下过滤和塑造信息内容。这五个关键因素如下。

1.媒体的所有权和控制

乔姆斯基的"第一层过滤器"强调媒体大多数都由少数大型企业或跨国公司所控制。拥有这些媒体的企业通常也拥有其他相关的经济利益，因此媒体内容的生产和传播往往会根据企业的经济利益来进行调整。这个论断基于克兰（James Curran）和希顿（Jean Seaton）对英国媒体的研究，揭

示了媒体所有权集中化的过程及其对新闻报道的影响。克兰和希顿在研究英国 19 世纪中期的媒体环境时发现，尽管曾出现过一些具有激进立场的工人阶级报纸，这些报纸在政治、社会和经济上与统治阶级产生对抗，但最终都未能长期生存。虽然英国政府通过法律手段，包括通过诽谤法和增税等手段压制这些报纸，但最终市场力量发挥了关键作用，工人阶级报纸的灭绝并非完全是由国家直接压制造成，而是由于资本市场的运作。资本的力量最终决定了哪些媒体能够生存，哪些被迫退出。

乔姆斯基认为，早在一个世纪前，资本市场的运作就已经开始对媒体的生存模式产生深刻影响，媒体企业的规模和控制权迅速集中，导致媒体内容的生产逐渐偏向服务于大资本的利益。随着 19 世纪中后期媒介的"工业化"，媒体生产过程不仅仅局限于新闻报道的创作，更与资本的积累和投资密切相关。小型工人阶级报纸由于缺乏充足的初始资金支持，难以与资金雄厚的资产阶级报刊竞争，逐渐被资本市场排挤出局。随着媒介的工业化，即媒体成为大规模资本运作的对象，媒体行业逐渐形成了托拉斯（即大资本集中控制的企业集团）。通过资本的集中化，少数大型媒体企业垄断了整个行业的资源、生产能力和市场影响力，而中小型媒体企业则逐步被淘汰。这一现象在电视媒体的崛起中表现得尤为明显，随着电视的普及，美国媒体的控制权愈加集中。乔姆斯基指出，尽管 1986 年美国拥有 2500 多家媒体实体，但其中 29 家大型媒体集团就占据了大部分市场份额。这些巨头集团的资产通常非常庞大，平均资产达到了数十亿美元，进一步巩固了资本对媒体的控制。在乔姆斯基的分析中，美国媒体的巨头如美国广播公司（ABC）、哥伦比亚广播公司（CBS）、美国全国广播公司（NBC）等大电视网，以及《纽约时报》、《时代》周刊等主流报业、新闻和杂志发行机构，几乎垄断了美国的大部分媒介市场。这些媒体不仅垄断了新闻生产和传播的渠道，而且它们的内容生产和运营也完全由市场利益驱动，特别是广告商的需求。乔姆斯基强调，媒体不再是为公众提供信息的工具，而是为了广告商和大资本的利益服务。广告商才是媒体的真正"顾客"，而普通观众和读者则成为广告商的"商品"。为了最大化广告收益，这些媒体巨头往往迎合广告商的利益，在内容制作上进行妥协，使得新闻报道失去客观性和独立性，更多地服务于资本的需求。乔姆斯基还提出，媒体与政府之间形成了紧密的"共生"关系。在这一关系中，媒体企业为政府站台，提供支持和合法性，以换取政府的政策支持和利益。政府则通过媒体进行社会控制，塑造公众认知，尤其在战争、政治危机和社会不安定时，媒体成为政府宣传机器的重要组成部分。媒体巨头和政府、企业间的关系极其复杂，三者之间的利益交织使得媒体内容往往反映他们共同的利益，而不是普通大众的真实需求。在美国，银行、大公司和其他大资本集团与媒体企业之间有着紧密的合作关系。许多大型银行和投资公司不仅是媒体的股份持有者，甚至直接参与到媒体的日常运营中。这使得媒体企业的运营模式更加与资本和政治利益挂钩。在这种关系中，媒体成为"私有的信息文化部"，为大资本家和政府发声，维护他们的利益和权力。

媒体所有权的集中化，源于对媒体所需的大量投资的依赖。这种投资要求使得大多数人，尤其是工人阶级，彻底被排除在媒体竞争之外，导致原本代表工人阶级利益的报纸逐渐消失。艾利森·埃奇利（Allison Edgley）进一步指出，媒体进入市场后，集中化和集团化的趋势加剧，媒体必须依赖大资本投资才能生存，而这些资本的控制者，如银行家和大型投资者，迫使媒体机构更加注重盈利，而失去部分原本有限的自主性。因而后果必然是"媒体巨人……和公司社会里的主流势力关系日见密切"[①]。这种资本化的结构导致媒体机构与经济和政治阶层的关系日益紧密，媒体在进行新闻选择时，优先考虑的是资本和政治精英的利益，而非公众的需求。正如乔姆斯基所揭示，媒体和政府之间形成了紧密的"共生"关系。政府通过媒体进行社会控制，而媒体则通过为政府提供支持，获得政策支

---

① 艾利森·埃奇利：《诺姆·乔姆斯基的社会政治思想》（第6章），转引自曹荣湘：《乔姆斯基对西方媒体的批判性分析》，载《国外理论动态》，2001年第11期。

持和市场资源。媒体巨头，作为经济和政治精英的工具，不仅为政府站台，也为大资本集团服务，借此塑造舆论并维护现有的社会、经济结构。这种"共生"关系使得媒体不再只是简单的信息传递者，而成为精英阶层操控舆论、制造合法性的重要力量。这种现象使得媒体报道越来越倾向于反映大资本集团的利益，而忽视普通民众的声音，从而加剧了社会不平等和权力的集中化。

2.广告的经济依赖

乔姆斯基认为，媒介的运行受资本市场的控制，而资本市场通过广告对媒介产生过滤作用。正如克兰（Curran）和希顿（Seaton）所指出，"广告商实际获得了发执照的权力，因为没有他们的支持，报纸在经济上难以为继。"根据他们的研究，广告作为资本注入的一种方式，曾有效地削弱了工人阶级的报纸。大型报纸因其受众广泛，能够吸引广告商的投资，而广告成为这些报纸的重要收入来源。通过广告收入，报纸得以扩大生产、降低成本、降低售价，进一步吸引更多读者。相反，缺乏广告支持的报纸则面临资金短缺，从而失去市场竞争力。乔姆斯基进一步指出，广告商更倾向于投资那些能够吸引富裕受众的报刊，因为这些受众具备较强的购买力。他认为："简而言之，大众媒介十分乐意吸引具有购买力的受众群，而非受众群本身的数量；今天令广告商产生兴趣的与 19 世纪一样依然是富裕的受众群。"[①] 因此，广告商的选择决定了哪些媒体能够生存，而哪些则会因资金匮乏而逐渐被市场淘汰。一个典型的例子就是《先驱日报》（*Daily Herald*）的消亡，尽管在其倒闭时，它仍拥有 470 万读者，几乎是当时《泰晤士报》《金融时报》和《卫报》读者总和的两倍。根据克兰的研究，该报的消亡根本原因在于其读者群体对广告商缺乏吸引力。那些面

---

① 〔美〕爱德华·S. 赫尔曼、诺姆·乔姆斯基:《制造共识——大众传媒的政治经济学》，邵红松译，北京大学出版社 2011 版，第 13 页。

向富裕阶层并反映其利益的媒体，通常能获得更多的广告业务，而专注于下层民众利益的媒体则因未能吸引广告商而逐渐走向破产。[①] 这种现象表明，自广告进入报纸市场以来，工人阶级和激进报纸一直处于劣势。由于这些报纸的读者群体大多贫困，广告商对其兴趣较小，进而影响其在市场中的竞争力。乔姆斯基指出，广告与报纸之间的这种关系在历史上屡见不鲜，无论是第一次世界大战前的英国，第二次世界大战后的英国，还是当代的美国，情况都大致相同。大众媒体主要关注吸引具有购买力的受众，只有富裕的观众才能吸引广告商的兴趣，这使得媒体的"民主性"大打折扣，转而成为一种基于收入的选举制度。这一现象在电视媒体上尤为显著，广告商通过购买或资助节目来影响内容，而电视台则会根据广告商的需求调整节目内容，以满足广告商的期望，从而获得资金支持。乔姆斯基将这种关系比作西方封建时代文人受到庇护人的保护。在这种体系下，广告商为媒体提供资金，媒体则必须迎合广告商的利益。对于电视台而言，收视率的每一个百分点上升，依"观众质量"的不同，便能为其带来8亿至10亿美元的广告收入。而"受众质量"所强调的并非受众的数量，而是其购买力。因此，媒体所谓的"民主性"实际上已经被广告商的经济利益所主导，成为一种基于购买力的"选举制度"。此外，广告对媒介的控制还体现在广告商对媒介内容的要求上，广告商往往倾向于支持政治保守的内容，因为这些内容更有助于保障其产品的销售。例如，一些涉及社会问题的调查性新闻或批判性报道，常常会遭到广告商的反感。这类新闻内容，如环境污染的报道、军工企业的揭露，以及对跨国公司支持第三世界暴政的批评，通常被认为不利于广告产品的推销。为了保持广告商的支持，媒体便会尽量避免播出有争议、政治敏感的内容，逐渐形成一种趋向于迎合广告商利

---

① HERMAN S & CHOMSKY N. *Manufacturing Consent: The Political Economy of the Mass Media*, Pantheon Books, 1988, p14—18. 转引自单波、李加莉：《奥威尔问题统摄下的媒介控制及其核心问题》，载戴元光主编：《泮溪传播学论坛》，上海交通大学出版社2008年版。

益的内容选择模式。正如乔姆斯基和赫尔曼所指出："依赖广告支撑的媒体系统将会逐渐增加广告时间，而具有重大公众意义的节目内容将被边缘化或完全挤掉。"①这种倾向使得媒体内容越来越偏向广告商喜爱的方向，通常是娱乐性质较强的节目和商业化的电视剧等。这些节目既能够吸引观众，也能在潜移默化中推动商品的销售。然而，非商业化、具有公共服务性质的节目内容却逐渐被排挤出市场，逐步让位于更具娱乐性和商业化的内容。这一趋势导致媒体逐渐失去了其原有的多元化和批判性功能，反而成为迎合广告商和市场需求的工具。

3.媒体对新闻来源的依赖

大型媒体通常依赖于权威的新闻来源，例如政府官员、跨国公司和官方机构等，这些来源在新闻生产中起着主导作用。乔姆斯基指出，"大众媒体被经济需要与相互利益带进一种与权势信息源之间有机的关系"②。新闻信息的报道总是需要有"新闻源"，大众媒体进行每日的新闻报道时，不会总能恰当地守在要发生的重大新闻前，媒体也负担不起让记者与摄影师一出现新闻时就在场，一定的、稳定的、可靠的新闻来源是大众媒体的生存需求，利益成本决定了媒体只能将他们关注的焦点放在时常有新闻发生的、时常有丑闻和谣言爆出的、时常举办记者招待会的地方，因此也就决定了大众媒体与势力强大的信息源之间存在"共生关系"。对于美国的全国性媒体而言，这主要指的是五角大楼、国务院、白宫等等，而对地方性媒体来说，当地的市政厅和警察局则成了最能打动记者的地方。这些机构一方面可以产生大量稳定可靠的信息源，另一方面可以更好维护标榜"客

---

① 〔美〕爱德华·S. 赫尔曼、诺姆·乔姆斯基:《制造共识——大众传媒的政治经济学》，邵红松译，北京大学出版社 2011 年版，第 15 页。

② HERMAN S & CHOMSKY N. *Manufacturing Consent: The Political Economy of the Mass Media*，Pantheon Books, 1988, p18—25. 转引自单波、李加莉:《奥威尔问题统摄下的媒介控制及其核心问题》，载戴元光主编:《泮溪传播学论坛》，上海交通大学出版社 2008 年版。

观公正"的新闻媒体的形象，使新闻媒体"避免潜在的诽谤官司和报道片面的指控"①。

　　除了媒体对强大新闻源的依赖外，新闻源背后的政府或商业机构同样对媒体有着强烈的需求。这些信息提供者乐于向媒体提供有利于自己立场的内容，并通过各种手段巩固自身在媒体中的信息源地位。乔姆斯基指出，势力强大的官方机构甚至可能通过补贴的方式支持媒体，并且通过降低媒体获取和处理信息的成本来与媒体建立持续的特殊关系。然而，这种依赖关系会带来一些不良后果，例如，信息源背后的政府或商业集团可能会对媒体形成控制，迫使媒体发布带有不确定性的报道，甚至在某些情况下，媒体可能会为保护这些势力集团的利益而隐瞒或歪曲事实。与此同时，媒体的批评性内容也受到这些强大信息源的影响。媒体批评往往很少指向这些背后的权力集团，新闻报道通常局限于这些集团设定的框架和议程之内。看似是媒体受到了资助，实际上，权威机构通过资助和特殊关系获得了在媒体上的特权，它们的声音能够轻松突破媒体把关人的筛选。权威新闻源定期利用这一优势操控媒体，将媒体置于其控制的议事日程和框架内。出于对这些信息源的依赖，媒体往往选择含糊其词，或者保持沉默，以避免破坏与新闻源之间的关系。有时，官方新闻源的主导地位会被某些权威的"专家"所削弱，他们发表与官方立场相对立的观点。然而，这些问题可以通过"收买专家"来解决，例如将专家聘为顾问、资助其研究项目，甚至直接雇用他们组成所谓的智囊团，从而确保这些专家按照政府和市场的既定方向行事。甚至有时存在另一类"弃暗投明"的激进分子，他们完全转向官方立场，成为政府和市场的有力工具。这种机制确保了新闻源背后的集团始终能够在媒体中保持其主导地位，进一步加深了媒体的依赖性和其内容的受控性。

---

① 〔美〕爱德华·S.赫尔曼、诺姆·乔姆斯基：《制造共识：大众传媒的政治经济学》，邵红松译，北京大学出版社 2011 年版，第 16 页。

4.新闻批评旨在维系稳定

新闻批评是对新闻报道内容、言论等发布反面观点的行为，通常由全国性或地方性的组织完成，也可以由个人独立进行。新闻批评不仅仅是对具体事件或报道的质疑，还包括对新闻报道方式、政治立场、社会影响等方面的广泛批评。乔姆斯基列举了几家著名的批评机构，如美国法律基金会、首都法律基金会、媒体与公众事务中心、媒体准确报道、自由之家等。这些机构通过各种方式进行批评，包括书信、电报、电话、请愿、国会议案等形式，甚至通过投诉、威胁和惩罚等手段施加影响。新闻批评通常具有较强的见解和观点，因而能够产生较大影响力，媒体对此类批评的意见尤为重视。乔姆斯基认为，美国媒体中的广告赞助商对新闻批评内容尤为忌惮。政治倾向明显的批评往往会引发公众的抗议活动、抵制行动，从而影响到广告商的销售和受众的购买行为。因此，如果某个事实、观点或节目可能引发公众批评，其发表或播出就会受到阻碍。广告商和媒体管理者往往会避免与公众意见相冲突的内容，确保新闻内容符合广告商的利益，避免引起社会的不满或经济上的损失。[①] 随着时间的推移，企业界和政界开始意识到，新闻批评不仅仅是大众的反应，也可以成为他们传递意识形态的有效工具。20世纪70年代和80年代，政界开始加大对媒体的政治投资，许多公共机构如美国法律基金会、首都法律基金会、媒体与公众事务中心等在此期间成立，这些机构的建立都与政治和经济势力的需求紧密相关。同时，富豪和企业界也开始赞助成立媒体研究所、精确媒体、自由之家等批评机构，这些机构在一定程度上推动了资本和政界对新闻批评的操控。媒体研究所关注的多是媒体在经济和商务报道中的失误，而在国际政策报道方面则往往保持沉默。精确媒体则更为明确其立场，它代表了大财阀的

---

① 〔美〕爱德华·S.赫尔曼、诺姆·乔姆斯基：《制造共识：大众传媒的政治经济学》，邵红松译，北京大学出版社2011年版，第22页。

利益，其所谓的"媒体批评"更多是骚扰和施压那些与其立场相悖的媒体，以此保持右翼势力的主导地位。自由之家与这些机构类似，一直作为美国政府及国际右翼势力的"左膀右臂"，支持美国在国际事务中的立场，并积极美化美国的行为和政策。这些批评机构的活动表明，虽然美国的媒介批评广泛存在，但其批评的内容和范围是受到限制的，最终其批评的本质仍是为资本势力和政府宣传服务。

美国国内的新闻批评虽然表面上存在多元声音，但其背后往往是由资本和政治力量主导的。新闻批评的制造者和推动者通常"强化了政府和资本的权威，新闻批评因此成为新闻管理的重要手段之一"①。

5."反共理念"主导下的宣传

乔姆斯基深刻揭示了美国政府对共产主义的恐惧与憎恶，并将这种意识形态渗透到媒体的宣传模型中。共产主义作为资本主义世界的最大威胁，特别是在冷战时期，成为美国政治精英和传媒界的核心议题。反共思想不仅仅是政治领域的指导原则，也深入到美国社会的各个层面，构成了资本家和美国政府的共同意识形态。在这一背景下，反共宣传成为美国媒体传播中极为重要且持续的环节，尤其是在冷战时期，其影响力尤为显著。在冷战的大背景下，苏联及其盟国的负面新闻几乎会以最快的速度得到报道，而且通常伴随有大量的评论和时评。这些报道将"共产主义"塑造成一种专制、极权和压迫的象征，而将美国自身描绘为自由、民主与正义的化身。在这一宣传模型中，资本家和政治精英通过大众媒介将"反共"意识形态转化为一种文化信仰，进一步将"共产主义"妖魔化，简化为邪恶的代名词，从而巩固了美国在全球范围内的意识形态主导地位。乔姆斯基指出，这种"反共"宣传不仅仅是为了对抗苏联，它还与美国对外干预政策密切相关。

---

① 〔美〕爱德华·S. 赫尔曼、诺姆·乔姆斯基：《制造共识：大众传媒的政治经济学》，邵红松译，北京大学出版社 2011 年版，第 28 页。

美国政府利用反共的宣传工具，尤其是通过新闻媒体，去塑造国际舆论，并为其军事干预、政治操控和文化输出提供合理性和合法性。例如，在冷战时期，美国不断以"捍卫自由世界"的名义介入亚洲、拉丁美洲和非洲等地的政治动荡，而在这些干预过程中，美国所支持的反共政权的暴力行为和专制倾向往往被媒体掩盖甚至美化。在美国媒体的报道中，反共政权常常被塑造成"防线"，被描绘为为了"抵抗共产主义"而进行的"必要的政治压制"。与此同时，媒体则将任何站在反共阵营之外的自由主义者或社会主义者妖魔化，甚至标签化为"亲共"或"软共"，以此来强化主流意识形态的认同感。在这一时期，乔姆斯基强调了一个典型现象：美国媒体的"专家"体系。这些"专家"往往是曾经的激进分子，他们在过去可能支持社会主义或共产主义思想，但在某些历史时刻，他们的立场发生了转变，逐渐变为支持美国资本主义体系的声音。乔姆斯基指出，这些"转向"的人物通常并不具备广泛的社会影响力，甚至在国内政治中并没有获得显赫的地位。然而，经过美国媒体的精心包装，这些人被塑造成"看到光明"的转变者，成为媒体反共宣传的重要代言人。媒体会将这些变节者的故事极度美化，描述他们如何从"黑暗"走向"光明"，并赋予他们"专家"的地位，宣称他们的经验和见解具有权威性。乔姆斯基认为，这种现象实际上是媒体将主观的意识形态置于客观事实之前的典型案例。通过这种方式，媒体不仅为这些人塑造了虚假的形象，还通过他们的故事进一步巩固了反共的意识形态。除了通过对"专家"的塑造，乔姆斯基还指出，在这种反共宣传的框架下，任何与美国立场相左的声音都会被打上"共产主义"或"亲共"的标签，并被媒体描绘成威胁。为了维护资本和政治精英的利益，媒体在报道时往往会忽视或扭曲事实，将那些不符合美国利益的声音和观点边缘化或完全排除。这种报道策略不仅影响了公众对国际事务的看法，也影响了美国国内的政治氛围。在这种情况下，美国媒体扮演了意识形态的传声筒角色，扭曲了信息的真实性，使其更加符合美国政府和资本精英的利益。这种通过媒体传播的反共意识形态，在美国社会中产生了深远的影响。乔姆斯基分析认为，媒体的这种角色使得美国社会对共产主义的认识变得片面化和刻板化，强化了民众对共产主义的恐惧和敌意。在这种意识形态的驱动下，公共舆论和政策不断偏向支持资本主义及其全球扩张，而对于社会主义和反资本主义的声音则被排斥在外，甚至遭到打压。这种扭曲的信息传播不仅影响了政治决策，也塑造了美国公众对全球事务的认知，并且在很大程度上为美国的外交干预和军事行动提供了舆论支持。

通过这些分析，乔姆斯基展示了媒体如何成为权力阶层在全球范围内推进意识形态斗争的重要工具。在美国的反共宣传中，媒体不仅仅是信息的传播者，更是资本和政治利益的维护者和推动者。在这种"制造共识"的过程中，媒体通过扭曲事实、塑造话语权和控制公众舆论，强化了政府的权威和资本阶层的利益，同时也有效地消除了任何可能威胁到这一体制的声音。

二、有价值受害者和无价值受害者

乔姆斯基与赫尔曼在《制造共识》中进一步扩展了他们的宣传模型，提出了"有价值受害者"和"无价值受害者"的概念。这一补充内容指出，在美国媒体的报道中，尤其是涉及政治冲突和人道主义问题时，存在明显的双重标准。这种双重标准不仅体现于报道内容的选择，也反映在对受害者的态度上。简单来说，媒体倾向于将那些在敌国或敌对势力中遭受迫害的人描绘成"有价值受害者"，而那些同样遭遇压迫或暴力，但却出自美国或其附庸国的受害者则被视作"无价值受害者"。这一现象反映了媒体对政治局势的选择性报道，也揭示了宣传工具如何通过控制信息，操控公众的情感和认知。乔姆斯基和赫尔曼通过大量的实例分析，揭示了这一宣传模型在现实中的应用。在他们的分析中，美国媒体在报道不同地区、不同背景下的暴力事件时，往往依照"敌人"或"盟友"的身份对受害者进行价值划分。一个典型的例子是波兰牧师耶日·波比耶乌什科的遇害案件。由于波比耶乌什科是苏联阵营中的受害者，主流美国媒体对此事件的报道显得尤为激烈和广泛。《纽约时报》等重要媒体不仅在头版刊登专题报道，还配有专栏、社论，细致描述事件的血腥细节，强调波比耶乌什科的殉道精神，并通过情感化的语言激发公众对该事件的愤怒与同情。这种报道模式凸显了他作为"有价值受害者"的地位，媒体的反应可以看作是通过高曝光度和强烈情感的渲染，强化了受害者的正义性与道德优越性。然而，当类似的暴力事件发生在拉丁美洲时，媒体的反应则大相径庭。乔姆斯基和赫尔曼指出，在美国控制的影响圈内，特别是那些作为附庸国的拉美国家，类似的暴行和暴力事件常常被淡化或忽视。例如，中美洲的某些宗教团体或反对派人物的遭遇远比波兰牧师案件更为残酷，但美国主流媒体对此的报道却寥寥无几，甚至篇幅较短、版面位置较为隐蔽。这些受害者由于是美国政治和经济体系的"盟友"或"附庸"，他们的遭遇通常被当作不值得广泛报道的事件，甚至没有引起媒体的愤怒或关注。媒体对于这些"无价值受害者"的态度通常是冷漠的，报道往往避重就轻，甚至会忽略事件背后的政治背景和人道危机。这一现象揭示了美国媒体如何通过对新闻报道的选择性呈现，传达特定的意识形态和政治立场。对于"有价值受害者"，媒体通常会通过激烈的情感渲染和强烈的道德指责来激发公众的同情与愤怒，力图将这些受害者塑造成道德高地的代表。而对于"无价值受害者"，则是通过淡化报道、忽略细节甚至虚假报道等方式，减少公众对这些事件的关注。媒体对于这些受害者的处理，实际是有意地操控社会情感的流向和公众对不同政治事件的认知。乔姆斯基和赫尔曼进一步指出，这种报道偏向并非偶然或无意识的行为，而是美国媒体在政府、企业和政治精英利益驱动下的必然结果。通过这种分化对待，媒体实际上在塑造公众对全球政治事件的理解，并间接维护特定的国家利益和资本势力的统治地位。通过这一模型，乔姆斯基与赫尔曼揭示了媒体在塑造"正义"与"邪恶"之间界限时如何有选择地塑造和放大特定受害者的形象，并弱化或忽视其他受害者的苦难。

小结

通过深入探讨诺姆·乔姆斯基的媒体控制理论及其宣传模型，我们不仅能够更好地理解当代媒体如何在全球化背景下作用于公众意识，还能反思权力如何通过媒体渠道进行意识形态的操控和政治利益的维护。乔姆斯基的媒介批判思想，不仅揭示了美国主流媒体如何在资本阶层与政治权力的操控下推动特定意识形态的传播，而且为我们提供了一种系统化的分析框架，让我们能够深入分析媒体与权力、资本之间复杂的互动关系，以及这种关系对公共舆论、社会信仰和政治决策的深远影响。

在本章的各个部分中，我们详细探讨了乔姆斯基对美国主流媒体操控意识形态的揭露。他认为，美国媒体并非一个中立的公共服务工具，而是深受资本利益和政治权力操控的宣传机器。媒体的内容不仅仅是信息的传递，它们在某种程度上已经成了对公众认知的引导者和塑造者。乔姆斯基从其对媒体的独到分析出发，揭示了媒体如何在背后为强大的政治和经济力量服务，如何通过隐瞒真相、选择性认知、转移注意力等手段，维护既有的权力结构和社会秩序。乔姆斯基指出，媒体对信息的选择性呈现是新闻报道中的一大特色。媒体并不是简单地传递事实，而是通过筛选、编辑、阐释来选择性地提供信息。在这一过程中，什么样的信息被呈现给公众，哪些信息被忽略或隐瞒，深刻地影响了社会的集体认知。尤其是在政治新闻报道中，媒体往往会选择性地突出那些符合政治权力和资本利益的议题，而对那些不符合主流意识形态或对统治阶级有挑战性的内容进行忽略或歪曲。这种"选择性认知"的现象，使得公众对世界的认识越来越片面，甚至可能完全脱离真实的社会和政治状况。例如，乔姆斯基通过大量实例，揭示了媒体如何在报道国际冲突时采取不同的标准：对于美国的对外干预行为，媒体通常采用辩解或美化的方式，而对于敌对国家或竞争对手的类似行为，媒体则往往进行强烈的批判。这种对不同议题的选择性报道，不仅影响了人们对事件的理解，也影响了社会的价值观与判断标准。与此同时，隐瞒真实则是媒体另一种普遍的操控手段。许多与权力、资本关系密切的新闻事件，常常被有意忽视或弱化，甚至在报道中加以掩饰，目的是保护特定利益集团的利益。例如，关于美国政府在拉丁美洲的干预，媒体往往回避报道其背后暴力、专制和人权侵犯的事实，而对受害者的遭遇视而不见。相反，当同类事件发生在敌对国家时，媒体往往会大肆报道，并以此为宣传工具，塑造其"恶"的形象。正是通过这种隐瞒和选择性报道，媒体维护了统治阶级的利益，并将公众的关注引导至对其有利的方向。乔姆斯基对广告商在媒体中的角色进行了深入剖析。他认为，广告商不仅是媒体的经济支柱，而且通过广告，媒体已经成为资本和政治利益的服务工具。广告商对于媒体的经济资助，使得媒体不可避免地依赖于广告收入，这种依赖关系使得媒体在选择新闻内容时，必须顾及广告商的利益。这一现象在美国尤为显著。广告商青睐那些能够吸引高收入群体的媒体，而忽视那些受众较为贫困的、缺乏购买力的媒体。这些媒体进而逐渐失去经济来源，市场竞争力下降，最终被边缘化。这种广告对媒体的控制不仅影响了媒体的经济运作，也对其内容选择产生了重大影响。为了吸引广告商，媒体往往倾向于播出娱乐性、消费主义导向的内容，而忽视那些对社会、政治进行深刻批评的新闻报道。对于那些具有批判性、政治敏感的新闻，媒体通常会避免深入报道，甚至加以压制。这一现象不仅扭曲了媒体的社会职能，也削弱了公共话语的多元性与独立性。在冷战时期，反共宣传是美国政府媒体宣传的核心内容之一。乔姆斯基指出，在这一时期，媒体的宣传不仅仅是为了传播信息，更是为了维护美国的意识形态，并通过媒体塑造一个"敌我分明"的世界，并通过不断强化美国与其他国家，特别是社会主义国家之间的对立，形成了一种集体恐惧和敌意。在这种背景下，美国政府通过媒体不断塑造出对"共产主义威胁"的夸大其词，借此为自己在全球范围内进行军事干预和政治控制提供理论依据。而与此同时，那些与美国政府立场相对立的自由主义者、激进分子往往被媒体视为"亲共"或者"反共不积极"，甚至成为社会的不安定因素。这样的宣传模式，使得反共不仅仅是一个政治立场，更成为主流媒体和政治话语中的核心价值观。乔姆斯基与赫尔曼提出的"有价值受害者"与"无价值受害者"的概念，是对美国主流媒体报道中存在的双重标准的有力揭示。他们指出，在美国主流媒体的报道中，那些受害者如果来自美国敌对国家，往往会被描绘为"有价值受害者"，其遭遇会被广泛报道，媒体会通过血腥细节和强烈的情感表达来唤起公众的同情和愤怒。反之，那些来自美国友好国家或附庸国的受害者，尽管其遭遇可能更为惨烈，却往往被边缘化，甚至不为人所知。这种明显的偏向性报道，不仅揭示了美国媒体的双重标准，也暴露了媒体在报道国际事务时的意识形态偏向。

从美国媒体如何协助政府在公众面前精心制造舆论、推动政治议程，到美国媒体的所有权与控制权背后深不可测的运作机制，乔姆斯基以其洞察世事的犀利眼光和对真理的执着追求，毫不妥协地揭示了美国社会中被精心掩盖的媒介集权。他如同一位勇敢的舆论斗士，用不畏艰险的精神为我们勾画出了媒体与权力深度交织的阴影图景。这种对话语权背后真相的探索，不仅使人们对美国民主制度的表象产生质疑，更让世人警觉到，掌控信息的力量足以塑造社会的认知与未来。尽管乔姆斯基的分析在揭露媒体控制的深层机制上具有开创性的贡献，但他的论述仍存在某种程度的不足。在一些细节的处理上，乔姆斯基偶尔陷入了自相矛盾的境地，这也无可避免地透露出他理论框架的局限性。尽管他的作品触及了奥威尔式的社会控制问题的某些关键点，但从整体而言，他的讨论仅仅是对这一复杂问题的部分揭示，距离彻底解开这个谜团，仍有相当的距离。乔姆斯基为我们提供的，是一份思想的启迪，而非最终答案。他的警醒与深思，仿佛揭开了冰山一角，指引我们走向更加深远的探索之路。

总之，乔姆斯基的媒体控制论和宣传模型为我们提供了深入了解美国媒体背后权力结构的工具。他不仅揭示了美国主流媒体如何在资本阶层和政治力量的操控下服务于特定利益集团，也展示了媒体如何通过精心设计的宣传模式塑造公众意识和社会认知。乔姆斯基的批判性分析让我们看到了在全球化、信息化日益发展的今天，媒体依然在为资本与政治利益服务，它们通过隐瞒真相、选择性报道、转移注意力等方式，影响着公共舆论，塑造着社会的价值观和政治立场。然而，乔姆斯基的思想并非完全悲观，他呼吁公众保持批判性思维，警惕媒体对信息的操控，倡导新闻报道的独立性和多样性。我们要认识到，媒体不仅仅是一个信息传递的工具，更是一个具有强大社会影响力的思想引导者。面对媒体日益集中的权力结构和信息过载的局面，我们需要更加敏锐地辨析和审视新闻背后的政治和经济利益，保持独立思考，避免被单一的意识形态框架所限制。随着信息技术的飞速发展和全球媒体市场的不断变化，乔姆斯基的批判性分析依然具有强烈的现实意义。我们应当更加关注媒体在信息传播过程中的责任与义务，推动媒体行业的透明化和公正性，争取在全球化的舆论场中为多元声音和独立思想提供更多的空间。

第五章 尼尔·波兹曼：媒介文化批判三部曲

尼尔·波兹曼（Neil Postman）是当代媒介文化批评领域的重要学者，其媒介文化批判思想通过《童年的消逝》《娱乐至死》和《技术垄断：文化向技术投降》三部曲得到了系统的阐述。这些著作不仅揭示了媒介技术对人类社会的深远影响，也提出了对现代社会文化命运的深刻反思。波兹曼的批判思维植根于人文主义传统，不仅仅是对媒介技术的反思，也涉及对整个现代社会文化走向的深刻担忧。随着媒介和技术的日益强大，社会的文化、思想和政治自由逐渐被技术化、标准化和商业化所侵蚀。

波兹曼的思想在今天仍然具有极大的现实意义。在全球化和数字化的背景下，尤其是在我国坚定文化自信、推动文化科技创新的大背景下，波兹曼的批判思想为我们提供了有益的借鉴和警示。在全球化的进程中，信息的传播和文化的生产受到了来自跨国企业和技术平台的强大影响。尤其是电视、互联网、社交媒体等新型媒介的普及，使得信息的传播更加迅速和广泛，但与此同时，媒介的商业化、娱乐化和碎片化倾向也越发显著，逐渐侵蚀着传统文化的根基。因此，波兹曼对媒介的批判不仅仅是对西方文化的诊断，也为我们提供了对当前中国社会文化环境的深刻反思。在全球信息技术快速发展的今天，如何在推进科技创新的同时，保持文化的独立性和自主性，防止文化技术的异化和技术垄断，成为我们必须面对的重要课题。波兹曼的媒介批判思想提醒我们，面对媒介技术的迅猛发展，我们必须保持清醒的头脑，警惕技术所带来的文化冲击，确保技术的进步能够真正服务于人类的全面发展，而不是成为商业利益和政治权力的工具。

第一节　技术垄断时代媒介文化娱乐化的揭批者

波兹曼以其鲜明的批判性态度，深刻剖析了技术垄断时代媒介文化的娱乐化进程。在《娱乐至死》一书中，他无情揭示了现代电视媒体如何将严肃的政治、教育乃至文化讨论变成了浮华的娱乐游戏，逐步剥夺了公众理性思考的空间。在这一过程中，波兹曼不仅批评了娱乐化的媒介如何消解了社会的理性对话，也警示现代社会在这种技术和信息泛滥的背景下，如何逐渐走向精神的荒漠。

一、波兹曼其人其说

尼尔·波兹曼（Neil Postman，1931—2003）是美国著名的媒介文化研究者和批评家，被誉为媒介生态学的代表人物之一。他的思想继承和发展了赫伯特·马尔库塞、马歇尔·麦克卢汉以及哈罗德·伊尼斯等人关于媒介与社会互动的理论。波兹曼的学术生涯跨越了教育学、传播学、语义学等多个领域，其最重要的学术贡献集中在对现代媒介，尤其是电视和技术的批判上。他认为媒介不仅是信息传播的工具，而且深刻地塑造了文化、思维方式及社会结构。波兹曼生于纽约，成长并生活在这座城市，1953年他从纽约州立大学弗雷德尼亚分校毕业，并先后于1955年和1958年在哥伦比亚大学教育学院获得硕士和博士学位。从1959年开始，他在纽约大学担任教授，并且在1971年开设了媒介生态学的研究生课程，成为媒介环境学派的开创者之一。波兹曼的教学与研究实践使得媒介生态学得以进入美国传播学的主流学术圈。他在教学中强调媒介对文化和社会结构的深远影响，主张从文化批判的视角审视媒介技术与社会的关系。波兹曼不仅在学术界有所建树，他在公众领域的影响同样显著。1993年，波兹曼升任纽约大学文化与传媒系主任，并于 2002 年退休。尽管身患重病，他仍积极参与学术和公共活动。2003 年，波兹曼因肺癌去世，享年 72 岁。波兹曼去世后，美国主流媒体纷纷发表对他学术贡献的高度评价，认为他以独特的视角批判了后现代社会的技术化进程，预见并揭示了媒介文化的潜在危机。

波兹曼的学术成就涵盖了广泛的领域，包括教育学、传播学、语义学等。他在这些领域中的研究不仅影响了学术界，还推动了公共教育和传媒文化的深入讨论。他是媒介生态学的主要代表人物之一，继承并发展了麦克卢汉的思想，强调媒介技术对文化和社会结构的深刻影响。他将麦克卢汉的媒介理论作为基础，结合人文主义的批判精神，探索了媒介对社会、文化和人类生活方式的深远影响。波兹曼在其一生中，发表了超过 20 部学术著作，并为《纽约时报》《时代杂志》《华盛顿邮报》和《洛杉矶时报》等主要报刊撰写了超过 200 篇文章，这使得他在全球学术界享有崇高声誉。他的代表作包括《娱乐至死》（*Amusing Ourselves to Death*）、《童年的消逝》（*The Disappearance of Childhood*）、《技术垄断》（*Technopoly*）等。其中，《娱乐至死》和《童年的消逝》尤为知名，并被翻译成多种语言，在世界范围内出版。这些作品不仅展现了波兹曼对西方媒介体制转型的深刻忧虑，也表达了他对现代社会中媒介技术对人类生活方式、思想和文化命运的不可逆转影响的强烈批判。

二、 波兹曼的媒介批判三部曲

波兹曼的媒介文化批判思想在他的三本著作中得到了集中体现，这三本书分别是《童年的消逝》（1982）、《娱乐至死》（1985）和《技术垄断》（1992）。这三部作品被誉为波兹曼的"媒介批判三部曲"，展示了他在不同历史阶段对媒介文化的批判与反思，逐步深化了他对媒介技术和文化转型的忧虑和思考。

1.《童年的消逝》

1982 年，波兹曼发表了《童年的消逝》，这本书深入探讨了"童年"这一概念的历史变迁及其消逝的过程。波兹曼从社会学、历史学以及人口学的角度出发，追溯了"童年"作为社会现象的起源和演变，揭示了随着媒介技术的发展，成人与儿童之间的界限是如何逐渐模糊的。波兹曼在书中提出，"童年"是一个社会构建的概念，并不是一种固定的生理阶段。他认为，童年作为一个相对于"成人"概念存在的社会性结构，其历史轨迹与文化符号的变迁密切相关。在早期社会中，成人与儿童之间的界限并不显著，尤其是在口述和印刷技术尚未发展之前，社会的知识传递多依赖于亲身体验和直接交流，这使得成人与儿童之间的生活世界并未完全隔离。然而，随着媒介技术的发展，尤其是近代印刷术的出现，成人与儿童的界限逐渐明确，并最终成为一种社会规范。波兹曼认为，这种"童年"概念的出现，是由于符号传播方式的变革，媒介技术为儿童提供了与成人不同的认知世界，并通过教育、文学等形式固化了这一界限。然而，波兹曼警告道，随着电视这一电子媒介的普及，原本明确的成人与儿童的分野正逐渐消失。电视这种媒介通过 24 小时不停播放的节目，侵入了个人的生活空间，并且将儿童和成人的世界交织在一起。与传统的印刷媒介不同，电视不仅是一种信息传递工具，更是一种视觉化、感官化的传播方式，它通过影像和故事的形式，提供了对现实世界的感知方式。儿童在其幼年时期被允许进入性世界，因为"人们相信未发育的儿童对性行为浑然不知、漠不关心……也不存在这样的观念，即与性行为有关的事物会毒害儿童无辜的心灵"[①]。波兹曼指出，电视节目往往将新闻、广告等内容的受众定位为十岁左右的儿童认知水平，儿童不仅能看到成人的秘密，包括"性""暴

---

① 〔法〕菲力浦·阿利埃斯：《儿童的世纪：旧制度下的儿童和家庭生活》，沈坚、朱晓罕译，北京大学出版社 2013 年版，第 161 页。

力"以及复杂的政治和社会问题，甚至他们的认知方式和心态也逐渐受到成人文化的影响。波兹曼特别关注的是这种儿童的"成人化"现象——儿童在过早接触到成人世界后，不仅失去了童年独特的认知和体验，也开始在情感和心理上产生早熟。波兹曼进一步批判电视媒介的泛娱乐化趋势，他认为电视不仅改变了"童年"的面貌，更让成人的思维方式发生了变化。在波兹曼的视角中，电视通过消解复杂的文字和逻辑，把政治、新闻、商业、宗教甚至科学等严肃话题，都转化成了易于娱乐和消费的故事和图像。传统上，成人通过书面文字理解世界，并借此构建起严肃的公共话语空间。但电视则用直观的图像和短小的情节取代了深度分析和理性思维，使得成人世界的思维模式逐渐"儿童化"，甚至丧失了对信息的批判性和深度理解能力。波兹曼认为，图像和故事，作为一种儿童最初接触世界的天然形式，逐渐占据了成年人对现实世界的认知和理解。这种转变标志着成年人的理性、逻辑与深度思维的消逝。

波兹曼在书中表达的核心观点是，电视这一媒介使得文化走向娱乐化，并在此过程中破坏了传统文化符号世界的结构。在波兹曼看来，儿童的"成人化"与成人的"儿童化"都是媒介娱乐化的副产品。随着电视的普及，人们的阅读能力和思考深度逐渐退化，最终导致了文化的"浅薄化"和"符号的空洞化"。波兹曼所忧虑的，不仅仅是"童年"的消逝，更是文化理性和深度的丧失。在对电视媒介泛娱乐化的批判中，波兹曼警告道，电视不仅将复杂的问题简化为容易消费的娱乐故事，也加速了社会文化的表面化和碎片化。他认为，电视的这种表面化信息传播，正在摧毁我们对知识和文化深度的依赖，使得公众的政治、社会和文化认知变得越来越肤浅。在波兹曼看来，电视的这种"娱乐至上"的逻辑，不仅深刻改变了人类的思维方式，更将我们推向了一个"娱乐至死"的时代。

波兹曼通过《童年的消逝》，深刻揭示了媒介技术，尤其是电视媒介对社会文化、个体认知和公共话语空间的深远影响。他的批判为我们反思现代媒介的作用和意义提供了极为重要的视角。

2.《娱乐至死》

1985 年，波兹曼发表了他的经典著作《娱乐至死》，书中集中批判了电视作为媒介的娱乐化趋势，这本书被翻译成多种语言，在全球范围内广受欢迎，累计销量超过 20 万本。《娱乐至死》不仅仅是对电视媒介的批判，它还深入探讨了媒介技术如何影响人类的思维方式、文化结构和社会组织。在书中，波兹曼追溯了传媒的发展历史，揭示了电视逐渐取代传统书写语言的过程，及其对社会和个人认知方式的深远影响。波兹曼认为，电视作为媒介的最大特点在于它的娱乐性。电视传媒的娱乐本性迫使非娱乐性的内容也不得不以娱乐的形式包装自己。这样的转变导致了信息的浅薄化和扭曲——原本严肃的政治、教育、宗教等议题，因迎合电视的娱乐化特征，逐渐失去其深度和复杂性，变得更加表面化、戏剧化。波兹曼通过对比不同媒介的功能，阐明了电视所带来的负面影响。他指出，电视不再是信息传递的单纯工具，而是成为文化生产的载体，重新塑造了公众对世界的认知方式。波兹曼深入剖析了电视媒介对人类沟通方式的影响，尤其是它对教育功能的消解。由于电视是单向传播的，观众无法参与有效的互动或批判性思考，导致电视不能履行教育的职责。波兹曼强调，真正的教育依赖于互动和理性讨论，而电视只能提供表面化的信息。由于电视的传播机制缺乏深度，观众接收到的内容也相对肤浅，缺乏深入思考和理性分析的空间。这种趋势不仅影响了个体的认知能力，也在文化层面上产生了深远的影响，导致人们在获取信息时失去了辨别真伪和深度的能力。波兹曼继承并深化了媒介理论大师麦克卢汉的观点。他强调，不同的媒介适合传递不同种类的信息，媒介本身具有内在的偏向性和功能。在《娱乐至死》中，波兹曼通过对口头媒介、书面媒介和电视媒介的比较，阐述了这些媒介如何以各自独特的方式塑造社会和文化。波兹曼指出，19 世纪的美国之所以被视为"理性时代"，很大程度上是因为当时主要的媒介是印刷媒介——它强调理性、逻辑和深度思考。

而进入 20 世纪后半叶，随着电视的崛起，媒介环境发生了巨大变化，社会文化和认知方式也随之转向更加表面化和娱乐化。波兹曼进一步批判了由电视引起的社会泛娱乐化现象。他认为，电视已经不再是中立的技术工具，而是一种文化力量，深刻地塑造了我们的社会生活和价值观念。电视不仅在内容上改变了我们的世界观，更在形式上决定了我们如何感知世界。波兹曼对这种娱乐至上的现象表示深深的忧虑，他认为人们可能会在不知不觉中被这种文化环境所吞噬，最终导致自我认知的丧失和思维能力的退化。他写道，我们可能在热衷娱乐的同时，失去了真正的自由，因为我们的思想和行为被娱乐文化深深塑造和控制。在书中，波兹曼展示了一个由电视主导的娱乐文化世界。在这个世界中，几乎所有的社会领域——新闻、政治、宗教、教育等，都被娱乐的外衣所包裹。这种泛娱乐化的趋势不仅改变了公共话语的形式，也使得公众的价值观念发生了危险的退步。波兹曼警告说，随着媒介技术的不断发展，传统的文化和道德观念将遭遇严重的冲击，社会的公共话语权力将逐渐转向那些能提供娱乐的"浅薄"内容。波兹曼在书中还提出了"媒介即隐喻"的观点，强调媒介技术不仅仅是工具，它已经渗透到人类生活的各个方面，创造了一个无处不在的媒介环境，影响着每个人的思想和行为。他认为，媒介的技术属性、传播形式和文化偏向，深刻影响了人类的感知方式和社会互动。波兹曼特别强调了"技术的内在偏向问题"，即技术的发展总是带有某种特定的方向性和社会倾向，它不仅仅是中立的工具，更是在不断地塑造社会的结构和文化的走向。

在《娱乐至死》中，波兹曼的媒介文化批判思想进一步深化，他不仅仅批判了电视这一单一媒介，还提出了一个更加广泛的视角，探讨技术进步如何推动社会文化的整体变革。波兹曼对电视及其他媒介的批判，成为他对现代社会、文化以及媒介技术深刻洞察的核心体现。他的思想警示我们，过度依赖娱乐化的媒介文化，可能会导致我们失去理性、深度思考与批判的能力，最终进入一个"娱乐至死"的社会。

3.《技术垄断》

1993 年出版的《技术垄断》标志着波兹曼思想的进一步深化，他在这本书中直指当今社会的核心问题——技术发展对人类文化和文明的深远影响。与他之前的两本书相比，波兹曼在《技术垄断》中更加关注技术如何从工具性手段转变为文化和社会结构的主导力量。他提出的"技术垄断"一词，专指"所有形式的文化生活都臣服于技术和科学的统治"[①]。这个概念揭示了技术如何渗透并最终支配文化的各个方面，成为决定社会伦理和哲学态度的根本力量，而非传统的政府、宗教或社会秩序。波兹曼指出，技术从最初的工具角色逐渐发展为文化的主导力量。在人类对技术的无限开发中，技术不仅摆脱了工具的属性，还开始与人类平等对话，甚至在某种程度上倒逼人类开始迎合其特性。技术不再是为人类服务的工具，而是成为了一种文化和社会结构的核心元素，这种转变带来了一系列文化、社会和哲学的危机。在书中，波兹曼将人类文化的发展划分为三个阶段：工具使用文化阶段、技术统治文化阶段和技术垄断文化阶段。他认为，在工具使用文化阶段，技术只是服务于社会和文化的工具，不对文化产生深远的影响。进入技术统治文化阶段后，技术开始向文化发起挑战，试图取代传统的文化结构，但却难以完全撼动文化的根基。而到了技术垄断文化阶段，技术不仅全面控制了信息的生产和传播，而且改变了人类的世界观和价值观，传统文化在技术的威胁下逐渐消失，社会和文化被极权式的技术统治所取代。波兹曼强调，当代社会正处于技术垄断的时代，信息泛滥成灾，信息控制的传统机制（如家庭、学校、政府等）已经崩溃，导致一系列文化和社会的深刻危机。波兹曼通过大量实例分析了技术垄断如何侵蚀各个领域，尤其是在医学界，医生越来越依赖医疗器械和技术，而忽视了

[①]　〔美〕尼尔·波兹曼：《技术垄断——文化向技术投降》，何道宽译，北京大学出版社 2007 年版，第 52 页。

与患者的直接交流和专业判断能力。这种现象不仅出现在医学领域，在其他行业中，技术的应用也开始取代人类的判断力和主体性，成为了判断和决策的主导力量。波兹曼批判了这种"唯科学主义"的泛滥，认为社会科学的方法被错误地用来解决人类行为的复杂性，科学被神圣化，成为人们信仰的核心体系，甚至试图用科学来回答那些科学无法解决的道德和哲学问题。波兹曼特别关注的是文化符号的泛滥和滥用，这使得符号失去了原本的意义，传统文化陷入衰亡的危机。他认为，技术垄断不仅改变了文化的生产方式，也在深刻影响着人类思维和精神的方式。随着技术的主导地位不断强化，文化和思想的独立性遭遇到前所未有的威胁，传统的社会结构和人类价值观正被技术逻辑所替代。波兹曼在书中批判了这种技术对文化的垄断，并将新技术描述为一种潜在的、毁灭人类灵魂的力量。他认为，技术的垄断已经成为极权主义的象征，不仅控制了人们的日常生活，还极大地掏空了人类的思维和精神深度。技术的泛滥导致了信息的失真和文化的碎片化，传统的道德和社会规范被迫迎合技术的需求，最终社会变得更加机械化和工具化。对于这种局面，波兹曼虽然对现状感到深切的忧虑，但他认为解决之道并非单纯的反技术或拒绝技术，而是要重新审视教育的角色。他提出，尽管教育也受到了电视和娱乐化媒介的影响，但教育依然是抵御技术垄断的最后一道防线。他强调教育的重要性，并在《技术垄断》中提出了一个教学计划，建议学校以历史为核心，整合哲学、科学、语义学、艺术、宗教和技术史等课程，帮助学生在面对技术垄断的时代保持清醒的头脑。波兹曼认为，教育的真正使命是让学生学会如何与技术保持一定的距离，认识到技术的局限性，并对技术进行批判和修正。尽管他对教育改革的效果持怀疑态度，认为它不能根本改变技术垄断的现实，但他依然看到了教育在为社会和文化创造批判性思维空间中的重要作用。波兹曼的这一思考，在一定程度上回应了《童年的消逝》中的教育思考，他认为教育是对抗技术垄断、保持文化独立性的关键。尽管他未对解决方案提出全面的蓝图，但他坚信通过教育，至少能为人类提供一种对技术更加理性、批判性的态度。

波兹曼的《技术垄断》不仅是对技术本身的批判，更是对现代社会过度依赖技术和科学所带来的文化和精神危机的深刻反思。他提出的技术垄断概念，揭示了技术对现代人类生活的全面统治，并警告我们，文化和社会必须保持警惕，避免完全向技术屈服。

第二节 波兹曼的媒介“隐喻论”

波兹曼提出的“媒介即隐喻”概念，是他媒介文化批判理论的核心，揭示了我们如何通过媒介，理解和塑造我们所生活的世界及其中的文化。正如波兹曼所言：“我们的语言即媒介，我们的媒介即隐喻，我们的隐喻创造了我们的文化内容。”[①]波兹曼认为，媒介不仅仅是信息传递的工具，它通过隐喻的方式改变了我们生活的方式、思维的模式以及文化的内容。因此，他将现代社会的种种变化与媒介技术的发展紧密联系起来，认为媒介对文化和道德的深远影响需要引起足够的重视。通过对媒介技术的批判，波兹曼意图唤醒人们对这些变化的警觉，并促使我们反思媒介对现代社会和人类文明的深刻影响。

一、媒介—技术—文化

1. 技术与媒介

波兹曼认为，技术的变革不仅会推动传播媒介的更新，也会深刻影响我们与世界的互动方式。他强调，媒介的更新与技术的变革密切相关，但两者并不等同。技术是一种物质性的装置，而媒介则是技术在特定社会环

---

① 〔美〕尼尔·波兹曼：《娱乐至死》，章艳译，广西师范大学出版社 2004 年版，第 15 页。

境中经过文化注入后，成为我们沟通和交流的工具。因此，技术与媒介既有联系又有区别，正如波兹曼所形容："技术与媒介的关系就像大脑和思想一样，大脑和技术都是物质装置，而思想和媒介则是使这些物质装置发挥作用的内容。"① 具体来说，技术是一个物质性的载体，最初它可能只是为了满足某种功能需求而存在。例如，木简作为最早的知识传播工具，虽然可以承载信息，但由于其笨重和携带不便，限制了其在知识传播中的广泛应用。与此相对，丝织品虽然能够承载信息，但由于其昂贵和不便于大规模传播，也未能广泛应用于知识传递领域。然而，随着印刷术的发明，纸质书籍作为新的媒介得到了广泛应用，它不仅大大弥补了木简和丝织品的不足，还促进了知识的普及、文学形式的多样化，并在此过程中推动了个人主义、民族主义等思想的兴起。然而，波兹曼指出，尽管媒介往往依赖于技术的进步，但媒介与技术之间的关系并非简单的等同。媒介的功能在于其通过技术来承载和传播文化内容。当技术被社会和文化赋予特定的意义时，它便转变为媒介。举例来说，纸张和文字的结合使印刷品成为有效的媒介，电报成为媒介则源于其信息流动的特点，这些都说明了技术是如何通过社会的需求和文化的渗透成为一种传播工具的。波兹曼进一步指出，"一旦技术使用了某种特殊的象征符号，并在某种特定的社会环境中找到了自己的位置，或融入到了经济和政治领域中，它就会变成媒介"。② 换言之，技术本身并不具有传播功能，只有当它被社会、文化及政治经济内容所赋能时，才能转变为媒介。

通过这样的视角，波兹曼强调了技术与文化之间的密切关系。媒介技术不仅仅是物质性的设备，它在社会环境中发挥作用时，实际上已经融入了广泛的文化、经济和政治因素，成为文化传播和人际交往的重要工具。因此，媒介技术不只是简单的工具，它影响了我们对信息的接收、对社会

---

①② 〔美〕尼尔·波兹曼：《娱乐至死·童年的消逝》，章艳、吴燕莛译，广西师范大学出版社 2009 年版，第 74 页。

的理解以及文化的构建。在现代社会，电视、互联网等媒介技术的广泛应用，深刻地塑造了我们的文化观念和社会行为模式，而这一切都源于技术本身的变革和文化的深度交织。

2.技术与文化

在波兹曼的眼中，技术并不是中性的，它本身具有内在的偏向性。"每种技术都有其内在偏向"[①]，这意味着技术不仅仅是中立的工具，它在应用过程中会对人类、社会甚至思想产生某种特定的影响。波兹曼认为，电子技术，如电视、电脑等，其结合了声音、图像和文字，带给人的是一种以视觉为主的感知体验，所呈现的内容往往偏向于娱乐性，甚至有时可以完全通过图像的变换来传递信息，而不依赖于语言。这种媒介的形式不仅改变了信息的传递方式，也隐含着特定的意识形态。波兹曼进一步指出，技术变革对个人的思维模式和社会的思想潮流都有深远影响。例如，望远镜的出现改变了人类对宇宙空间的理解，钟表则改变了人们对时间的态度。因此，技术之间的更替并非仅仅是形式的替代，例如图片代替文字，眼睛代替思维等。"每一种技术都有一套制度，这些制度的组织结构反映了该技术促进的世界观。"[②]波兹曼认为，每一种新技术的出现，都会在现有的文化体系中培育出一种新的文化，而这种技术与文化的融合过程，他称之为"交易"。在这个过程中，技术与文化相互磨合、相互影响，最终推动了文化的演变。随着技术变得越来越智能化，波兹曼观察到，技术在某种程度上已经开始重塑文化，文化逐渐变得像是技术的附庸。他警告说："在技术垄断的时代，我们被机器的奇妙效果包围，然而我们却被鼓励忽

---

① 〔美〕尼尔·波兹曼：《娱乐至死·童年的消逝》，章艳、吴燕莛译，广西师范大学出版社 2009 年版，第 74 页。

② 〔美〕尼尔·波兹曼：《技术垄断——文化向技术投降》，何道宽译，北京大学出版社 2007 年版，第 10 页。

视技术中隐含的意识形态。"①也就是说，在技术统治的环境下，文化开始为了自身的权威去迎合技术，文化和技术之间的关系变得不再平等，文化在技术的影响下逐渐丧失了独立性，成为技术所驱动的产物。

因此，波兹曼的论述提醒我们，技术不仅仅是工具，它承载着特定的意识形态和世界观。当文化被技术所塑造时，技术不仅改变了我们的生活方式和思维方式，还可能对社会的整体结构和价值观产生深远的影响。在这种背景下，波兹曼对现代社会日益依赖技术的趋势提出了警示，他认为我们在享受技术带来的便利时，应该时刻保持对其潜在影响的警觉。

3. 以技术发展的断代

波兹曼认为，技术并非中立的存在。一旦技术被应用，它便沿着自身的轨迹发展，带有内在的倾向性，并对文化和社会产生深远的影响。根据技术的特征，历史上有不同的文化阶段划分方法，学者们常依据技术发展来定义历史的各个阶段。例如，技术史上常见的划分方式有石器时代、青铜器时代、铁器时代和电子时代等。这些划分依据技术的不同应用与发展，但每个学者关注的侧面不同，因此所划分的时间段和重点也有所不同。在《技术垄断》中，波兹曼基于技术对媒介文化的影响，将媒介文化发展划分为三个阶段：工具使用文化阶段、技术统治文化阶段和技术垄断文化阶段。

工具使用文化阶段，时间跨度为远古至17世纪。波兹曼指出，工具使用文化的本质在于工具与文化中信仰体系或意识形态的关系。他认为，"工具并非外来入侵之物，工具在文化中整合的方式使它们不会与文化中的世界观产生冲突"②。在17世纪之前，宗教信仰和自然神性在人类生活

---

① 〔美〕尼尔·波兹曼：《技术垄断：文化向技术投降》，何道宽译，北京大学出版社 2007 年版，第 42 页。
② 〔美〕尼尔·波兹曼：《技术垄断：文化向技术投降》，何道宽译，北京大学出版社 2007 年版，第 13 页。

中占据主导地位。在这一阶段，技术的发明主要服务于两大目的，"一是解决物质生活中的具体而紧迫问题，如水力、风车和重轮犁头等；二是为艺术、政治、神话、仪式和宗教等符号世界服务，如城堡的建设和机械时钟的发明"[1]。在这一阶段，技术被视为工具和手段，服务于社会和文化的需要，且始终服从于当时的信仰体系。波兹曼认为，技术不会也不可能改变人类的传统文化，而是由文化对技术的发明与使用起到主导作用。例如，风车的发明虽然大大提高了生产力，但其精神层面的意义仍然是服务于神学系统的。在当时，社会的信仰、意识形态都由神学主导，上帝占据一切事物的首位，因此工具的使用必须服从于上帝的意旨，技术发展也受到社会习俗和宗教体制的制约。直到17世纪，世界依然处于工具使用文化阶段。尽管各地区的工具类型和发展程度存在差异，但技术发明的目的是一致的：一是解决物质生活中的具体问题，二是服务于艺术、政治、神话和宗教等符号世界。在这一文化中，技术并不独立，而是受到社会体制和宗教体制的指导与限制，技术的发明和使用都受到这些体制的指引。在工具使用文化阶段，技术与社会的信仰体系或意识形态并不产生冲突，反而是相辅相成的。技术与世界观高度整合，工具作为社会信仰和意识形态的一部分发挥作用。例如，武士的思想限制了武士刀的使用，体现了技术与社会文化之间的密切关系。因此，在这一阶段，技术并未挑战社会的信仰和文化体系，反而是这些信仰和文化体系对技术应用产生了深远的影响。尤其在中世纪的欧洲，技术未能挑战神学的权威，工具的发明与使用仍然在宗教框架下进行，表现出强烈的宗教控制力和文化整合性。

技术统治文化阶段，时间段大致"从18世纪末的瓦特蒸汽机发明以及亚当·斯密《国富论》发表"[2]起，标志着机械时钟、活字印刷术和望

---

① 〔美〕尼尔·波兹曼：《技术垄断：文化向技术投降》，何道宽译，北京大学出版社2007年版，第12页。
② 〔美〕尼尔·波兹曼：《技术垄断：文化向技术投降》，何道宽译，北京大学出版社2007年版，第6页。

远镜的广泛应用。在这一阶段，波兹曼认为技术的作用越发明显和独立，随着科学的进步，技术开始向文化发起进攻，并试图取而代之。然而，这时的技术尽管具有强大的力量，但仍然难以彻底撼动文化，技术的介入更多表现为一种入侵的姿态。进入 18 世纪后，技术的统治趋势愈加明显。工具在思想世界中的作用逐渐走向核心地位，一切事物都必须为技术和工具的发展让步。此时，技术不再满足于仅仅作为文化的一个组成部分，它开始试图主导文化的演变，甚至取而代之。例如，望远镜的发明和广泛应用让天文学家们意识到地球并非宇宙的中心，这一发现直接挑战了上帝和基督教神学的核心观点，科学的思维模式对传统神学的道德观念构成了强烈冲击。此外，随着电报、留声机、打字机、电话、电影等技术的相继出现，机器逐渐代替了人类的许多功能，人们开始更加相信技术的力量，甚至认为技术能够改变整个社会的面貌。技术的快速发展不仅刷新了物质世界的面貌，也开始影响人们的精神世界，文化的普及使教育不再是上层社会的专利，宗教和政治思想也开始发生变化。在此阶段，机械时钟改变了人们对时间的观念，动摇了中世纪以来的集权体制；印刷机的发明则通过活字印刷挑战了传统的口头传授和认识论；而望远镜的使用则"直接攻击了犹太 - 基督教神学的根本命题"[1]。波兹曼指出，这一阶段技术的发展促使社会阶层之间的差异日益加深，技术为底层阶级提供了更多改变社会的机会，从而激发了他们更强烈的社会变革愿望。技术的发展也推动了骑士阶级的崛起，改变了原有的社会阶层结构，增强了个人的自主性。正如波兹曼所言，"阶级区分因为技术的发展而愈加明显，差异性导致底层阶级改变社会的愿望更加强烈，技术给予了他们很好的帮助，骑士阶级的壮大改变了原有的社会阶级组成结构，增强了人的自主性"[2]。在这一阶段，

---

① 〔美〕尼尔·波兹曼：《技术垄断：文化向技术投降》，何道宽译，北京大学出版社 2007 年版，第 15 页。

② 〔美〕尼尔·波兹曼：《技术垄断：文化向技术投降》，何道宽译，北京大学出版社 2007 年版，第 21 页。

传统的权威受到挑战，神学逐渐让位于科学，失去了其在社会中的统治地位。随着社会经济的发展，逐渐形成了一套新的社会规律，这些规律不再依赖于神学或个人意志，而是独立于人类和技术的自然法则。技术的发展使得传统的世界观遭遇到了严峻的考验，成为来自技术的警告和警示。

技术垄断文化阶段，时间起始可以追溯到 20 世纪初。波兹曼认为，在 20 世纪之前，虽然技术统治文化的趋势日益明显，但传统的社会和文化符号系统依然有它的存在空间，技术未能完全摧毁这些传统。技术统治文化并没有完全消灭传统文化，而是把它们置于一种从属地位，甚至"在某些情况下让它们受到羞辱，但这些传统信仰和符号体系依然具有某种影响力和控制力"①。然而，进入 20 世纪后，技术垄断阶段的到来使这一局面发生了根本性的改变。在技术垄断阶段，传统的世界观逐渐失去其影响力。技术不仅在物质层面实现了全面统治，信息的泛滥与技术生成的虚拟世界也开始改变人们对现实世界的感知。波兹曼指出，随着技术的持续发展，尤其是在电子媒介、互联网和数字技术的推动下，信息的传播速度和广度达到了前所未有的程度，传统的社会结构、文化信仰和意识形态逐渐被边缘化。技术通过自身内在的逻辑，不仅影响着人们的思维方式，还彻底改变了社会的行为规范与认知模式。"传统的世界观和哲学信仰逐渐消失，失去了它们曾经在社会中占据的主导地位，技术取而代之，成为新的文化权威。"②波兹曼认为，在这一阶段，技术的控制力逐步强化，成为了社会的主导力量。在这种环境下，技术不仅仅是工具，它自身逐渐成为了一种文化和价值观的载体，进而主导了人们的生活方式和思想方式。技术的进步使得人们更加依赖于它，越来越多的生活领域开始由技术来决定和塑造。无论是在生产、教育、娱乐，还是在社会交往中，技术都以其无

① 〔美〕尼尔·波兹曼：《技术垄断：文化向技术投降》，何道宽译，北京大学出版社 2007 年版，第 26 页。
② 〔美〕尼尔·波兹曼：《技术垄断：文化向技术投降》，何道宽译，北京大学出版社 2007 年版，第 32 页。

所不在的存在，逐步代替了传统的文化、道德和社会规范。技术开始凌驾于一切事务之上，传统信仰逐渐贬值，原本的社会秩序和价值体系被新的技术观念所替代。这一阶段的特点是，技术不仅仅改变了物质世界，也深刻影响了人们的精神世界。在信息技术的支配下，传统的宗教和哲学观点逐渐失去其指导作用，取而代之的是技术所塑造的新的社会秩序。人们开始盲目崇拜技术，认为一切社会问题和人类困境都可以通过技术来解决。波兹曼警告道，在这一过程中，技术逐渐成为一个"独裁式"的力量，它控制了人类的思维与行为，迫使人类在技术的框架下重新定义自己的角色和身份。人们为了适应技术的需求，不断调整自己的生活方式和思维习惯，几乎所有的社会事务都被技术重新塑造。波兹曼指出，这一现象的根源可以追溯到美国，尤其是在 20 世纪初期，随着大规模的工业化与信息技术革命的推进，技术逐渐成为美国社会的核心力量。技术在各个方面代替了人类的思考与判断，技术的力量几乎在无形中剥夺了人们自主思考和决策的能力。波兹曼认为，技术的这种"垄断"不仅使得社会的传统信仰和文化体系遭遇挑战，甚至在某种程度上，传统的道德规范与文化价值观被技术的进步所"淘汰"。他形象地描述道，技术为人类打开了"方便之门"，使得人们在享受技术便利的同时，也在不知不觉中将自己的生活完全交给了技术。这种现象最终导致了社会对技术的依赖达到一种无法逆转的程度，世界变得越来越难以把握，人类对于自己命运的掌控感逐渐消失。总之，在技术垄断的阶段，技术不仅仅是一种生产工具，它深刻改变了社会结构、文化形态和人类思维模式。传统的世界观逐渐消失，技术的力量逐渐占据了所有领域，使人类社会变得越来越依赖于技术，从而形成了一个技术主导的文化秩序。

二、媒介即隐喻

1."媒介即隐喻"的内涵

在《娱乐至死》的第一章，波兹曼以"媒介即隐喻"为标题，扩展了麦克卢汉的"媒介即信息"理论，同时为约书亚·梅洛维茨的"媒介情境"理论奠定了基础。麦克卢汉的核心观点是，每种媒介不仅是信息的载体，还为思想和情感提供了不同的出发点和表达方式。因此，媒介的形式远比其内容更为重要，因为媒介的性质本身就是信息的组成部分，而不同媒介的形式和内容是相互交织、共同生成的。换言之，人类通过某种媒介才可能进行传播和社会活动，媒介的特性决定了这个时代的传播工具，而真正有意义的信息并非传播内容本身，而是由特定媒介所塑造的传播方式。波兹曼在此基础上赞同麦克卢汉的观点，认为："我相信，某个文化中交流的媒介，对于这个文化精神中心和物质中心的形成有着决定性的影响。"[①]波兹曼在此基础上提出了"媒介即隐喻"的理论，这一理论在修辞学中具有独特的含义。在修辞学中，隐喻是一种比喻的方式，区别于明喻，它没有显式的比较，而是通过一种隐蔽的方式，暗示两种事物之间的关系。隐喻不仅仅是对事物的比较，它是一种揭示事物实质的方法，能够通过将一个事物与另一个事物的关系来定义和理解现实世界。在波兹曼看来，媒介并不仅仅是信息的传播工具，"它更像是一个隐喻，通过某种形式来塑造人们对世界的理解与感知。媒介通过隐喻的方式，不仅传递信息，还通过分类、排序、放大、缩小和着色的方式，赋予我们对现实的理解。"[②]

"媒介即隐喻"的观点可以从两个方面进行理解：首先，媒介的隐喻功能改变了人类的会话形式。在波兹曼的视角下，"媒介—隐喻"是一个广泛的概念，它不仅仅指言语、文字和符号，还包括所有形式的交流手段。无论是绘画、象征符号、字母，还是电视、电脑、微信等，都是媒介的形式，它们规定了文化中的"会话"形式。在口语时代，人类

---

① 〔美〕尼尔·波兹曼：《娱乐至死·童年的消逝》，章艳、吴燕莛译，广西师范大学出版社 2009 年版，第 10 页。

② 〔美〕尼尔·波兹曼：《娱乐至死·童年的消逝》，章艳、吴燕莛译，广西师范大学出版社 2009 年版，第 11 页。

依赖口口相传的方式进行交流；在印刷时代，书面文化成为交流的主流，人们通过纸质的文字和书信传递信息，跨越时空的障碍；进入数字化时代，电视和电脑成为新的交流工具，社交媒体和即时通信软件进一步使得远距离的沟通变得轻而易举。尤其是微信的普及，文字与声音的结合让交流方式更加多元化，语言和视觉符号的界限变得模糊，极大地丰富了人们的交流手段。这些媒介的形式不断更新，不仅改变了我们的沟通方式，也潜移默化地改变了文化互动和思维的方式。其次，媒介形式对文化内容的影响。波兹曼强调，文化的组成不仅仅包括会话的形式，还包括其内容，不同媒介形式的出现，推动了文化内容的变化与发展。在不同时代，文化的内涵和结构随着会话形式的变化而不断变化。波兹曼指出，"深入一种文化的最有效途径是了解这种文化中用于会话的工具"[1]。例如，书面文化的普及改变了人们对智力、真理和知识的认知，而日新月异的电子媒介形式不仅改变了我们获取信息的方式，还深刻影响了我们的社会认知、价值观念以及文化内容的构建。通过不同媒介的传播，社会对历史、政治、艺术、娱乐等方面的理解和接受方式也发生了转变。因此，媒介的形式具有重要的隐喻功能，它们通过影响文化交流的方式和内容，塑造了不同历史时期的文化特征。

2.媒介"隐喻论"的特点

根据波兹曼对媒介与隐喻关系的论述，我们可以明确展现出他"媒介即隐喻"理论的三个方面特点：第一个特点是隐蔽性。波兹曼指出，媒介的独特之处在于它"指导着我们看待和了解事物的方式，但这种影响往往不为人所注意"[2]。媒介的这种"隐蔽性"与隐喻的自我遮蔽性相似，隐

---

[1] 〔美〕尼尔·波兹曼：《娱乐至死·童年的消逝》，章艳、吴燕莛译，广西师范大学出版社 2009 年版，第 10 页。

[2] 〔美〕尼尔·波兹曼：《娱乐至死·童年的消逝》，章艳、吴燕莛译，广西师范大学出版社 2009 年版，第 11 页。

喻的作用在于通过暗示而非直接说明，影响我们对事物的理解。波兹曼将媒介的隐蔽性比作空气与人、水与鱼的关系——我们生活在其中，却往往对其忽视，无法意识到其对我们生活的深刻影响。媒介通过这种隐蔽的方式潜移默化地塑造着我们的世界观和文化认知，却往往不被人们察觉到其重要性。正如吴晓恩所提到的，媒介影响文化的方式是悄无声息的，正因如此，我们才常常忽视其对文化的深刻作用。第二个特点是广泛性。波兹曼强调，媒介不仅仅传递信息，它更是一种思维方式和社会文化的传播工具。媒介影响的范围远超人们的直观认知，它通过对世界的"分类、排序、构建、放大、缩小、着色"等方式，帮助我们理解世界并为我们提供"证明一切存在的理由"[1]。媒介不仅改变了信息的传递方式，也塑造了我们理解和体验世界的方式。随着媒介形式的变迁，信息和文化的表达方式变得更加复杂与多元，媒体的影响早已渗透到社会的各个层面，并且不断扩展其影响力。波兹曼通过这一观点表明，媒介对文化的影响并非局限于信息传递的层面，它从根本上影响了社会结构、思维方式，甚至人们的生活方式。第三个特点是建构性。波兹曼认为，媒介对世界的感知有着建构性的作用。人类通过媒介来建构对世界的认知体系。正如隐喻在语言和思维中的作用，媒介也在帮助我们构建对世界的理解。在波兹曼看来，媒介的形式决定了我们如何感知和理解现实世界。例如，眼镜的发明不仅仅改善了视力，更重要的是它象征着人类能够通过科技改变自身的命运。眼镜的出现打破了"天命"的观念，强调了人类对自我身体和大脑的主控能力。这一点可以联系到波兹曼的观点，即我们对世界的认识不仅仅是通过感官体验，也是通过媒介工具来构建的。不同的媒介工具会塑造不同的文化认知和社会现实。波兹曼还通过"福斯泰夫"的例子进一步阐释媒介的建构性。在莎士比亚的戏剧作品中，福斯泰夫这一人物形象的塑造不仅仅依赖

---

[1]　〔美〕尼尔·波兹曼：《娱乐至死·童年的消逝》，章艳、吴燕莛译，广西师范大学出版社 2009 年版，第 11 页。

于莎士比亚的文字，也依赖于舞台演出的呈现。福斯泰夫作为一个典型人物，其形象的立体化、舞台表现的强烈性，是媒介形式和符号隐喻功能转化的结果。通过文字的传递，福斯泰夫不仅仅是一个平面化的文学人物，更是一个可以在舞台上"活"起来的立体形象。这一过程体现了波兹曼所提到的媒介对世界的建构作用，即媒介并不仅仅是传递信息，它还通过形式上的转化，帮助我们建立起对世界、对人物、对文化的全新认识。表情符号作为媒介隐喻的另一种阐释，在现代社交媒体的背景下，表情符号的使用也体现了"媒介即隐喻"理论的核心思想。加拿大语言学家格雷琴·麦卡洛克指出，表情符号的使用不仅仅是为了传递情绪，更像是一种暗示，它是人们通过精心挑选的符号来表达自己内心的真正意图。表情符号并非简单的情感表达工具，而是通过视觉符号的形式，构建了一个新的沟通语言和文化现象。通过这一隐喻的方式，表情符号成为了现代社交沟通中不可或缺的部分，它们帮助人们在短暂的时间内传递情感和意图，丰富了社交互动的层次。

三、媒介即认识论

波兹曼在"媒介即隐喻"理论的基础上，进一步提出了"媒介即认识论"的概念。波兹曼认为，电视作为媒介的功能常常被误用来传播严肃而深刻的内容，而这些内容是我们社会文化和公众对话的重要组成部分。然而，电视本身的娱乐性特点导致了严肃内容的庸俗化和娱乐化，从而削弱了信息的深度和真实性。因此，波兹曼提到，要正确对待电视媒介，我们必须先探讨认识论的问题。波兹曼认为，认识论是研究知识的起源、性质及其形成过程的学问，这一学问关乎人类的世界观、价值观与人生观的整体建构，它形塑了我们对世界的总体看法和认识。人类社会的演变推动了认识论的变迁，且在不同的历史阶段，认识论的内容和形式都有所不同，从而引发了关于"真理"的不同定义。在波兹曼看来，媒介的性质对"真理"有着深刻的影响，"真理的定义至少有一部分来自传递信息的媒体的性质"①。这意味着，不同的媒介形式对真理的展现和人们的世界观有着直接的塑造作用。具体而言，印刷时代的认识论与电子媒介时代的认识论是截然不同的，前者曾是文化的主流，而随着电子媒介尤其是电视的兴起，后者逐渐成为现代文化的核心。随着媒介形式的更新与发展，真理的表达方式和人们对世界的认知也发生了剧烈变化。在波兹曼的理论框架下，媒介不仅仅是信息的载体，它通过其独特的表现形式与传播方式，深刻塑造了我们的世界观、价值观及对真理的理解。

因此，我们可以从以下两个方面来理解波兹曼关于媒介与认识论之间关系的阐释：

首先，媒介与共鸣：塑造共同的文化认知。媒介的力量能够引导同一时期的人们对社会现实、文化等形成共鸣，进而塑造共同的认识。例如，当我们展示汉代陶艺时，观众通常会联想到粗犷的线条、力量与速度；而展示唐代佛像雕塑时，观众的反应则是慈祥、和善、亲近的感受。这些艺术作品的不同风格，是通过不同历史时期不同的媒介形式传达出的独特审美感受。媒介同样具有这种能力，它可以使我们对特定事物产生一致的理解与感知。在书写文化的时代，媒介（即文字）提高了人们的阅读能力并培养了理性思维。通过阅读书籍，人们能够提升精神境界，并形成线性、分析性的话语结构，这种思维模式成为公共对话的标准和模式。以印刷文化为代表的公众对话，以严密的逻辑和理性为特征，无论是宗教宣传、政治竞选、辩论，还是日常交流、广告等，都是通过书面语言来传递信息。这一时代的传播媒介重视理性思考和逻辑推理，推动了知识和真理的理性表达。然而，随着电报、电话等新型电子媒介的出现，印刷时代对公共话语的主导地位逐渐被打破。电子媒介的出现使得信息传递的速度与数量发生了根本性变化，新的媒介形式重新塑造了语言环境，并带来了新的公众

---

① 〔美〕尼尔·波兹曼：《娱乐至死·童年的消逝》，章艳、吴燕莛译，广西师范大学出版社 2009 年版，第 17 页。

话语模式。比如，电报缩短了信息传递的时间，电视则以平实的语言、迅速变化的图像和悦耳的音乐替代了书面语言的严密结构，电脑更是成为日常事务处理的主要工具。这种转变要求人们发展与新媒介相适应的认识论。美国进入娱乐产业主导的时代后，理性、秩序与思考被逐渐抛弃。举例来说，电视新闻常常以短短十几秒的信息呈现，每条新闻的深度和思考空间都被压缩，这种碎片化的方式让人们渐渐养成了对待事情不必深入思考的态度。即使是政治竞选、宗教宣传等严肃话题，在电视媒介的影响下也开始逐渐娱乐化、轻浮化。因此，不同媒介的性质不仅改变了人们对事物的认知模式，也影响了我们在社会生活中形成的价值观和认知习惯。正如麦克卢汉所说："纯粹从媒介的技术运用中所产生的价值观和偏好，无法保持不变。"[1] 因此，"任何认识论都是某一媒介发展阶段的认识论"[2]。

其次，媒介与真理的关系：表现形式的变迁。不同媒介的变革不仅改变了我们的认知模式，也深刻影响了我们对"真理"的理解与表现形式。在波兹曼看来，"对于真理的认识是与表达方式密切相关的。真理从来不可能是未经修饰的，它总是以某种形式出现，否则就难以为人接受"[3]。这意味着，真理的展现需要通过特定媒介来传递，而不同媒介的表现形式决定了真理的外衣与形态，影响了我们如何理解和接受它。在口口相传的文化中，语言是传递真理的主要载体；在印刷文化时代，真理通过书面文字得以传达，书面文字比口头语言更具说服力，因为它经过了验证和修改，承载了更严密的逻辑。书面文化的时代让人们习惯于通过理性、分析性的方式来探讨和理解真理，形成了以逻辑推理为基础的认知体系。然而，在现代电子媒介的影响下，追求速度与数量成为媒介的核心特征，信息的快

---

① 〔加〕麦克卢汉：《理解媒介——论人的延伸》，何道宽译，商务印书馆2000年版，第131页。

② 〔美〕尼尔·波兹曼：《娱乐至死·童年的消逝》，章艳、吴燕莛译，广西师范大学出版社2009年版，第23页。

③ 〔美〕尼尔·波兹曼：《娱乐至死·童年的消逝》，章艳、吴燕莛译，广西师范大学出版社2009年版，第21—22页。

速流动使得真理的传递方式发生了显著变化。例如，数字化的媒介环境中，真理的表现往往依赖于数字和数据，各种社会学家、政治学家、经济学家等领域的专家开始以数字为依据，决定决策和推导真理。我们经常会看到一些关于年度电影制作数量、书籍出版数量等的报道，虽然数量在不断增长，但真正带来心灵震撼的作品和深入思考的读者却极为稀少。在医学领域，机器的诊断结果成为真理的象征，而医生的多年经验则被边缘化，这样的表达方式在一定程度上忽视了人的直觉和智慧。因此，媒介不仅有助于真理的形成，它的性质还决定了我们如何感知和表达真理。在电子媒介的环境中，尽管信息的数量剧增，但其碎片化和快速变化的特性使得人们对真理的理解变得越来越表面和浅薄。媒介的进化，尤其是电子媒介的广泛运用，可能使我们离真理的本质越来越远，反而让我们更多地关注表象和即时满足。

媒介的隐喻力量及其在认识论中的决定性作用不容忽视。一方面，媒介决定了公众话语的表达形式，进而影响着内容和思想的呈现，而这些表达方式本身成为了文化的重要组成部分。另一方面，不同媒介时代下的认识论思想，塑造了人们对社会现实的理解与反应方式，进而引发思维模式和认知结构的深刻变化。在波兹曼看来，电子媒介不仅在隐喻功能上占据中心地位，更深刻地决定了社会认识论的方向，书面文化的影响力逐渐被边缘化。从理性至上的"阐释时代"到舍弃逻辑、追求娱乐化的"娱乐业时代"，美国社会的认识模式经历了根本的转变。随着技术的迅猛发展，电子媒介已深深融入人们的日常生活，并在塑造人性、文化和社会方面发挥着前所未有的力量。波兹曼指出，当娱乐成为主导的公共话语形式时，政治、新闻与商业等领域也无可避免地成为娱乐的附庸，娱乐逐渐成为一种文化精神的象征，而沉浸其中的社会最终将陷入"娱乐至死"的困境。

第三节　波兹曼对媒介文化的批判

波兹曼在其著作中对电子媒介带来的社会文化变革进行了深刻的批判，尤其是对电子媒介如何影响人类的思维方式、文化取向及社会结构的批评。他认为，电子媒介的迅猛发展和普及正在逐步改变人类的生活状态，导致个体的人性发生异化，文化逐渐转向娱乐性化，并引发信息泛滥和信仰危机的严重问题。

一、人性的异化

生活在电子媒介环境中的人们已无法摆脱电子技术的依赖，手机、平板电脑、电视等电子产品无时无刻不在影响着我们的日常生活，交流、通信、工作等各方面都离不开它们。电子技术的迅猛发展使其在我们生活中的作用愈加重要，推动我们进入了一个全新的符号环境。尽管人类用智慧创造出了各种电子产品，然而，随着时间的推移，我们却逐渐被它们所左右。波兹曼指出，在电子媒介的影响下，我们的童年渐行渐远，娱乐精神逐渐主导了我们的生活，依赖电子技术成为常态，主观能动性日益丧失，人们逐渐变成了媒介文化的信奉者。因此，我们的日常习惯和思维方式正被电子媒介所塑造。正如麦克卢汉所说："我们自身变成我们观察的东西……我们塑造了工具，此后工具又塑造了我们。"①

1."童年"概念的消逝

波兹曼将"童年"的发现视为"文艺复兴的伟大发明之一"，并认为这一发明与印刷文化的普及和现代学校的建立密切相关。印刷文化的推广

① 〔加〕麦克卢汉：《理解媒介——论人的延伸》，何道宽译，商务印书馆 2000 年版，第 17 页。

使书写文化成为社会文化的主要形式，只有具备书写能力的人才能进入成人社会，了解社会的文化秘密。现代学校的核心任务便是培养儿童的书写能力，帮助他们为进入成人社会做准备。因此，儿童与成人的世界被读写能力的门槛所分隔，从而确立了"童年"和"成年"这两个概念，标志着这两个概念在文化和文明意义上的诞生。在波兹曼看来，"童年"并非天生存在的概念，而是社会的产物。波兹曼认为，印刷术的普及是童年概念从模糊到明确的重要分水岭。回顾历史，尽管古希腊的柏拉图在《普罗泰戈拉》一书中讨论过儿童教育的相关内容，提出了儿童的特殊性，但这种认识仅仅是童年概念的初步雏形。古罗马时期，人们首次将成长与羞耻心联系在一起，但直到罗马帝国的崩溃和漫长的中世纪，儿童的概念并未得到明确的界定。中世纪的教会控制下，"工匠识字文化"对当时已初步建立的"社会识字文化"形成反作用，导致文化倒退，而由于造纸技术尚未普及，书写材料的短缺使得"文盲"现象普遍存在。在这一时期，大多数人并未接受教育，文化交流主要依赖口耳相传，人们的教育意识和对羞耻的感知逐渐消失，儿童与成人的界限模糊，童年概念的构建几乎停滞。随着印刷术的出现和书籍的普及，15世纪至16世纪，阅读和书写成为区分成人与儿童的重要标准。教育的普及意味着儿童需要通过接受教育才能进入书籍构建的成人世界，这一转变突破了生理意义上的成年划分，赋予"童年"和"成年"新的社会意义，标志着"童年"概念的真正形成。然而，进入20世纪后，电子媒介的兴起重新打破了以理性思考为标准的代际界限，尤其是电视的出现。波兹曼认为，电视是打破儿童与成人之间界限的关键因素。他指出，电视使得儿童原本具备的三大关键素质——文字能力、学校教育以及羞耻心——正逐渐消失。他警告，随着电子媒介的普及，"童年"这一概念正面临着消失的威胁。电子传播技术突破了传统交流中的时间与空间障碍，使信息可以超越时空的限制，进入了一个瞬间与同时性并存的世界。这种新型的符号世界并未能维持保障童年存在所需的社会等级与知识制度。正是由于电视的普及，各类信息的获取变得轻而易举，儿童原本无法接触的性、暴力和死亡等内容也开始进入他们的视野。电视图像的直观性使得儿童不再需要通过学习便能接触到成人的世界，信息的等级结构随之崩塌。更为关键的是，电视的普及使得观众群难以区分，任何节目任何人都可以观看，电视传播的形式注定了其缺乏排他性，成为一种无所不包的公共媒介。随着物质生活的高度发展，电视已经成为家庭中的必需品，儿童和成人不再面对不同的信息，而是分享相同的信息，成人世界的信息以影音的形式迅速侵入儿童的世界。随着这种信息传播的无差别化，儿童与成人的界限变得模糊不清，仿佛回到了十四五世纪的传播条件。在这种传播模式下，波兹曼认为，"童年"这一概念最终将会消失。

进入 21 世纪，手机、平板电脑和网络信息的快速发展，使得电视的影响力与之并驾齐驱。网络的开放性、瞬时性和多样性使信息传播更加无差别化、碎片化和随意化。当信息的传播速度和丰富度达到前所未有的程度时，人们的认知却变得更加浅薄。网络媒体的激烈竞争推动了图像技术的不断进步，即便是几秒钟的短视频，也充满了绚丽的视觉效果。长期以来，观众的注意力被图像所主导，偏重感性、被动接受，理性思考和文字信息的比重逐渐减弱，最终导致认知的进一步浅薄化。

2.娱乐至死的物种

每项技术的应用反映了当时人们思想状况的深刻变化。波兹曼认为，印刷机时代的美国是"阐释的年代"，人们倾向于理性思考，严肃地面对生活，而在电视时代，尤其是进入"娱乐业时代"后，社会中的一切事务——无论是宗教、政治还是教育——都被转化为娱乐的形式。在这个时代，娱乐不仅渗透到日常生活的方方面面，人们也在这种娱乐文化中逐渐迷失，走向"娱乐至死"的境地。所谓"娱乐至死"，是指生活中的所有内容，无论多么严肃，都会以娱乐的方式呈现。政治议题、宗教信仰，甚至教育内容，都在电视的影响下沦为娱乐节目的一部分。波兹曼认为，娱乐业时代的开始要追溯到 19 世纪末，这一时代的到来与技术的进步密不可分。

尤其是塞缪尔·F·B·莫尔斯的电报，消除了距离和地域的限制，让信息传递变得不再依赖于物理交通工具。此后，信息的传递开始脱离具体的空间和时间框架，信息的时效性变得比其内容和深度更为重要。信息的量大于其质量，人们对事件的全面了解变得不再重要，获取信息的速度和新鲜感成为最重要的标准。波兹曼指出，电报不再是一种传递理解事件的工具，而只是为了信息的新鲜度而传播的工具。在这种信息传递模式下，图片和摄影技术的出现进一步改变了人们的认知方式。最初，摄影只是为了"复制"现实，但随着技术的发展，摄影渐渐成为一种"语言"。然而，这种技术只能呈现事件的表面，而无法深入思考事件背后的意义。波兹曼指出，随着影像技术的不断进步，照片的可信度开始受到质疑，因为图像容易误导观众，使得人们难以形成对事件的全面认识，这种片面性他称为"伪语境"。电视作为摄像技术的进一步发展，在这样的媒介环境下，逐渐形成了足以与印刷媒介抗衡的影响力。罗兰·巴特甚至将电视定义为"神话"，它深深植根于每个家庭，成为不可或缺的存在。无论电视播放什么样的节目，波兹曼认为，它本质上都只是一种娱乐形式，甚至连严肃的政治或社会议题在电视的影响下也会失去原有的严肃性，沦为娱乐的一部分。

首先，电视媒介本身的形式要求它所呈现的内容具有娱乐性，这与其技术特性密切相关。电视综合了电报和摄影术的特点，"把图像和瞬息时刻的结合发挥到了危险的完美境界，并且进入了千家万户"[①]。电视通过将迅速变化的信息与吸引力强的图像相结合，并辅以音乐和声音，使各种主题内容都以娱乐的形式呈现出来，满足了观众对视觉快感的需求。举例来说，1960 年，美国共和党候选人尼克松与民主党候选人肯尼迪首次在电视上展开竞选辩论，电视开始涉足政治领域。这种媒介的普及使得政治家越来越关注自身的形象，而忽视了政治主题的严肃性。正

---

① 〔美〕尼尔·波兹曼：《娱乐至死·童年的消逝》，章艳、吴燕莛译，广西师范大学出版社 2009 年版，第 70—71 页。

如麦克卢汉所言：“只要能够把观众的注意力集中到形象上的东西，都是重要的东西。”①政治人物的丑闻也无情地暴露在公众视野中，娱乐了大众。波兹曼指出：“不管是什么内容，也不管采取什么视角，电视上的一切都是为了给我们提供娱乐。”②电视的核心功能是娱乐，观众的需求也是如此。枯燥乏味的内容往往不受欢迎，而电视提供的娱乐性内容成为主流。其次，电视的娱乐性使得观众容易沉浸其中。一档娱乐节目的平均时长为一个半小时，主持人和嘉宾为了吸引观众的注意，常常不惜一切代价逗乐观众，即便是中途插播的广告也常常以轻松、娱乐的方式呈现。波兹曼曾指出：“电视上每个镜头的平均时间是 3.5 秒，所以我们的眼睛根本没有时间休息，屏幕一直有新的东西可看。”③电视节目不断展示各种不同的主题，而这些内容的共同特点就是娱乐性。电视不要求观众在某个主题上进行深度思考，因为还有无数的主题在等待展现。如果一档节目以探讨某个话题为主，其安排每位嘉宾发言的时间通常是有限的，在电视上无法展现长时间的思考过程，“在思考过程中，观众没有东西可看”④。因此，观众很容易被那些具有娱乐快感的节目吸引，娱乐情绪始终贯穿于整个观看过程。最后，电视是最为亲近的媒介之一，深刻影响着我们的生活和思维方式。波兹曼在 Five Things We Need to Know About Technological Change（《技术变革前我们需要知道的五件事》）中指出：“在美国几乎每个人都会以这样那样的方式受到它的影响，并远远超过了其它的地方。”电视让人们了解世界的形态，选择商品，甚

---

① 〔加〕麦克卢汉：《麦克卢汉如是说：理解我》，何道宽译，中国人民大学出版社 2006 年版，第 174 页。

② 〔美〕尼尔·波兹曼：《娱乐至死·童年的消逝》，章艳、吴燕莛译，广西师范大学出版社 2009 年版，第 77 页。

③ 〔美〕尼尔·波兹曼：《娱乐至死·童年的消逝》，章艳、吴燕莛译，广西师范大学出版社 2009 年版，第 76 页。

④ 〔美〕尼尔·波兹曼：《娱乐至死·童年的消逝》，章艳、吴燕莛译，广西师范大学出版社 2009 年版，第 79 页。

至学会使用工具。它已经成为我们了解生活各方面内容的指挥中心，塑造并融入了文化。电视的娱乐性、琐碎性和庸俗性影响了人们的话语结构、话语性质以及对各种问题的理解和态度。比如，在教育过程中加入音乐元素，政治家不再关注自身的观点，而开始以娱乐化的方式处理重要事务。电视所营造的思维方式深深植根于我们的意识中，逐渐使我们成为具有娱乐精神的物种。

3.媒介文化的信仰者

波兹曼认为，现代社会中技术的进步和普及使得人们逐渐形成了一种对技术的盲目崇拜。人们对技术能力的信奉已经远远超过了对人类自身理性和判断的信任，甚至将技术的计算结果和判断视为不可动摇的真理。例如，在进行调查或总结经验时，常常听到人们说"电脑计算结果……"或"电脑记录告诉我们……"。这种对技术的依赖，已经让我们进入了"机器神奇效果的重重包围之中，我们受到的鼓励是忽略机器里嵌入的理念"[①]。我们逐渐放弃了自主能动性，将思考和判断的权利交给了技术，成为了媒介文化时代的"忠实信奉者"。波兹曼指出，20世纪初的技术垄断是集权主义技术统治的开始，技术垄断意味着一切文化生活都臣服于技术的统治。技术不仅仅是一个工具，更是成了人们信仰的一部分，它开始替代传统的价值观和信念，甚至在道德和精神层面上给人们带来了满足。在这种环境下，人们希望科技能够回答那些科学本身无法解决的道德问题，逐渐失去了对技术的正确判断。波兹曼认为，科学技术已经不再仅仅是一个研究工具，它变成了一个组织社会和塑造个人信仰的途径，最终技术的统治会摧毁文化传统、道德观念和人文主义，使人类的精神和道德体系陷入瓦解。人们失去了对传统信仰的信心，技术成了唯一可以信任的力量。在技术垄

---

① 〔美〕尼尔·波兹曼：《技术垄断：文化向技术投降》，何道宽译，北京大学出版社2007年版，第53页。

断的环境下，人类的思考能力被技术逐渐取代，社会对人类经验的认知被机器所控制，最终使得人类在某些方面变得越来越像机器。技术进步带来的并非人类的真正进步，反而使得人们的主体性、判断力和思考能力受到极大削弱。正如波兹曼所警告的，"失控的技术增长毁灭人类至关重要的源头，它造就的文化将是没有道德根基的文化，它将瓦解人的精神活动和社会关系，于是人生的价值将不复存在"①。例如，在医疗领域，技术的发展确实提高了诊断效率，但也导致了医生诊断能力的下降。医疗技术的进步使得医疗标准从医生的经验总结转变为机器的诊断依据，技术生成的结果给人一种"客观真实"的幻觉，甚至改变了医生与患者之间的关系。医生不再直接接触患者，而是更多地与设备和仪器打交道，这导致了人类与人类之间原本应有的沟通和互动逐渐减少。在这一过程中，电脑的作用变得越来越重要，它不仅进入医疗领域，也进入了各行各业，成为现代社会不可或缺的工具。波兹曼认为，电脑的应用已经彻底支配了人类事务，"它凌驾于一切人类经验之上，展示它的'思考'功能胜过我们的思维能力，借以支持它君临一切的主张"②。这使得人们的能动性和思考能力不断被剥夺，最终陷入了技术的"附庸"状态。

波兹曼的这一观点带有强烈的警示性，提醒我们在欣赏技术带来便利和效率的同时，也要意识到它可能对人类文化、道德观念、社会关系以及精神世界的侵蚀。在技术的垄断下，人类不仅失去了对世界的清晰认知，甚至可能在某种程度上失去人类应有的智慧和自主性，成为"机器的附属"。

二、文化的娱乐化

技术对文化发起了挑战，技术的进步不仅成为时代文化发展的象征，

---

① 〔美〕尼尔·波兹曼：《技术垄断：文化向技术投降》，何道宽译，北京大学出版社 2007 年版，第 2 页。
② 〔美〕尼尔·波兹曼：《技术垄断：文化向技术投降》，何道宽译，北京大学出版社 2007 年版，第 64 页。

甚至被视为文化的一部分。波兹曼指出："技术与文化的关系必然经历一个磨合过程……技术和文化之间既有给予，也有索取。"[1] 然而，在技术垄断的阶段，文化在技术的压制下逐渐失去活力，并依赖于技术的支持，"一切形式的文化生活都臣服于技艺和技术的统治。"[2] 波兹曼展示了"技术的威力"与"文化的堕落"之间的关系。

1."伪语境"——娱乐的产物

"语境"指的是言语的环境，它是某种语词在交流中所依赖的背景，包括上下文、情境、对象、时间、空间、心理背景等，意义的表达需要依托语境。然而，随着技术垄断的推进，我们被推向了一个娱乐化的社会，语言和信息失去了其原本的语境，形成了所谓的"伪语境"。"伪语境"指的是一种看似合理却虚假的语境。波兹曼认为，"伪语境"是电报与摄影相结合的产物，电报突破了信息传递的空间限制，改变了信息的来源、传播速度和数量，使大量无关的信息像列表一样涌向人们，而这些信息既不依托于某种语境，也彼此毫无关联。而照片则通过将图像从语境中抽离，使它们可以在不同的方式下呈现，波兹曼指出，照片的意义"就在于能把形象脱离语境，从而使它们能以不同的方式表现出来"[3]。照片和电报的结合为我们提供了虚假的语境，一条信息旁附一张图片，或一张图片用某条信息作为注解，两者互相嵌入，却未解释信息或图片的背景与意义。在这种伪语境中，人们常常创造出一些事件，或是娱乐新闻，或是将某人包装成新闻人物，将这些内容以娱乐化的形式呈现出来。布尔斯廷将这些事

---

① 〔美〕尼尔·波兹曼：《技术垄断：文化向技术投降》，何道宽译，北京大学出版社 2007 年版，第 2 页。

② 〔美〕尼尔·波兹曼：《技术垄断：文化向技术投降》，何道宽译，北京大学出版社 2007 年版，第 30 页。

③ 〔美〕尼尔·波兹曼：《娱乐至死·童年的消逝》，章艳、吴燕莛译，广西师范大学出版社 2009 年版，第 67 页。

件称为"伪事件"，即"蓄意安排用于被报道的事件"①。在麦克卢汉的《理解媒介》中提到"他成了新闻人物"，在这种情况下，与"他"相关的事件被报道，"他"本身也被打造为新闻人物，成为公众关注的焦点。虽然虚构或制作在文学中自古存在，但在电子媒介的环境下，虚构与制作变得越发明显。伪语境能使"脱离生活、毫无关联的信息获得一种表面的用处"②。这种用处就是娱乐，信息被快速罗列，电视节目或娱乐新闻中的各种趣味问答等信息之间没有关联，也不会提供任何背景或深层意义，"我们制作了可以填充时间的伪事件，电视也必会为这些伪事件的消费创造一种虚假的需求，这种需求看似能带来一时的快乐，并延续一种虚假的幸福感"③。

在伪语境中，事件之间没有实际关联，且其对我们生活中的行动或思想影响并无显著益处。伪语境是信息泛滥时代创造出的幻象，它成为"丧失活力之后的文化的最后避难所"④，人们沉迷于创造的伪语境中，娱乐自己，而失去活力的文化则在其中展现它最后的存在意义。

2. 数字权威——文化向技术（娱乐）投降

在技术垄断阶段，除了各种技术设备的更新，数字作为一种"软"技术也发挥着前所未有的影响力，改变了人们的心理和思维方式。数字不仅指导着我们的思维，还在某种程度上改变了我们对智力、真理和现实的理解。比如，智力的定义不再仅仅是对事物的理解能力或解决问题的能力，而是通过数字来衡量某人的智力水平。"这些数字符号像机器一样，能够

---

① 〔美〕尼尔·波兹曼：《娱乐至死·童年的消逝》，章艳、吴燕莛译，广西师范大学出版社 2009 年版，第 89 页。
② 〔美〕尼尔·波兹曼：《娱乐至死·童年的消逝》，章艳、吴燕莛译，广西师范大学出版社 2009 年版，第 89 页。
③ 李小云：《尼尔·波兹曼的媒介生态学研究》，载《世界文学评论》，2010 年第 2 期。
④ 〔美〕尼尔·波兹曼：《娱乐至死·童年的消逝》，章艳、吴燕莛译，广西师范大学出版社 2009 年版，第 89 页。

生成新的心态，并创造出关于现实的新概念。"① 在文学领域，数字也成为评价文学作品成功与否的标尺。数字的权威表现在作品的销量、利润等方面。曾经，文学作品的价值不仅仅是其故事的创新或情节的独特性，还包括其深远的意义和打动人心的力量，这种震撼使其成为经典，影响一代又一代的读者。然而，如今经典的作品越来越稀少，市场上受欢迎的作品往往是那些能够获得较高销量、排名的作品。为了迎合市场和观众的需求，作家们常常放弃文学的审美标准和高雅的品味，低俗的作品在市场中泛滥，观众和市场也越来越倾向于欣赏"三俗"的作品。快节奏的生活使得人们无暇深入阅读文学作品，商家为了获取高额利润，推动大众文学和快餐文学的发展。销量和排行榜决定了作家和作品的知名度，从而影响创作方向。这样一来，高质量的文学作品逐渐被忽视，精英作品被束之高阁，低俗文学反而占据主流市场。人们的追求不再是质量，而是数量，"'好'电视节目的定义变成了单纯的高收视率，'差'节目则是收视率低的节目"。② 数字在衡量文学创作和文化产品的过程中，被赋予了前所未有的权威。它成为新的标准，决定着文学的发展方向。波兹曼指出："数字作为隐形技术决定着资源的配置，并量化了作品的销售，借此达到预定的利润目标。"③ 这一过程营造了一个数字化的符号环境，改变了人们对文学和创作的态度。数字化的量化标准让我们误以为产量越大成就也就越大。文学变成一个可以量化的对象，而数字则悄然推动着文化向技术投降，改变了人们对文学的认知和评价。虽然数字在一定程度上有助于衡量文学作品的受欢迎程度和市场反应，但我们不能仅仅依赖数字来判断作品的价值。有些文学作品虽然销量不高、读者群体有限，却往往拥有深刻的思想内容，

---

① 〔美〕尼尔·波兹曼：《技术垄断：文化向技术投降》，何道宽译，北京大学出版社 2007 年版，第 75 页。

② 〔美〕尼尔·波兹曼：《技术垄断：文化向技术投降》，何道宽译，北京大学出版社 2007 年版，第 80 页。

③ 〔美〕尼尔·波兹曼：《技术垄断：文化向技术投降》，何道宽译，北京大学出版社 2007 年版，第 74 页。

例如《尤利西斯》《喧哗与骚动》《追忆似水年华》等。这些作品的思想性和文学性远超大众文化作品，尽管它们的销量不及快餐文化，但其精神价值和对人类思维的启发是不可替代的。相对而言，尽管大众文化作品的销量庞大，观众的欣赏度也很高，但它们往往缺乏深刻的思想内涵，带给人的只是暂时的娱乐，难以引起持久的精神震撼。

3.媒介垄断与娱乐化社会的形成

人类始终生活在文化中，我们的世界在某种意义上就是文化的世界。人类的生活并非由自然环境所决定，而是由文化的形式和习惯所塑造。文化的衰落可能以一种隐蔽而可怕的形式出现：文化变成充满感官刺激、欲望和无规则游戏的娱乐至死的状态。波兹曼认为，真正的危险在于，我们喜爱的事物正在一点一点地摧毁我们，人们在信息的汪洋大海中变得被动和自私，文化不再是思想的熔炉，反而变成了一出滑稽戏，人们成为娱乐至死的物种。

在《娱乐至死》一书中，波兹曼不仅对印刷机和电视两种不同媒介环境下的美国社会生活做了对比，更深入探讨了在电视媒介的环境中，如何从新闻节目、宗教、政治到教育及日常生活的各个方面，都逐渐走向了"娱乐至死"的道路，揭示了一个娱乐化社会生活的图景。

新闻节目娱乐化：信息失序与真实性的重构。在由电子媒介塑造的新闻世界里，新闻的秩序与意义被彻底颠覆。新闻片段之间不再有必然的联系，观众所看到的新闻不仅是片段化的、零散的，而且缺乏背景、结果和价值，成为纯粹的娱乐消费。新闻的真实性不再通过事实的检验来定义，而是通过讲述者的可信度来构建，这种可信度更多地依赖于讲述者的吸引力与表现出来的真诚感，而非事件本身的真实性。新闻的构成元素也发生了变化，背景音乐、视觉冲击力的图像和画面效果成为新闻的重要组成部分。这些元素并非为了阐明新闻的核心内容或解答观众的疑问，而是通过视觉和听觉的冲击力来吸引观众的注意力，模糊了公众话语与娱乐之间的界限。镜头本身的效果和娱乐性成为新闻的主要驱动力，新闻不再传递有价值的信息，而是成为吸引眼球、填充娱乐需求的工具。

宗教娱乐化：从神圣教义到娱乐化的消解。当宗教进入电子媒介，尝试通过现代技术将其信息和理念呈现时，宗教逐渐被娱乐化的标签所黏附。电视本身的娱乐性将宗教的严肃性冲淡，原本在书本中神圣而深刻的文字，经过电视的包装，变得世俗化和轻浮。为了在众多节目的竞争中脱颖而出，宗教节目开始依赖于娱乐性的宣传、俊男美女的噱头，以及华丽制作的辅助。这种方式虽然在眼球经济时代无可厚非，却暴露出深层次的危机。波兹曼在《娱乐至死》一书中指出，宗教的目的并不是迎合人性中的表层需求，而是要引导人们超越短暂的娱乐需求，提升人类的精神层次。宗教的传教方式原本应是朴素且持久的，它能够激发信徒的内省与思考。然而，电视媒介将其娱乐化后，宗教的深刻意义变得难以理解，因为娱乐的特质本身缺乏持久性和深度，无法引发深层次的反思。在这个过程中，宗教不再是充满历史感和神圣意义的人类活动，它不再拥有严肃的仪式、深邃的教义、悠久的传统，甚至缺乏宗教的超越精神。真正的危险不在于宗教成为电视节目的内容，而在于电视节目逐渐成为宗教的内容，最终可能失去其原本的教育性与精神价值。电视媒介的娱乐性把宗教的深度削弱，使其沦为浅薄的表演，无法完成其教化和启迪人心的根本任务。

政治娱乐化：从理性辩论到形象政治的浅薄化。波兹曼在《娱乐至死》一书中提到，随着政治进入电视媒介，政治不仅仅变得娱乐化，甚至带上了作秀的成分，失去了其原本应有的理性和深度。他讲述了美国历史上林肯和道格拉斯的辩论故事——在那个印刷文字时代，辩论充满理性、严谨和深度。演讲者能够直接面对观众表达观点，观众也能够现场反馈。这种政治形式是民主的基石，强调的是个人思考和面对面的互动。然而，随着电视媒介的普及，政治逐渐变成以广告为代表的"视觉政治"，广告的语言成为政治表达的重要工具。政治人物在选举中更多依赖于广告语言来迎合观众的情感与需求，而不是通过理性和政策的讨论来展现其政治理念。

选民不再关心政客们的真实思想，而是关心他们能否通过视觉形象和娱乐元素吸引眼球。波兹曼指出，在这个新时代，政治人物的形象变得越来越重要，穿着、发型、笑容、肢体语言等都成为了政治的附加条件，甚至在一些场合上，视觉形象凌驾于政治理念之上。政治人物的真正内涵越来越少，而选民的注意力也逐渐从政策本身转向外在的形象包装。这使得政治活动变成了一种表演，政治话语的深度和历史感丧失，取而代之的是以娱乐为主导的浅薄沟通方式。在这个以娱乐为主导的时代，政治不再是一种理性辩论的工具，而是变成了通过娱乐化包装和形象塑造来获得选票的手段。政治话语的思想性被逐渐舍弃，取而代之的是视觉效果和情感操控，使得现代政治愈加成为表演艺术，失去了理性与历史的根基。

教育娱乐化：从知识传授到娱乐化的简化。自从教育通过电子媒介进入公共视野后，教育与娱乐的界限逐渐模糊，教育也开始不可避免地被娱乐化。电视和其他电子媒介的娱乐性使得教育不再是一个严肃、深刻的知识传授过程，而变成了以吸引观众注意力为目的的娱乐活动。传统上，教育被视为一种帮助学生提升思维能力、培养批判性思维的严肃事业。然而，随着电子媒介的普及，教育内容逐渐迎合了娱乐性需求，注重的是视觉冲击和即时的感官享受，而非长时间的思考和深入的理解。在这种娱乐化的背景下，教育不再强调学生的认知成长和知识积累，而是将学习过程变得轻松、快捷，甚至是娱乐性的。教育节目中的教学内容往往被削减为表面化的信息，失去了传统教育中对学生深度思考和问题解决能力的培养。教育节目的娱乐化趋向使得知识的传递不仅缺乏系统性、连贯性，更忽视了对思维深度的挖掘。学校课程和教学方法也因此被迫迎合这种娱乐化的趋势，以吸引学生的注意力为首要目标，逐步导致学生对学习过程中的深刻思想、挑战和困难的抵触。这种教育娱乐化的现象类似于宗教的娱乐化转变，宗教从神圣教义到娱乐化的简化，逐渐失去了其深刻的精神意义，转而成为一种吸引观众的娱乐节目。教育亦是如此，原本应当承载严肃知识和文化传递的场所，变得以娱乐为主，忽视了知识的严谨性和对思想的真正启迪。娱乐化的教育无法激发学生的批判性思维和独立思考，最终使得教育的本质从培养深度思维和文化认同的过程，退化为一场浅尝辄止的感官刺激。这种转变不仅使得教育的深度消解，也对学生思维方式的培养产生了负面影响，阻碍了他们思辨能力和批判精神的发展。

日常生活娱乐化：从功能性到感官消费的转变。电视在日常生活中的娱乐化影响，几乎涵盖了人们生活的方方面面。从社会交际、商品营销到名人效应，几乎所有社会活动都依赖于电视作为媒介来完成，而观众对电视信息的接受也变得毫无门槛。与传统的书本学习和深入思考相比，电视为观众提供了一种轻松、即时的信息接收方式，任何具备基本交际能力的人都能够轻松地与电视互动。这种互动不需要铺垫和深入思考，电视可以像一个熟悉的朋友一样，以无所不包的内容随时进入你的生活，满足各种需求。在娱乐化的电视世界里，教育、美容、购物、交通等日常生活的各个方面，都可以通过电视广告来进行引导。广告中的图像和音乐通过感官刺激，将人们的需求引导至产品的购买上，电视通过这些娱乐元素，不仅丰富了内容，也开始掌控观众的日常生活。在五光十色的画面和背景音乐的包围中，电视所传递的讯息不再是理性思考的启发，而是直接诉求观众的感官和欲望，使得观众几乎不自觉地被引导向某种消费模式。这种日常生活的娱乐化不仅改变了我们对信息的接收方式，也改变了我们与社会和文化的关系。电视不再是单纯的资讯传播工具，而成为了一种无处不在的娱乐机器，渗透到日常生活的每一个角落。人们在享受电视带来的轻松愉悦的同时，也失去了对生活的主动把控，变得越来越依赖这种娱乐化的信息流，最终将日常生活变成了一个由电视节目和广告塑造的感官消费世界。

媒介垄断不仅在内容上塑造了一个娱乐至上的文化氛围，更通过对信息传播的控制，塑造了大众对现实的认知与生活方式。这种娱乐化社会的形成，虽然在一定程度上提升了文化消费的便捷性和趣味性，但也在潜移默化中消解了社会议题的深度和严肃性，弱化了个体的批判性思维和社会责任感。在这种新型的文化环境中，媒介不仅仅是信息的传递者，更是文化的塑造者，且其主导地位使得娱乐化的消费逻辑渗透到社会的每一个层面。

三、令人焦虑的社会

人类文化媒介的变迁无疑是技术发展的产物，不同的技术凭借其独特性质对社会产生了深远影响，塑造了新的媒介环境，并迫使个体和社会进行相应的调整。例如，电脑的发明使其迅速渗透到办公、教育、服务等各个领域，推动了全民学习电脑的热潮。在这种大环境下，掌握电脑操作成为了确保日常工作顺利进行、避免在职场竞争中落后的必要条件。而如今，电脑与互联网的应用几乎成了每个人的基本技能，甚至三四岁的孩子也能在没有专业培训的情况下操作电脑，玩简单的网络游戏。这一切表面上看是技术的进步与便利，然而，技术的迅速普及却也伴随着焦虑的滋生。信息技术带来了前所未有的效率和便捷，但同时也带来了深刻的社会焦虑。信息量的激增、速度的加快以及技术的不断更新换代，让人们感到始终被技术和信息的浪潮所裹挟，无法停歇。电子媒介的泛滥不仅影响了个体的工作与生活节奏，也使得我们的信仰与社会价值观遭遇前所未有的挑战与危机。在这场技术驱动的变革中，焦虑成为了我们社会不可忽视的普遍情绪，技术的进步与人的精神适应之间的张力日益加剧。

1.信息泛滥：技术垄断阶段的后果之一

技术垄断带来了一个显著而深远的后果，那便是信息的泛滥。在技术统治文化的时代，信息这一曾经稀缺且珍贵的资源，如今变得无处不在，甚至呈现出前所未有的过剩状态。信息的膨胀几乎成了现代社会的标志之一，几乎每一秒钟都有海量的信息被生产、传递和消费，网络、电视、社交平台等媒介成了信息传播的主要渠道。虽然信息的广泛传播在某种程度上便利了我们的生活和工作，但它也带来了令人不安的后果——信息已经不再是帮助人们获得知识、作出决策的有效工具，而是变成了令人困惑、无法消化的噪音。如波兹曼所言："走投无路的信息是危险的，没有理论指导的信息是危险的，没有妥当模式的信息是危险的，没有高于其服务功能宗旨的信息同样是危险的。"[①]

信息的过度泛滥不仅没有带来期望中的智慧与启发，反而让我们陷入了信息的迷雾之中，无法辨别其中的价值与真伪，甚至可能会被无用的、杂乱的信息淹没。这种状况使得信息本应具备的功能——传递知识、帮助决策、推动行动——逐渐失去了原本的意义。这种信息的过载现象，直接导致了传统信息控制机制的崩溃。波兹曼指出，传统社会中，信息的传递和传播受到学校、家庭、政党、宗教和国家的严格控制和筛选，它们对信息的内容和形式都有一定的审查制度，确保信息在传递过程中具有实用性和引导性。例如，在家庭中，家长通常会对孩子接收的信息种类进行监督，确保他们能够接触到对其成长有益的信息；在政党和国家层面，信息的传播则往往服务于意识形态的维护和权力结构的稳定。这样的控制机制在很大程度上保证了信息的质量和方向性。然而，随着电子技术的崛起，尤其是互联网和社交媒体的普及，信息获取变得异常便捷，几乎没有任何障碍。这种信息自由流动的状态彻底打破了传统的控制机制，取而代之的是依托于技术的全新信息控制方式——例如官僚主义、专业技能和技术性机制。然而，这些技术手段的引入并没有遏制信息的泛滥，反而在某种程度上加剧了信息的过载，尤其是在"泛滥成灾的垃圾邮件里苦苦挣扎"[②]的情况下，人们无所适从。波兹曼在此严厉批评了信息泛滥对社会秩序和认知的损害，认为这种无序的信息涌流实际上是对人类理性和社会功能的严重威胁。与此同时，信息泛滥还导致了人类"信息－行动比"的严重失衡。所谓"信息－行动比"是指信息量与其对实际行动影响之间的关系。在传统

---

① 〔美〕尼尔·波兹曼：《技术垄断：文化向技术投降》，何道宽译，北京大学出版社 2007 年版，第 37 页。

② 〔美〕尼尔·波兹曼：《技术垄断：文化向技术投降》，何道宽译，北京大学出版社 2007 年版，第 5 页。

的口头文化或印刷文化中，信息的产生往往是为了帮助人们作出决定，推动行动，因此，信息和行动之间维持着一种相对平衡的关系。然而，随着电子技术的发展，尤其是网络信息的快速传播，大量无关紧要的娱乐信息、虚假新闻、广告等信息不断涌现，这些信息不仅没有帮助人们作出有效的决策，反而让人们的注意力和认知力分散，导致"信息－行动比"的严重失衡。波兹曼引用了柯勒律治的名言"到处是水，却没有一滴水可以喝"①，形象地揭示了当今信息泛滥的困境。信息的超载让人们在浩如烟海的信息中挣扎，却无法找到真正有价值的内容。波兹曼进一步指出，"信息的价值不再取决于其是否有助于社会决策和行动，而是取决于它是否新奇和有趣"②。这使得信息的功能发生了根本变化，它从本应具有实际指导意义的工具，转变为一种消耗时间和注意力的娱乐性内容。此时，"信息－行动比"不再平衡，信息的过剩反而阻碍了人们作出理性决策和有效行动，导致社会和个人的无所作为和决策力的削弱。波兹曼还警告道，信息过剩带来了文化的崩溃，甚至是文化免疫系统的失效。当信息量超过一定阈值时，社会和个人的文化过滤机制便无法有效应对这种信息洪流。信息失控、泛滥的局面导致人们无法筛选出有价值的内容，进而失去对信息的控制力。正如波兹曼所描述的那样，当信息变得无法管理时，文化本身的"免疫系统"也会面临崩溃。这种失控的状态进一步导致了所谓的"抗信息缺损综合征"（Anti-Information Deficiency Syndrome）③，这不仅是信息过剩的结果，也是技术垄断文化的特征。这种文化的崩溃现象类似于艾滋病对免疫系统的侵害，当文化无法有效过滤无关信息时，社会将陷入无序与混乱。因此，波兹曼对这种文化崩溃状态深感忧虑，认为它不仅会摧毁人类的理性和判

---

① 〔美〕尼尔·波兹曼：《娱乐至死·童年的消逝》，章艳、吴燕莛译，广西师范大学出版社 2009 年版，第 62 页。

② 〔美〕尼尔·波兹曼：《娱乐至死·童年的消逝》，章艳、吴燕莛译，广西师范大学出版社 2009 年版，第 60 页。

③ 〔美〕尼尔·波兹曼：《技术垄断——文化向技术投降》，何道宽译，北京大学出版社 2007 年版，第 37 页。

断力，还会使人们沉浸在无意义的信息流中，丧失对信息的真正理解和应用能力。

总的来说，信息泛滥是技术垄断时代的一个显著特征，它不仅带来了社会认知和行为的严重失衡，还加剧了文化免疫系统的崩溃。信息的过剩让我们在巨大的信息海洋中迷失方向，既无法从中汲取智慧，也无法有效应用这些信息来解决现实问题。波兹曼通过对这一现象的批判，提醒我们必须警惕信息超载所带来的深远社会危机。

2.互联网媒介的隐喻：技术垄断阶段的延续与转型

尽管波兹曼将互联网与电视一并列入"电子媒介"的范畴，但从他的著作中不难看出，他的批判主要集中在电视媒介上，而对互联网的关注则显得相对不足。波兹曼的媒介批判思想成型于20世纪80年代，而互联网的广泛普及是在90年代以后，因此可以理解他对互联网这种新兴媒介的认识和批判有所局限。尽管波兹曼始终坚称自己并非拒绝新技术的"卢德分子"，但他在90年代后期却表现出对互联网技术的冷漠和回避。例如，他拒绝使用电子邮件，依然坚持以钢笔进行写作，并且他从未购买过计算机，也并不因为没有上过网而感到遗憾。整体而言，波兹曼对作为当代主导媒介的互联网持有消极态度，他认为互联网的"隐喻"实际上是电视"隐喻"的延续和深化，将计算机媒介视为电视媒介的强化，继续对其进行批判。基于波兹曼的批判思想及其弟子美国媒介环境学家兰斯·斯特雷特（Lance Strate）的研究，互联网媒介的"隐喻"可以从以下三个方面进行归纳与分析。

第一，互联网使信息日益脱离事实，并失去指导人行动的意义，人与信息间的和谐关系被破坏。波兹曼指出，在信息革命以前，人类社会面临的问题之一是信息匮乏，但随着科技和工业的进步，传媒方式也发生剧烈变革，人类所获得的信息量前所未有地增长起来。显然，新时代人类所面临的困境已经由信息匮乏转变为信息过载。他认为，信息的意义在于指导行动，但计算机制造的大量过剩信息使人来不及反应和处理，反而丧失了行动能力。信息指导行动的功能大大减弱了，"信息－行动比"失衡，人类与信息的关系比起在信息不足的年代更加紧张和对立，信息已不再是人类的"益友"而成了人类行动的"敌人"。① 此外，波兹曼从语言明晰性出发提出了"信息"与"事实"的区分："信息（information）"并不等同于"事实（fact）"，事实是实际发生的事情，而信息只是对事实的一个陈述。因此，"一个事实可以对应很多信息，并且事实是不可错的，而信息是可错的"②。人们往往想当然地把自己在电视或网络上看到的信息当作真实的加以接受，波兹曼的区分揭穿了电子时代信息大厦的"真实"假象，告诉人们信息（特别是电子媒介发出的信息）也是可错的。在本质上，波兹曼将计算机定义为一种"操作和生成信息的机器"③，并认为这台机器所提供的大量信息实际上并不能解决人类所面临的诸多重要问题，却造成了可以解答问题的假象，营造出一种"技术的弥赛亚"。这大概是新技术的开创者们始料未及的。

第二，互联网创造了一种非线性、反逻辑和非理性的话语方式，使严肃对话更加困难，并可能威胁到民主制度的生存。波兹曼在《娱乐至死》中描述的电视时代的话语特点同样体现在互联网媒介上。首先，"互联网新闻的编排格式是非线性的"④。此外，电子文本的阅读通过超链接和搜索引擎从一个部分跳到另一个部分，注重的是直觉、发散和跳跃性。电子写作使得文本不再固定地印刷，而是可以被轻易地替换和更新，这就丧失了文本的稳定性。维基百科的词条可以在任何时间被任何用户修改，这无疑影响了它的权威性。同时，在不断打击话语逻辑性和质量的情况下，网络也将不可避免地引起理性和智力的衰退，让人难以进行深度思考。正如

①③ POSTMAN N. *Informing Ourselves to Death* [EB/OL]. (1990-10-11) Retrieved February 6, 2018, from:http://www.exodusbooks.com/Samples/Penguin/1235Informing.pdf.

② 吴晓恩：《逃离电子文化的陷阱：尼尔·波兹曼媒介学思想研究》，北京大学出版社2015年版，第45页。

④ STRATE L. *Amazing Ourselves to Death: Neil Postman's Brave New World Revisited* [M]. New York: Peter Lang, 2014: 70.

尼古拉斯·卡尔（Nicholas Carr）所说："我再也读不了《战争与和平》了，我已经丧失了通读长篇文章的能力。"[①] 不过，互联网话语的堕落还有另一个严重后果：威胁民主制度。波兹曼认为，民主的基础是一个崇尚理性的公民群体的存在，它要求进行严肃而有意义的公共对话。而在互联网时代，理性被感性取代，意义被娱乐淹没；对话日益脱离语境，不再有相关性和目的性。比起电视时代的 1985 年，如今的人类已更难承担民主社会里公民的义务。

第三，互联网背后的数字主义和科学主义将导致数字崇拜和技术垄断的形成。"技术垄断（technopoly）"是波兹曼创造的术语，由"技术"和"垄断"两个词融合而成，指技术对我们的世界和生活所进行的特殊控制，所谓"一切形式的文化生活都臣服于技艺和技术的统治"[②]。波兹曼认为，技术垄断起源于 20 世纪"泰勒制"科学管理的出现，特点是无限制地追求速度和效率。同时，这种对速度和效率的追求与定量化的计算能力不可分割，技术垄断便与近代以来的数学革命产生了联系。斯特雷特指出，印刷革命后的知识爆炸要求出现管理信息的新方法，引发了 17 世纪微积分的发明；而 19 世纪的交流革命又引起了 1854 年布尔代数学的出现，布尔逻辑又为 20 世纪中叶的香农信息论提供了基础（进而为计算机科学提供了基础）；最后，在 20 世纪 40 年代发明了数字计算机。可见，计算机技术从一开始就是数字主义和定量化的产物，目的是建立一套强大的机器来实现运算的高效率，这样一种技术是与定性评价和人文主义格格不入的，会直接导致人文主义的消逝。[③]

在互联网时代，人的一切都可以用数字衡量和计算，人就是数据。计

---

① 〔美〕尼古拉斯·卡尔：《浅薄：互联网如何毒化了我们的大脑》，刘纯毅译，中信出版社 2010 年版，第 5 页。

② 〔美〕尼尔·波兹曼：《技术垄断——文化向技术投降》，何道宽译，北京大学出版社 2007 年版，第 30 页。

③ STRATE L. *Amazing Ourselves to Death: Neil Postman's Brave New World Revisited* [M]. New York: Peter Lang, 2014: 75-78.

算机已经深刻地改变了人性，这也是它的"隐喻"所在。

3.信仰的遗忘：技术垄断时代的文化转型与精神空缺

信仰是文化的根基之一，它不仅塑造了人们对世界的理解，还作为行动与思想的指南，支撑着社会的道德结构与精神秩序。在技术垄断时代之前，信仰体系在每个民族和国家中都有深厚的根基，传统的宗教信仰或意识形态为社会提供了道德框架与精神力量。然而，随着技术的迅猛发展，传统的信仰体系遭遇了前所未有的冲击，逐渐失去了其指导和支撑作用。信息技术的崛起不仅改变了人类获取信息和知识的方式，还深刻影响人们对世界的认知与思考方式，甚至让信仰的概念变得模糊和不再必要。波兹曼指出，在这个过程中，科技逐渐取代了传统信仰的位置，人们开始将更多的信任和崇拜寄托于技术与科学的力量上，形成了一种新的文化信仰——对技术的盲目崇拜。波兹曼用"技术垄断"这一概念描述了这种现象，指出"技术的神话"逐步替代了传统宗教和哲学的角色，成为现代社会的新的精神支柱。正如他所言，"一位神的升格需要另一位神的降格"[1]。在技术垄断的时代，信仰的转变不只是文化符号的变化，更深刻地反映了人类精神世界的空缺和对传统意义的失落。随着人们对技术的依赖与信仰加深，传统的道德、伦理和信仰体系逐渐被边缘化，宗教、哲学和文化传统的价值不再是社会行动和思想的主导力量，取而代之的是技术和数字化的理性思维。

首先，技术发展所带来的商业主义逐渐消解了文化符号的深刻意义。随着技术的飞速进步，经济效益得到了前所未有的提升，人们开始利用一切可能的资源来推动经济增长，包括宗教和民族背景等传统文化符号。波兹曼提到，商业化的进程中，传统的宗教人物被重新塑造为各种广告符号

---

[1] 〔美〕尼尔·波兹曼：《技术垄断：文化向技术投降》，何道宽译，北京大学出版社 2007 年版，第 30 页。

和娱乐形象，借此推销商品、吸引消费者，从而将这些神圣的形象从遥不可及的神位拉至俗世的商界。通过幽默和娱乐的语言，这些神灵不仅被世俗化，而且其原本的崇高地位也在消费者中急剧下降。此外，商业主义对传统信仰的践踏还体现在文化符号的泛滥使用上。波兹曼指出，某个文化符号被频繁使用时，它的深层含义会逐渐被消解。就像某个脏字被不断地使用后，它不再带有原有的贬义；同样地，曾经神圣而抽象的上帝形象，在娱乐节目中反复被模仿和戏谑，极大地削弱了其神圣感。波兹曼指出，"当图像处处可见时，接触图像的经验必然要变化，也就是说，图像的重要意义随之减少"①。这种无休止的符号消费消耗了其原本的神秘力量，使得传统的信仰体系在商业和技术的面前变得不堪一击。波兹曼进一步强调，"在技术垄断论的条件下，区分神圣和世俗没有多大的意义。"②当技术与经济逐渐取代信仰的功能时，传统的神圣信仰被逐步遗忘，取而代之的是对经济效益和技术进步的崇拜。这种现象反映出，在技术和商业的推动下，信仰逐渐被重新定义，传统文化符号的原始意义贬值，最终导致人们对物质和技术的崇拜超越了对精神和神圣的追求，构成了现代社会文化的深刻转变。

其次，唯科学主义的幻觉逐渐消解了传统的信仰体系。波兹曼指出，唯科学主义是由三种相互交织的观念构成的。第一种观念是，自然科学的方法可以应用于人类行为的研究；第二种观念是，社会科学所揭示的规律可以用来在合情合理的基础上组织和管理社会；第三种观念则是，科学不仅仅是一个工具，而且可以成为一种全面的信仰系统，赋予生命以意义，使人获得安宁、道德上的满足，甚至产生不朽的感觉。③在这种观念体系下，

---

① 〔美〕尼尔·波兹曼：《技术垄断：文化向技术投降》，何道宽译，北京大学出版社 2007 年版，第 99 页。

② 〔美〕尼尔·波兹曼：《技术垄断：文化向技术投降》，何道宽译，北京大学出版社 2007 年版，第 100 页。

③ 〔美〕尼尔·波兹曼：《技术垄断：文化向技术投降》，何道宽译，北京大学出版社 2007 年版，第 86 页。

科学不仅仅是一个认知工具，更成为组织社会、引领行动的途径，甚至成为一种信仰。科学思想的不断进步与技术的发展相辅相成，技术的创新给人类社会带来显著的物质恩赐。在这种背景下，人们普遍将科学进步视为社会进步的标志，认为科学的成就能够不断推动社会向前发展。医学、物理学、生物学等领域的研究为人们带来了显著的改善，科学的思想因此得到广泛的普及和认同，科学家们也获得了前所未有的社会尊重。在科学的引领下，人类逐渐培养出对事物发展趋势的预见和控制能力。例如，科学家可以预测新技术带来的社会变化，医学进步使得疾病可以得到早期诊断和治疗等。这种预见和控制能力使人们产生了"科学无所不能"的幻觉，认为科学能够为人类行动提供方向和指导，甚至充当人生的航向标。更重要的是，社会学、文学等曾被认为是"人文学科"的领域，越来越多地倾向于科学化，它们试图借用技术设备或是数字化的手段来增强自身的"精确性"。这些学科借助科学的外衣获得了"权威性"，将自身的研究与科学的客观性和理性挂钩，进一步强化了科学的地位。这种科学主义的普及，促使人们对传统信仰的精神性和道德体系逐渐产生怀疑。在科学所带来的物质方面的真实性冲击下，传统的精神信仰逐渐被削弱，信仰的精神大厦开始崩塌，人们不得不寻找一个替代性的权威——唯科学主义。因此，科学不再仅仅是一个工具或研究方法，它逐渐上升为一个综合的信仰体系，成为现代社会的精神支柱。在这种环境下，唯科学主义不仅重新定义了知识的本质，也重新塑造了人类的价值观和世界观，使得传统的精神信仰逐步消解，人们的精神世界也被重新组织和构建。

小结

尼尔·波兹曼是 20 世纪末最具影响力的媒介文化批判家之一，他的媒介理论，尤其是在其媒介文化批判三部曲中展现出的洞察力和预见性，至今仍然为现代社会的媒介文化问题提供深刻的思考。在这一章中，我们详细探讨了波兹曼的媒介文化批判，特别是其在《童年的消逝》《娱乐至死》和《技术垄断——文化向技术投降》中的核心观点，并结合其"媒介隐喻论"和对媒介娱乐化、信息泛滥、信仰遗忘等社会现象的深刻分析，进一步理解了技术垄断时代媒介文化的演变及其对人类社会的巨大影响。

波兹曼作为媒介批判的先知，他的学术贡献不仅仅是对媒介影响力的分析，更是对人类文化、社会结构、道德体系乃至个人精神世界的深刻反思。他认为，技术并不是中立的工具，而是塑造人类文化和社会形态的深刻力量。在《娱乐至死》中，他警告我们，电视这种媒介的娱乐化倾向将导致公共对话的衰弱和理性思维的丧失，进而威胁到民主制度的根基。波兹曼认为，电视作为一种"表演媒介"，将严肃的公共议题转变为娱乐消遣，从而使人们的思想变得肤浅，最终导致人类社会失去批判性和深度。与此同时，波兹曼在《技术垄断》一书中进一步分析了科技发展的趋势，指出技术的过度发展和商业化将催生"技术垄断"——一种由少数技术巨头控制的社会形态。在这一社会中，技术不仅控制着我们的生活方式，还重新塑造了我们的思维方式和文化结构。波兹曼用"技术垄断"这一概念深刻揭示了科技进步背后隐藏的社会控制力量，警示我们不要盲目崇拜技术和科学，因为它们的背后往往藏有巨大的权力利益。波兹曼的这一理论给我们提供了一个关于技术、权力与社会关系的深刻洞察，提醒我们在面对技术进步时，不能忽视它对社会、文化甚至个体认知带来的深远影响。

第一，媒介与文化的相互塑造——波兹曼的媒介隐喻论。波兹曼的媒介隐喻论为我们提供了一个全新的视角来理解媒介与文化之间的关系。他认为，媒介不仅仅是传播信息的工具，它本身也充满了文化符号和隐喻，通过这些隐喻，媒介对人类的思维方式、认知结构以及文化模式产生着深刻的影响。在《技术垄断》中，波兹曼提出了"媒介即隐喻"的观点，认为每一种媒介形式都是一种文化隐喻，它通过自身的特性影响人们对世界的感知和理解。这一理论的核心观点在于，媒介不仅是传递信息的渠道，它本身就携带着某种文化观念。例如，文字作为一种媒介，它强调逻辑和理性思维，而图像作为媒介，则更容易引发感性和直观的反应。电视作为一种以图像为主导的媒介，其娱乐化倾向就反映了这一点：它不仅是传递信息的工具，更塑造了观众的思维方式，将信息的传递从理性和逻辑转向了感性和娱乐。通过这种"媒介即隐喻"的分析，波兹曼揭示了媒介形式如何潜移默化地塑造了现代社会的文化结构，甚至决定了人们的思想方式。

第二，媒介娱乐化对文化的冲击——从"伪语境"到"娱乐至死"。波兹曼的媒介文化批判的核心之一便是对媒介娱乐化的揭露。波兹曼认为，随着技术的发展，尤其是电视的普及，公共领域的对话逐渐被娱乐化所取代，理性讨论被肤浅的娱乐内容所淹没。在这种文化环境中，人们对严肃的社会议题失去了兴趣，公共话语越来越向娱乐和消费倾斜。波兹曼把这种现象称为"伪语境"，即通过娱乐性节目构建一个虚假的公共讨论空间，观众无法真正接触到复杂和深刻的社会问题，而是被诱导进入一个浅薄的娱乐性空间。这种"伪语境"不仅仅是媒介内容的表层现象，更是对文化根基的深刻侵蚀。随着媒介越来越趋向娱乐化，公众对文化意义的认知变得越发浅薄，甚至将娱乐作为生活的唯一目标，忽视了理性、批判和深度。波兹曼通过对电视、广告和新闻节目等媒介形式的批判，揭示了这种娱乐化文化如何悄无声息地侵蚀了民主社会的基础，使得民主的公共讨论和理性辩论逐渐消失，社会的批判性思维和自我反思能力被削弱。

第三，信息泛滥与社会焦虑——技术垄断时代的危机。进入数字时代后，信息的爆炸式增长让波兹曼的批判显得更加具有现实意义。在《技术垄断》中，波兹曼指出，信息泛滥是技术垄断时代的一个重要后果。随着互联网和社交媒体的发展，信息的传播速度和数量达到前所未有的水平，但与此同时，信息的质量和深度却越来越低。人们面对的是一个信息过载的世界，而这种过载往往让个体感到无所适从和焦虑，无法从海量的信息中筛选出真正有价值的内容。在这种信息泛滥的背景下，社会的焦虑感不断加剧。波兹曼认为，技术的进步虽然在一定程度上提高了社会的生产力和效率，但它也在加剧社会的割裂，使人们在信息的洪流中迷失自我。这种社会焦虑不仅表现为个体的情感困境，更体现在对公共议题的漠视和对复杂问题的回避上。人们越来越难以进行深入的思想交流和理性讨论，而是陷入了短暂、片面的信息互动中，文化的深度和人类思维的复杂性逐渐丧失。

第四，信仰的消解与文化的空洞化。在技术垄断时代，波兹曼还探讨了信仰的消解和文化的空洞化问题。随着技术的迅猛发展和商业化的推进，传统的信仰体系逐渐崩塌，人们对技术和科学的崇拜取代了宗教和道德信仰。波兹曼指出，科技的进步使得人们逐渐迷信技术，认为它能够解决所有问题，甚至替代传统的精神和道德体系。通过对科学的崇拜，人们逐渐失去了对传统信仰的依赖，社会的精神支柱变得空洞。这种信仰的消解不仅仅是宗教信仰的消失，更是整个文化价值观的崩塌。波兹曼警告我们，在技术垄断时代，人类社会面临的最大问题之一就是缺乏真正的精神信仰和文化认同。随着传统信仰的瓦解和科技的崛起，社会变得越来越物质化，人们的精神空虚感和文化焦虑越发严重。这种文化空洞化的趋势，使得社会更加依赖娱乐和消费，以填补内心的空白。

波兹曼的媒介文化批判不仅仅是对过去电视时代的反思，它的现代意义同样深远。在数字化、信息化、全球化的今天，波兹曼关于媒介娱乐化、信息泛滥、技术垄断和信仰消解的批判依然适用，甚至更加紧迫。现代社会中的社交媒体、智能手机、互联网新闻、短视频等新兴媒介形式，都体现了波兹曼所预见的文化走向：娱乐至死、信息泛滥、信仰空洞、理性消解。尤其是在全球范围内，技术的主导地位和商业利益的渗透，使得这些问题愈加严重，导致人类文化的多样性和复杂性被逐渐压缩，社会的公共讨论和深度思考变得越来越困难。

通过波兹曼的批判，我们不仅认识到技术和媒介在现代社会中不可忽视的影响力，更需要警惕技术带来的潜在社会危机。在技术日益主导文化的今天，波兹曼的思想为我们提供了深刻的反思和警示，提醒我们在追求技术便利的同时，不能忽视其对人类精神世界和文化结构的深远影响。

在尼尔·波兹曼的媒介批判理论中，虽然他对于电子媒介特别是电视的负面影响发出了警钟，并将其视为文化衰退的催化剂，但他的观点常常被贴上"技术悲观主义者"的标签。波兹曼的理论透过一层忧虑的镜头观察当代社会，尤其是美国，深刻揭示了新兴电子媒介对社会、文化乃至人类精神生活的深远影响。在他的眼中，媒介技术的进步，特别是电视的普及，带来了前所未有的文化冲击。他坚信，现代社会的媒介技术被片面追求经济效益和感官享乐的动力所驱动，已经使得现实社会变得扭曲、病态。波兹曼形容当今世界是一个"物质丰富，精神空虚"的社会，一种"娱乐至死"的文化已经取代了深度思考和理性讨论，带来了思维的碎片化和人类精神的贫瘠。然而，这种单一的破坏性视角，也让波兹曼的媒介批判理论显得有些片面。他过于强调电子媒介，尤其是电视的负面作用，而忽略了这些媒介在生活中所带来的某些积极变化。虽然波兹曼不无道理地认为，电视的娱乐化倾向将成人与儿童的界限模糊化，把社会引入一个"娱乐至死"的怪圈，但他似乎忽略了电子媒介的另一个面向：它无疑提高了效率，拉近了人与人之间的距离，扩大了文化的传播范围，甚至让曾经只有少数精英能接触到的知识和资源，成为大众可享的宝贵财富。在某种意义上，波兹曼提出的"祛魅时代"概念，可以视为电子媒介赋予人们更广泛理解世界、参与社会事务的机会。他自己也承认，技术并非一成不变，它是时代发展的产物，而我们在面对技术进步时，应该既保持警惕，也要承认它的某些益处。

尽管波兹曼的论述中充满了对现代媒介的深刻担忧，但他并非一味的悲观者。在他笔下，媒介技术的确改变了我们的世界，使得文化生产和传播进入了一个新的时代。而且，波兹曼并不全然反对技术的进步，他更关心的是，在这一进程中，人类如何保持对技术的掌控，而不至于被它所吞噬。他提醒我们，在技术日新月异的时代中，我们不应盲目崇拜，也不应一味抵制，而应保持对技术本质的清醒认知。只有如此，我们才能在科技带来的变革中保持文化的根基，避免陷入纯粹的感官娱乐和消费主义的泥潭。因此我们在接受波兹曼的媒介批判思想时，应该保持一种辩证的视角。

虽然他为我们提供了对现代媒介的深刻警示，但我们同样不应忽视技术进步所带来的积极变化。换句话说，我们应当以一种客观、公正的态度去看待电子媒介的双重性。没有人能否认，波兹曼的思考在揭示电子媒介的潜在危险方面是深刻且有价值的，但同时，我们也要意识到，这些媒介的广泛应用和普及，给人类社会带来了无法忽视的积极影响。

第六章 罗伯特·麦克切斯尼：全球化与文化帝国主义批判

罗伯特·麦克切斯尼在北美媒介文化批判学派中占据举足轻重的地位，他的研究不仅加深了对美国以及全球媒体权力结构的理解，而且在全球化的背景下，对文化帝国主义现象提出了尖锐的批判。在《富媒体、穷民主：不确定时代的政治传播》一书中，麦克切斯尼详细分析了美国电视节目生产和流通过程的商业逐利行为，并批判了媒体如何成为文化和政治控制的工具。麦克切斯尼对于媒体集中的权力和媒介全球化的影响进行了深入的探讨，提出了美国媒体发展转型的关键点及可能的改革路径。他的工作展示了一种批判视角，揭示了全球化背景下媒介文化如何被塑造并用作全球政治经济结构中的控制工具，强调了重新审视全球化媒介文化的紧迫性和重要性。

第一节 美国媒介权力集中的批评者与建言人

麦克切斯尼不仅是美国媒介权力集中化问题的激烈批评者，更是媒介改革和民主化运动的积极建言人。他通过对美国媒介产业深刻的政治经济学分析，揭示了媒介集中化、商业化以及权力结构对公共话语和民主制度的负面影响。他的学术研究和社会活动不仅批判了当前媒介体制中的不平等和不公正现象，还提出了具体的改革路径，倡导更为民主和公平的媒介环境。在本节中，我们将首先介绍麦克切斯尼的学术背景及思想来源，接着探讨他对美国媒介体制的批判思想及其深远影响，最后分析他对媒介改革和民主化的具体建言，以及这些建言在全球范围内的价值与意义。

一、麦克切斯尼其人其说

罗伯特·麦克切斯尼（Robert McChesney）是美国当代最具影响力的传播学学者与社会活动家之一，是北美传播政治经济学研究的重要代表人物。他在学术界的影响深远，并且在学术生涯中不断推动对媒体的批判性分析。麦克切斯尼大学毕业后曾在联合国际社担任体育记者，后进入西雅图华盛顿大学传播学院深造，并获得博士学位。随后，他在威斯康星大学担任教职，并自 1999 年起担任伊利诺伊大学传播研究所的教授。他的研究覆盖了传播的历史与政治经济学，并且深入探讨了传播与社会变迁、媒介政策、国际传播等多个领域。麦克切斯尼长期关注传播政治经济学问题，尤其是媒介在资本主义社会和民主制度中的作用。他的研究为理解现代媒体的结构和功能提供了重要视角，并揭示了在全球化背景下媒介如何参与并推动资本主义议程。他特别强调，媒介在现代社会中的作用不仅是信息传播的工具，更是对公共话语和文化认同的塑造者，批判了媒介企业在推动特定政治与经济利益方面所扮演的角色。

麦克切斯尼是一位多产的学者和活动家，其学术成就令人瞩目，自 1999 年起，陆续出版了 17 部独著及合著的学术作品，代表作包括《富媒体、穷民主：不确定时代的传播政治》（1999）、《传播革命：紧要关头与媒体的未来》（2007），以及《美国新闻业的死与生：即将重新开启世界的媒介革命》（2010）。其中前两本已经被翻译成中文，并在中国学术界产生了深远影响。他撰写了 150 多篇学术论文和书籍章节，并且参与撰写了超过 200 篇新闻报道和书评，其著作已被翻译成 14 种语言。麦克切斯尼还活跃于全球学术和媒体界，做了超过 500 次的会议演讲，并参与了 600 多次的电台和电视访谈，传播他的媒介改革理念，成为全球范围内广受关注的学者和思想家。

　　麦克切斯尼的理论深受马克思主义政治经济学的影响，与此同时，他还受到了 20 世纪下半叶各种社会运动和思潮的影响，他特别提到，自己的思想"受到米克约翰（Alexander Meiklejohn）的民主自治理论、麦克福森（C.B. Macpherson）的政治理论、米尔斯（C. Wright Mills）与哈贝马斯（Jürgen Habermas）的政治社会学，以及因尼斯（Harold Innis）、麦克卢汉（Marshall McLuhan）与波茨曼（Neil Postman）等学者的技术批判理论的深刻影响"①。同时，麦克切斯尼的学术生涯也得到了第一代传播政治经济学者如斯麦兹（Dallas W. Smythe）和席勒（Herbert Schiller）的支持与启发，同时他也受到同代学者，如巴格迪基安（Ben Bagdikian）、赫尔曼（Edward Herman）和乔姆斯基（Noam Chomsky）的影响。麦克切斯尼不仅在理论上进行了开创性的研究，还与同行学者如丹·席勒（Dan Schiller）、莫斯可（Mosco）和瓦斯科（Vasko）等人开展了大量合作，共同推动了传播政治经济学和媒介文化批判思潮的发展。他成为北美第三代媒介文化批判思潮的核心人物之一，并为媒介文化批判研究领域注入了新的生命力和深度。他的研究不仅具有学术价值，也为理解当代传媒在社会、文化与政治中的作用提供了重要的理论基础。

　　麦克切斯尼的学术观点可概括为两个方面：第一，深入批判美国传媒行业的政商结构对美国民主制度的影响，尤其是对去规则化（deregulation）如何导致传媒集团垄断，并侵蚀公共生活的过程进行了详尽剖析；第二，提出并建构了"健康新闻业"的理念和实践体系，强调新闻业应当抵制权贵资本主义的控制，真正为民主制度提供服务，保护公共利益。通过这些研究，麦克切斯尼推动了对现代传媒体制的深入反思，并为推动传媒公平与社会民主提供了理论依据。除了学术成就，麦克切斯尼还是一位活跃的社会活动家，他不仅通过报刊专栏和媒体采访积极发表对社会热点问题的

---

① MCCHESNEY R. *Communication Revolution: Critial Junctures and the Future of Media*[M].New York: New Press, 2007：67.

见解，还投身于推动"健康新闻业"的实践。2002 年，他与自由派记者约翰·尼科尔斯（John Nichols）和社会活动家乔什·西尔弗（Josh Silver）共同创立了非党派、非营利性的社会机构"自由新闻界"（Free Press），并担任主席。该机构致力于推进媒介改革与媒介民主化，保护互联网言论自由，其核心理念是"媒介本土化"（media localism），即反对资本力量主导下的媒介联合。麦克切斯尼还曾主持伊利诺伊大学的公共广播电台节目，并参与各种广播电视访谈，向公众传播他的媒介改革理念。

麦克切斯尼的独特之处在于：一方面，他从政治经济学的视角，深入剖析美国及全球媒介史，揭示了美国传媒体制的形成与本质；另一方面，麦克切斯尼不仅仅是批判现有体制的学者，更是积极的社会建构者。他主张学者不应仅仅停留在批判层面，而应当参与到推动媒介公平和社会民主的实践过程中。理论与实践相结合的研究路径使他在媒介文化批判界独树一帜，成为媒介文化研究领域中不可忽视的重要人物。

二、麦克切斯尼媒介文化批判思想的影响与价值

麦克切斯尼是对美国媒介工业进行最为激烈批判的学者之一，尤其是他对媒介与民主关系的深刻分析和批评，引发了广泛的学术讨论。麦克切斯尼的批判思想源自他多年的记者生涯，这段经历使他对新闻工作实践以及政治经济权力的限制有着深刻的理解。他熟知新闻产业的日常运作，敏锐地意识到，新闻业不仅仅是信息的传播者，还是权力结构的产物，是资本主义体制的延伸。在他后来进入西雅图华盛顿大学攻读博士学位的过程中，他选择走上了媒介传播政治经济学的批判路径，与主流的政治传播理论形成了鲜明对比。华盛顿大学作为政治传播研究的重镇，培育了许多主流的学者，但麦克切斯尼的学术道路却充满了批判性，挑战了现有的传播理论和美国媒体制度。在威斯康星大学任教期间，麦克切斯尼的学术思想逐渐成形，并在 1999 年成为伊利诺伊大学传播研究所的教授。他的研究主要集中于美国媒介与民主之间的复杂关系，特别是美国的传媒制度如何

在资本主义政治经济结构中发挥作用。在他的代表作之一《电子传播、大众媒介与民主》（1993）中，麦克切斯尼从经济学、政治学和意识形态三个角度，详细论述了美国商业广播的兴起过程，并重点分析了20世纪30年代广播改革运动对公共广播发展的深远影响。他总结了广播改革的经验教训，强调媒体如何在资本主义经济体系中被操控，并剖析了这种操控对公共话语和民主社会的潜在危害。

《富媒体，穷民主》（1999）是麦克切斯尼最具影响力的作品之一。在这本书中，他考察了20世纪90年代媒介融合与并购的现象，并探讨了这一过程对民主的影响。他提出了著名的"媒体—民主悖论"理论，指出媒体集团的集中化与民主社会对信息自由流动的需求之间存在不可调和的矛盾。麦克切斯尼认为，随着媒体产业的日益垄断，信息流通的自由和公共领域的健康受到了威胁，媒体不再为公众利益服务，而是成为少数资本集团和政治精英的工具。与赫尔曼共同撰写的《全球媒体：集团资本主义的新传教士》（2001）是麦克切斯尼学术生涯中的重要作品之一。在这本书中，他探讨了媒介全球化的过程，特别是全球媒体集团、互联网和数字革命之间的互动关系。他批判了全球媒体集中化趋势，指出这种趋势不仅威胁到各国的文化多样性，还加剧了全球不平等和文化霸权，导致全球信息流的集中和控制。这一观点对理解当今全球媒介环境中的权力结构具有重要意义。麦克切斯尼在《传播革命：紧要关头和媒体的未来》（2007）一书中，探讨了美国传播工业和传播研究当前面临的重大挑战和危机。他认为，随着新兴信息科技的快速发展，美国传播工业正处于一个关键的转折点。麦克切斯尼指出，新闻业的堕落、媒介政策的失误、集团媒体对公共领域的侵蚀等问题，正在威胁着民主制度的运作。他还提到了传播领域的新机遇，尤其是数字技术带来的可能性，认为尽管传媒产业面临困境，但科技的发展仍为构建更民主、更公平的传媒系统提供了新的契机。

麦克切斯尼的思想不仅在学术界产生了深远影响，也在公共领域发挥了重要作用。他始终强调理论与实践的结合，认为学者不应仅仅局限于批判现存体制，而应积极参与到媒介改革的实际行动中，推动媒体的民主化。他提倡的"健康新闻业"理念，倡导一种为公众利益服务的新闻实践，抵制资本主义对新闻产业的控制，并强调新闻行业应当为维护公共领域的独立性和民主作出贡献。他的媒介文化批判思想不仅揭示了美国媒介产业的结构性问题，也为全球媒介环境中的不平等现象提供了深刻的批评视角。他对美国媒介体制的批判和对民主与信息自由关系的深刻反思，至今对媒介研究和传播政治经济学领域产生深远的影响。他的研究为当代学者提供了重要的理论视角，帮助我们更好地理解媒介与政治经济、文化、社会之间的复杂联系，并为推动媒介改革和媒介民主化提供了宝贵的理论指导。

第二节　对美国媒介体制的洞见

在《报刊的四种理论》一书中，施拉姆等人将世界媒介体制划分为两种类型和四种变体，并为美国式的媒介制度提供了理论依据。美国长期以来自认为其传播制度是全球最佳的，并力图将其作为其他国家的媒介榜样。然而，麦克切斯尼对美国媒介体制提出了深刻的批判。他认为，尽管美国的媒介体制看似繁荣，但其内在的结构性问题和商业化趋势，严重影响了媒介的独立性和对公众的服务功能。他特别关注媒体所有权集中化带来的负面影响，指出这种集中化不仅削弱了媒体的独立性，还让媒体成为少数资本集团和政治精英的工具。这些集团控制着媒介内容和信息流，操控着公众议题的设置，从而形成了"信息贫困"的局面，最终损害了民主制度的根基。

一、公共讨论的缺失

以美国为代表的西方新闻所谓的自由与民主，长期以来被许多人视为理想的典范，然而，麦克切斯尼在对美国新闻史进行深入研究后发现，这一流行看法并不准确。他通过考察 20 世纪 20 年代至 30 年代美国广播史，发现美国历史上曾经历过大量且具有重要意义的媒体政策讨论，这些讨论虽然存在，却鲜有学者进行研究或提及。麦克切斯尼指出，尽管在广播媒介的发展过程中，教育工作者、工人、宗教人士和新闻记者等广泛的社会组织曾积极反对商业广播的主导地位，但这一历史事实并未在学术研究中得到应有的展示。这种被忽视的历史现象甚至影响了批判性学者的观点，许多人仍然接受了商业广播是"天生的美国系统"这一观念。具体而言，由于商业广播最终占据了主导地位，许多人误以为它是美国人民所期望的媒介模式。麦克切斯尼指出，"20 世纪 30 年代初期，美国曾就是否采用商业广播模式进行过一场重要的辩论。那时，很少有人认为公司控制和广告支持的广播模式是自然的美国式系统"[①]。实际上，许多政治领域人士认为，商业广播系统的出现与民主社会的需求相冲突。尽管这场争论最终未能改变商业广播的命运，但麦克切斯尼强调，"并不是美国人民选择了商业广播，而是政策制定者在这一过程中发挥了主导作用"。他认为，政策制定者和利益集团的行动直接决定了美国媒介系统的形态，而公众在这一过程中几乎没有参与。麦克切斯尼还观察到，学者们往往忽视了广播、邮局、调频广播、地面电视以及有线和卫星电视的出现等过程中，公民团体和组织的激烈辩论。这些团体曾就私营制的实施提出过强烈的反对意见，但政策制定者却总是认为，媒体公司通过广告获取最大利润的方式是符合公众利益的，这种观点最终被确认为"美国方式"。然而公众在这一过程中并未真正发挥作用。麦克切斯尼认为，媒介的发展路径和相关的规制政策从未经过公开、广泛的公共讨论。媒介改革的失败正是在于缺乏全民参与的讨论，这使得大众未能在政策制定中发挥应有的作用。20 世纪 80 年代后，新自由主义媒介政策和解除管制政策的推行，正是缺乏公共参与和广泛讨论的典型例证。政治家们常常代表商业媒体的利益游说，政策的制定几乎完全受到这些大型公司的影响。因此，麦克切斯尼认为，我们应当

---

① 〔美〕罗伯特·W. 麦克切斯尼：《传播革命》，译文出版社 2009 年版。

纠正现有的流行看法——美国的整体传播体系并非由非凡的想象力和自由市场自然发展出来的，而是通过特定的政策和公共补贴构建而成的。这些政策和补贴常以公民利益为名，但很少告知公众其真实意图。麦克切斯尼强调，重大媒体政策的制定往往受到大型公司利益和幕后政治家的主导，最终塑造了一个迎合少数利益集团需求的媒介系统，这一过程严重忽视了公众的声音与需求。

二、新闻业的高度商业化

美国的新闻业在外界看来似乎是高度繁荣的，拥有多样化的信息源和强大的传媒力量，然而麦克切斯尼却对这一现象提出了严峻的批评，认为美国正处于一个新闻终结的时代。他指出，尽管仍有少数职业新闻记者在为公众利益而努力，但商业主义已牢牢占据新闻业的主导地位，新闻的生产越来越被市场逻辑所支配。媒体的内容和形式更多地由盈利驱动，而非新闻本应承担的公共服务职能，这导致了新闻产业的衰退和信息的贫乏。麦克切斯尼特别关注新闻行业中的职业主义、客观性和新闻平衡等概念，他认为这些概念本质上带有内在的偏见，帮助政治经济精英设定议程，避开那些有可能挑战现有权力结构的重要议题，从而维护统治阶级的利益。他批判这些概念虽然看似客观公正，但实际上它们在新闻报道中起到了对权力的隐性保护作用，尤其是通过设定哪些话题值得报道，哪些话题应被忽视或淡化，实际上推动了有利于资本和政治精英的叙事。更为根本的是，麦克切斯尼认为，新闻业衰败的原因并非因为记者不够成熟或不道德，也不是媒体所有者有意图的腐败行为，而是在资本主义体制下，媒介系统本身就被设计为实现大公司利润最大化的工具。新闻业的运作遵循的是资本主义市场的规则，媒体公司通过广告、订阅和其他商业模式来获取利润，而这些盈利目标常常与提供独立、客观新闻服务的公共职能相冲突。在这种制度安排下，新闻媒体的功能逐渐转向服务少数大公司和政治精英的利益，而非广泛满足公众对信息的需求。因此，麦克切斯尼认为，新闻的衰退不是偶然现象，而是资本主义媒介系统内在矛盾的必然结果。

麦克切斯尼认为，民主理论的核心在于公民应拥有获取信息、知识和公共论坛的权利，从而有效地讨论与他们生活相关的治理事务。由此，他强调，一个民主社会的新闻媒体应具备两个重要功能：首先，媒体应当对公共部门和私人部门的当权者以及欲掌权的人进行严格的监督和报道，这是媒体的监督功能；其次，媒体应提供关于当今重大社会与政治事务的可靠报道和广泛评论。[1] 他认为，单个媒体或许无法实现这两种功能，但一个完整的、协调的媒体体系可以为公民提供这一服务。如果一个社会没有能够实现这些功能的新闻事业，那么这个社会就不能被称为自治的民主社会。麦克切斯尼深入反思美国新闻业的困境，认为美国的新闻媒体历来都充当着反民主的力量。从历史的角度看，美国的新闻媒体始终服务于少数特权阶层，而非普通民众。例如，随着新闻专业主义的兴起，从 20 世纪 50 年代到 80 年代，表面上看，美国新闻记者享有较大的自主权，但实则这种自主权是严格受限的。麦克切斯尼指出，在职业新闻领域，有一个普遍认可的原则：控制着大部分资本和最大机构的 1% ~ 2% 的上层阶级，只要他们同意某些议题，新闻界便会把这些议题作为合法的报道对象。这种现象无处不在，从战争的发动到自由市场与民主的关系，新闻报道总是倾向于迎合权贵的意愿，而非探讨更广泛的公众利益。[2]

这些事实表明，美国的媒介体系并非为民主服务，而是为捍卫少数权贵及亿万富翁最大化财富服务。1996 年美国实施的电信法放松了对媒介所有权的管理，导致媒介公司进入新一轮的垄断潮流。"今天，七到八家大公司主宰着美国的新闻媒体产业，经营着电影、音乐、电视等多种产业，

---

[1][2]　陈学明、杜鹃：《评美国学者麦克切斯尼对西方新闻媒体假民主的批评》，载《毛泽东邓小平理论研究》，2006 年第 4 期。

而其他约 15 家公司则与他们共同组成了美国的新闻体制。"①尽管美国的新闻媒体自我标榜为中立且独立于政治影响，但现实情况却是媒介行业成为了一个以盈利为目的的产业，几乎成为少数富人和大公司控制的领地。这些媒体投资者和经理们在非竞争的市场环境中，完全将公众利益置之度外，肆无忌惮地追求商业利益。当商业控制了新闻业，它将产生严重的负面影响：首先，新闻报道通常聚焦于政府官员和著名公众人物，这种议程设置使得新闻报道偏向官方和主流社会的利益；其次，媒体避开争议性报道，许多重大社会问题，如种族歧视和环境质量等，只有在政府发布相关信息后才被报道，其他情况往往被排除在外；最后，媒体越来越远离政治中立，悄悄地将媒体所有者和广告商的商业目标以及有产阶级的政治意图灌输给受众。②实际上，早在 20 世纪 80 年代，传播学者巴格迪基安就揭示了美国媒体系统并非天生就符合"自由市场"的原则，而是受到政治精英和大媒体所有者的操控。巴格迪基安通过解构职业新闻的方式，揭示了新闻行业不仅没有保护公众利益，反而从一开始就具有服务于大公司和政治利益的先天偏见。这种对新闻行业的批判深刻指出，媒介已成为一个为少数特权阶层服务的工具，远离了其应有的公共服务职能。

三、互联网新技术并不能打破商业垄断

互联网技术的出现曾被视为继文字、印刷术、无线电和电子媒体等之后的第四次传播技术革命。许多人对互联网抱有乐观态度，认为它的技术创新和草根性特质能够打破传统媒介产业的垄断，推动社会的民主化。然而，麦克切斯尼对这种观点提出了批判，认为这是一种天真的想法。他指出："在一定意义上，互联网仍然是商业化媒介体制的一个组成部分，互联网依然由那些大媒体联合体的拥有者所控制。这些人拥有的权力不仅

①②　陈学明、杜鹃：《评美国学者麦克切斯尼对西方新闻媒体假民主的批评》，载《毛泽东邓小平理论研究》，2006 年第 4 期。

仅来自技术能力，更源自政治上的权力和经济上的能力。"① 在麦克切斯尼看来，互联网虽然在技术层面上带来了创新，但其所处的市场环境并没有根本改变媒介产业的垄断局面。事实上，美国的媒介行业以及最大的媒介公司在发展上远超社会整体经济的增长。当互联网兴起时，虽然一些小公司在技术上迎来了创新的契机，但它们在进入已被垄断的市场时，却面临着来自巨型媒体公司的种种障碍。为了获得市场准入和产品输出的机会，这些小公司往往只能选择将自己的新技术出售给这些行业巨头。麦克切斯尼进一步指出，互联网市场的规则并非"人人平等"，而是基于"个人财富决定市场影响力"的原则——"金钱至上"。财富的多少直接决定了对市场的控制能力，因此，互联网的出现并没有带来预期中的开放与竞争，反而为大公司带来了新一轮的技术垄断。麦克切斯尼还提到，尽管人们对新媒介技术常常怀有乌托邦的想象，但历史却证明了技术创新并不能轻易推翻现有的媒介、文化和知识体系的垄断。互联网在许多领域内依然面临垄断问题，无论是在软件开发、浏览器市场，还是在路由器制造方面，都由少数几家公司主导。市场的开放程度非常有限，只有那些拥有巨大财富的投资者、大型广告商和跨国电子传播集团，才能在信息时代中获得实际的利益。麦克切斯尼认为，互联网实际上加剧了垄断的趋势，进一步推动了政治经济中的反民主趋势，而非将社会引领进一个人人自由、信息平等的时代。

麦克切斯尼认为，尽管数字化变革确实在某些方面改善了我们的政治经济现状，尤其是在传播与政治之间的关系变得更加紧密，但他并不认同互联网的普及真的实现了对公众的"赋权"。他指出，在美国，五家最有价值的上市公司——苹果、亚马逊、谷歌、脸书和微软——都属于垄断性的互联网企业，尽管这些公司成立的时间相对较短，只有一到两代人，然

---

① 陈学明、杜鹃：《评美国学者麦克切斯尼对西方新闻媒体假民主的批评》，载《毛泽东邓小平理论研究》，2006 年第 4 期。

而，事实是显而易见的：这些互联网公司比传统媒体企业花费了更长的时间建立起垄断地位，并且它们的出现加剧了社会不平等现象。

第三节　媒介全球化与文化帝国主义

随着全球化的加速，媒介和文化的流动也变得更加广泛和频繁，然而这一过程并非如预期般促进了全球社会的民主化和文化多样性。相反，媒介全球化在新自由主义背景下往往加剧了文化帝国主义的现象，形成了一种文化霸权，特别是美国文化和商业利益的扩张。麦克切斯尼的批判性视角揭示了这一全球媒介系统的深层问题：它不仅促进了全球媒体的集中化和商业化，还使得少数大型媒介集团在全球范围内对信息和文化的传播产生了巨大的控制力。

一、新自由主义导致文化帝国主义

麦克切斯尼在 2001 年 3 月发表的《全球传媒体系、新自由主义与帝国主义》一文，以及其后的《富媒体，穷民主》一书中，深入分析了当今全球传媒体系的特征，特别是媒介全球化与文化帝国主义之间的内在联系。他认为，新自由主义政策的实施直接推动了媒介全球化的进程，并且这种全球化进程不可避免地导致文化帝国主义的加剧。

在麦克切斯尼看来，新自由主义的核心思想就是解除对商业化媒介和信息市场的政策管制，转而让市场机制决定媒介的运作模式，最终服务于跨国公司和全球资本的利益。这种政策转变促成了全球媒介体系的形成，而这种体系的本质就是将商业化和商品化的逻辑扩展到全球范围内。在这一过程中，美国的媒介体系成为全球媒介系统的主导力量，通过放松管制、开放市场，美国的媒体集团在全球范围内迅速扩展其文化与经济影响力。他进一步指出，全球媒介系统的发展，并非如许多乐观主义者所期待的那样实现文化的多样化和全球视野的开阔，反而加剧了美国文化的扩张与垄断。美国的主导媒介公司将其唯利是图的商业模式扩展到全球，迫使其他国家和地区的媒介内容和传播方式逐步与美国的商业媒体体系趋同。这种"文化殖民"现象导致全球范围内的信息流动和文化传播的高度集中，许多国家的媒介系统被迫迎合美国的经济与文化标准，削弱了本地文化和民族身份的表达。

尽管一些国家出于保护本地区文化和媒介多样性的考虑，采取了一些保护措施，麦克切斯尼指出，这些保护措施往往由于跨国媒介集团的强大游说力量而形同虚设。例如，在欧洲，尽管有公共广播体系来抵抗商业化媒介的入侵，但随着美国商业节目对当地市场的强势渗透，许多国家的公共媒介系统依然面临巨大的挑战。即便有些国家的政府努力通过政策保护公共媒介，但在全球化的媒介环境下，这些措施显得力不从心，往往无法有效应对美国商业节目的强大冲击。例如，在英国的"窃听门"事件中，英国政府对于默多克媒体集团公然侵犯公民权利、唯利是图的行为表现出无能为力。这一事件暴露了跨国媒介集团在政治与经济方面的强大影响力，以及它们如何通过控制新闻传播渠道来维护自身利益。而在一些国力贫弱的国家，美国文化的渗透更是如洪水猛兽般席卷而来，迅速摧毁当地的文化和媒介生态。这种文化入侵不仅仅是通过电视节目和新闻报道等传统媒介形式进行的，还通过互联网、社交媒体和其他数字平台迅速扩展，进一步加深了全球文化的同质化和美国文化的霸权地位。

麦克切斯尼的批判集中在一个核心点上：全球媒介系统的发展并非一种文化多样性的表现，而是美国文化通过商业化媒介体系对世界范围内的文化进行扩张与垄断的过程。随着新自由主义政策的推进，全球媒介系统变得更加集中化，文化和信息的传播变得更加单一，最终形成一种全球性的"文化帝国主义"，使得世界各地的文化和媒介形态都在美国的商业逻辑和文化影响下逐渐同质化。这一过程加剧了全球信息流动中的不平等，弱化了本地文化的独立性，甚至影响了国家主权和社会的民主结构。在这种背景下，麦克切斯尼警告道，全球媒介系统的现状不仅破坏了文化多样性，也带来了更为复杂和深刻的社会政治问题：美国的媒体垄断与文化霸权加剧了全球不平等，推动了政治经济反民主趋势的发展，最终形成了一种不符合全球公民民主需求的传播体系。

二、媒介全球化并不能推动社会民主

媒介全球化并不能推动社会民主。麦克切斯尼认为，资本主义与民主并不是同义词，任何受到商业公司资助的媒体，都会难以真正促进民主的繁荣。他强烈质疑依赖媒介全球化推动民主的想法，认为这种观点是过于理想化的。新闻公司、时代华纳、维亚康姆等大型传播公司在全球扩张的现象表明，媒体权力的集中化正迅速蔓延到世界各地。这些媒体公司以娱乐节目为主要目标，如卡通、体育和肥皂剧等，这些内容通常会以最低价格供应市场，因为它们不包含争议性话题，能够吸引更广泛的受众。与此相对，新闻与信息类节目可能涉及敏感话题或挑战权力结构，因此更容易失去一部分观众，无法获得商业利润。因此，娱乐节目逐渐成为大众传媒的核心内容。他强调，现代媒介的目标不再是"告知"公民，而是通过"信息娱乐化"来向他们出售产品。他指出，媒介的主要目的已经转变为迎合市场需求，确保广告和内容的高效赢利，而非服务公共利益或促进民主。因此，媒体全球化推动的"新自由主义民主"也值得重新审视。在麦克切斯尼看来，"新自由主义民主"更多的是存在于那些以市场为导向的国家中，然而它们的政治文化往往是空洞的，无法真正为民众提供参与政治决策的机会。新自由主义，作为一种不仅仅涉及经济的制度，同时也涵盖政治和文化层面的制度，只有在具有正规选举制度的民主国家中才运作良好。但当选民的政治信息受到缺失，或者选民无法有效接触政治系统，甚至在选举中失去对决策的实质性参与时，新自由主义的运作便陷入困境。麦克切斯尼引用新自由主义理论家弥尔顿·弗里德曼在其经典著作《资本主义与自由》中的观点：赢利是民主的本质，因此任何推行反市场政策的政府都是反民主的，无论该政府得到多少支持。在这种理论框架下，政府的职能应当仅限于保护私有财产和执行契约，而政治辩论的范围应当局限于微不足道的细枝末节问题。资源的生产与分配、社会组织的基本问题应当由市场力量来决定。这种思维方式导致公民对政治产生普遍的冷漠和犬儒主义态度，认为政治和社会问题是由市场决定的，与公民个人的力量无关。现存的传媒体系在新自由主义中起着至关重要的作用。麦克切斯尼认为，媒体不仅仅是信息传播的工具，它能够创造一个虚假的政治文化氛围，这种氛围能够掩盖商业化机制的真实面目，使这些机制能够顺利运行，而不被视为极权主义国家或遭遇公众反对。这种虚假的政治文化氛围使得商业占主导地位的机制得以顺畅运行，从而进一步削弱公民的政治意识和民主参与。媒介通过迎合市场需求，推动贫困阶层和工人阶级的非政治化，远离社会变革和政治行动。美国作为新自由主义的典型模式，向全球展示了资本主义经济与庞大商业集团如何与一个表面上无足轻重的"民主"政权相结合，最终形成一种由资本主导的"民主"形式。例如，全球最大的媒体公司如新闻集团、迪士尼、时代华纳和维亚康姆的扩张，就展示了商业利益如何逐渐主导全球新闻和娱乐内容的生产。这些公司通过并购、跨国扩展，已经不仅仅控制了美国国内的文化和媒体市场，它们的影响力也深深扎根于世界各地。

在一些经济基础较为薄弱的国家，尤其是发展中国家，美国文化通过媒体全球化的路径，如通过好莱坞电影、新闻节目以及社交媒体，快速占领市场，削弱了本地文化的影响力。很多地方的传统媒体被迫迎合全球化的文化需求，抛弃了本地性内容，这种文化侵略严重威胁着本国的文化独立性和多样性，进一步加深了全球文化的不平衡。因此，麦克切斯尼的观点清晰地表明，媒体全球化的背后隐藏的是资本主义的扩张，而这种扩张不可能促进真正的社会民主。相反，它导致了更加严重的社会不平等、政治冷漠和文化同质化。媒体在全球范围内的集中化不仅没有推动更广泛的民主化进程，反而加剧了商业化和资本控制，弱化了民众的民主参与权。

三、媒介—民主悖论

麦克切斯尼的研究揭示了一个关键的悖论：媒介的全球化与民主化并不如许多人预期的那样相互促进，反而在许多情况下，媒介的商业化与集中化加剧了民主的空洞化。在他的分析中，媒体不仅未能促进民主，反而通过强化资本主义结构，使得媒体系统成为少数精英和商业利益集团的工具。通过麦克切斯尼的"媒介—民主悖论"这一概念，我们可以深入探讨商业化媒介体系如何在全球范围内破坏了真正意义上的民主化。麦克切斯尼认为，资本主义与民主是两个不同的概念。任何依赖商业公司资金支持的媒体，都不可能真正服务于公众利益，也就无法为民主提供有力支撑。他指出，媒体的全球化并没有像某些乐观主义者想象的那样，成为推动全球民主化的动力。相反，它加剧了全球媒体权力的集中化，强化了商业利益，削弱了公民的参与权。比如，美国的新闻集团、时代华纳、维亚康姆等大型传播公司的扩张，清晰地表明了这一点：在全球范围内，媒体逐渐被少数几家大型公司所掌控，这些公司以娱乐内容为主，避开可能引起争议的新闻报道，以最大化利益为主要目标。

这种现象不仅仅体现在新闻行业，麦克切斯尼指出，在新的数字化时代，互联网的普及并没有实现对公众的"赋权"。尽管互联网技术的发展似乎创造了更多的参与空间，但实际上，互联网行业的垄断化现象比传统媒体更加显著。像苹果、亚马逊、谷歌、脸书和微软等公司，已经成为全球互联网产业的主导者，几乎控制了整个信息流的生产和传播。这些公司在技术上取得了垄断地位，但它们并没有带来更广泛的民主参与，反而加剧了社会不平等，提升了腐败、监控、隐私侵犯等政治议题的复杂性。这一现象让麦克切斯尼深刻反思"富媒体、穷民主"这一悖论的持续存在。互联网和数字媒体的发展，虽然提供了更广泛的信息传播渠道，但却没有真正改变信息和文化的控制权。数字技术在表面上似乎促进了民众参与媒介政策制定的过程，但实际上，大多数国家的总体趋势是变得更加不民主，而非更民主。在这种情况下，媒体不再是公民社会的一部分，而是成为商业和政治利益的工具，进一步加剧了社会的分裂和权力的集中。

麦克切斯尼的"媒介—民主悖论"不仅仅是对当前全球媒介环境的深刻批评，它也为我们提供了思考现代民主与媒介关系的新视角。通过参与实践，麦克切斯尼积极推动了"民主化媒介理念"，并且通过平台如 Free Press，倡导改变媒体所有权结构、反托拉斯和加强公共参与等具体措施，力图让媒体决策更加民主化。他认为，媒体的改革不应该仅仅是理论上的呼吁，更应该是一项直接的行动纲领，尤其是在面对商业集团日益集中的今天。在美国，麦克切斯尼强调了两个核心问题：首先，我们需要鼓励自由竞争的商业媒介系统，并推动媒介所有权的地方化和去中心化，让本地社区能够拥有并经营自己的媒体，而非被远在他乡的大型跨国公司所掌控。其次，经济集团化带来的影响不容忽视。大型企业的兼并和垄断行为，虽然有时带来短期的经济效益，但这些效益并没有普惠到普通大众，相反，它们使得商业集团拥有了更多的控制权，进一步削弱了公众的参与感。麦克切斯尼在这方面的分析与实践，深刻揭示了"媒介－民主悖论"所带来的根本问题：资本主义与民主之间的张力。

第四节　媒介传播改革策略

一、媒介传播革命的可能性

在《传播革命》一书中，麦克切斯尼提出了"媒介发展的紧要关头"这一概念，明确指出当某些特定条件出现时，媒介和传播的"紧要关头"将迫在眉睫。麦克切斯尼认为，当以下三个条件同时出现时，传播系统将面临巨大的转折点和革命性变革：首先，新的传播技术革命的出现；其次，新闻业的可信度急剧下降，甚至被视为非法；最后，发生重大的政治危机。这些条件的出现意味着传统媒介体制面临挑战，或者说，媒介系统可能遭遇根本性的重构。当前，数字化革命的快速发展正在极大地颠覆传统媒介产业和商业化模式。互联网、社交媒体和新兴数字平台迅速崛起，改变了信息传播的形式和速度。然而，尽管这些新兴技术提供了更广泛的传播渠道和参与平台，新闻业却陷入了自"进步时代"以来的最低潮。传媒的公信力逐渐下降，越来越多的人对传统媒体产生了怀疑，认为它们在某种程度上已沦为商业化和政治利益的工具。

　　麦克切斯尼呼吁，传播政治经济学者应当超越传统的学术界限，积极介入当前的政治和社会事务。他警告道，如果学者们选择接受流行的看法，不采取实际行动，那么重大媒体政策将始终由大型公司和其背后控制的政治家决定。这一警示反映了当前传播学和媒介研究的边缘化问题。在麦克切斯尼看来，传播学者不仅仅是学术研究的参与者，他们应当承担起推进民主政治、推动公共生活质量改善的关键角色。只有当学者们积极参与到媒介改革的实际行动中时，传播政治经济学才能重新焕发活力，获得社会的尊重与认可。在这一过程中，麦克切斯尼坚信，媒介系统并非天生如此，而是由政策和社会力量塑造的结果。他指出，传播学者和政策制定者之间应建立更深层的联系，尤其在美国，国会应当与传播学者合作，共同制定有利于民主的媒体政策。

二、媒介传播的改革路径

　　受马克思主义思想的影响，麦克切斯尼始终认为，所有社会学术的最终目标是改变社会，尤其是媒介传播的批判研究更应肩负这一使命。他主张，媒介传播批判研究不仅要分析和揭露现状，还应承担起建构和推动变革的角色，拓宽视野，积极介入当前的政治和社会事务。他认为，传播学者应当在推动民主政治中发挥关键作用，呼吁学者和民众共同努力，提高民主和公共生活的质量。与许多批判学者仅停留在批判现状的层面不同，麦克切斯尼提出了切实可行的媒介改革主张，并将理论与实践相结合，亲身参与到媒介改革运动中。美国历史上出现过多种媒介改革思潮，但麦克切斯尼指出，当前的媒介改革与过去的媒介活动主义有所不同。数字化革命正在颠覆传统媒介产业和商业化模式，新闻业正处于"进步时代"以来的低谷，政治体系充满制度化腐败与不平等，经济体系也面临困境。在这种背景下，麦克切斯尼认为，媒介传播的危机实际上是资本主义全球性危机的一部分，涉及社会不平等与不安全。麦克切斯尼写道："这次改革不仅仅是媒介所有权和集中化的问题，还包括网络中立性、传播网络和电话公司的控制、新闻自由的保护等方面的斗争。"① 目前，媒介改革运动的核心目标是制定政策实现媒介系统的民主化，创造一个公平、人性化、可持续和富有创造性的社会，使公平和自治成为日常生活的常态。基于这一理想，麦克切斯尼提出了多项媒介改革路径，主张通过实际行动推动系统性的变革，改善媒介环境，确保媒介系统真正服务于公共利益。

1.学者应走出书斋，积极参与社会变革

麦克切斯尼在 2002 年参与创办 Free Press 时，最初并不相信知识分子能在这一进程中发挥重要作用。在他看来，学术界的大多数学者与社会现实脱节，即使是左派学者，或者表面上持批判立场的学者，也过得很舒适，缺乏真正的批判精神。他们往往聚焦于一些晦涩难懂的话题，写作的研究对于社会问题几乎没有实际意义。他举例说，在 2003 年 12 月 Free Press 举行的首次会议上，大约有 1800 人报名参加，但最后只有 5 位学者参与了整个会议，另外约有 10 位学者虽然在场，却并未进入会议，原因仅仅是此次会议没有邀请名人学者发表演讲。麦克切斯尼希望知识分子能积极参会，认真聆听讨论，然而大多数学者更关心的是获得发言机会，借此丰富自己的学术履历。他开始意识到，知识分子可能迷失了方向，或者说，他们成了制度化体系中的"迷失一代"。然而，随着时间的推移，麦克切

---

① MCCHESNEY R. The U. S. Media Reform Movement Going Forward[J]. *Monthly Review*,2008, 60(4): 51−59.

斯尼逐渐认识到，媒介改革迫切需要学者的参与。如果学者无法理解"宽带"这一技术到底是如何运作的，就无法着手改变当前媒介所有权的集中现状。他认为，仅仅依靠经济学分析、法律研究或局限于政策的狭隘研究是不够的；更为重要的是，将媒介系统的政治属性融入到日常工作中。他发现，在进行健康传播、人际传播、组织传播或媒介法研究的学者中，许多人对媒介的运作有着固有的价值预设，而这些预设往往建立在一个永远由广告支持、商业化运作的媒介系统上。麦克切斯尼认为，学者们只有反思并修正这些固有的预设，才能真正为媒介系统的变革作出贡献。这一反思不仅限于从事经济与法律研究的群体，文化研究者和历史学者也同样需要参与其中。麦克切斯尼逐渐认识到，变革的成功依赖于更多学者的参与。为了推动媒介改革，必须让来自各学科的学者在其中扮演各自的角色。在这场战斗中，首先必须争取知识界的支持，只有这样，才能为媒介改革争取更广泛的社会认同和推动力。

麦克切斯尼主张媒介传播研究学者应当拓宽视野，积极介入当前的政治和社会事务。他指出：如果我们选择接受流行的看法，不采取行动，重大的政策将被大型公司的利益和他们幕后控制的政治家所决定。在麦克切斯尼看来，学者们不能仅仅停留在学术研究的层面，而应当深入现实世界，通过行动推动社会变革，尤其是在媒体和传播政策的领域。他呼吁学者和公民共同努力，致力于提高民主和公共生活的质量，推动更加公平和有效的社会结构。麦克切斯尼强调，媒介系统并非天生如此，而是政策的结果。他认为，传播学者和国会山的媒介政策制定者之间应建立更深刻的联系，学者应积极参与到政策的制定和社会变革中。为了身体力行地推动媒介改革，麦克切斯尼不仅在理论上提出了改革的必要性，还积极投入到实践中，成为媒介改革的先锋之一。为了培养更多参与媒介改革的学者，麦克切斯尼还做出了具体的实践安排。他选派了一些博士生前往华盛顿参加暑期实习，让他们与国会议员共同工作，研究媒体和传播政策议题。这些博士生在国会山上得到了议员们的热烈欢迎，仿佛久旱逢甘露。这一现象表明，对于那些真正了解媒介传播的人来说，知识分子仍然是解决社会问题的关键角色，而且这种需求已经变得非常迫切。麦克切斯尼认为，媒介传播研究领域面临着一个前所未有的机会，如果学者们能够抓住这个机会，积极参与社会和政治变革，媒介传播领域将迎来新的发展高峰，反之，如果他们继续保持与现实脱节的学术姿态，这个领域将会逐渐边缘化，最终被时代所淘汰。

2.左派应当发挥领导作用，推动社会变革

尽管在美国"左派"一词常常被视为贬义词，并且长期以来遭到自由主义者的批评，麦克切斯尼却坚信，左派应当成为媒介改革的领导力量。麦克切斯尼认为，政治左派是一个具有历史深度的力量，它一直扮演着反对统治阶级和经济利益主导社会生活的关键角色。左派的政治使命是推动社会向更加民主、公正的方向发展，反对剥削、贫困和社会不平等，致力于建立一个真正符合民主价值的社会。在麦克切斯尼看来，美国资本主义的本质，尤其是其利润至上的驱动，与民主核心价值之间存在深刻冲突。左派政治的最终目标就是通过推动民主事业，消除阶级压迫，促进社会的平等与公正。麦克切斯尼强调，美国媒介改革的唯一希望在于强大的左翼政治力量的崛起。他认为，左派需要摆脱对媒介运动的冷漠和疏离感，重新承担起其历史使命，积极投身于反对媒体商业化垄断的斗争中，尤其是组织工人运动，以此来挑战和改造由大型企业主导的传播体系。麦克切斯尼提到，左派曾在历史上扮演着推动社会进步和改革的重要角色，而当前的媒介体系——一个极度商业化、权力集中化的系统——亟待左翼力量的领导和介入。

作为一个长期的左派学者和社会活动家，麦克切斯尼并不回避自己在学术和社会角色中的"左派"标签。他的媒介传播理论不仅是对美国语境下的传媒问题的深刻反思，更是一套知行合一的行动框架。多年来，他一直致力于阐述知识分子在社会变革中的角色，探讨大学体制对媒介改革的

影响，以及如何通过改变学术界的结构来推动社会进步。麦克切斯尼认为，学术界的"有机性"至关重要，只有通过学术界与社会、政治的深度结合，才能形成有效的力量，推动媒介改革和社会的全面转型。

麦克切斯尼的这一观点并不局限于理论上的批判，他也希望通过具体的实践来改变当前学术界和媒介行业的格局。他积极参与公共事务和社会运动，推动左翼力量重新觉醒，并通过理论与实践的结合，推动社会的深入改革。在麦克切斯尼看来，媒介系统的改变并非只是技术层面的革新，更是社会结构和政治力量重新配置的过程，左派的领导作用在这一过程中至关重要。

3.公开讨论和公共控制应成为媒介改革的核心

麦克切斯尼始终强调，媒介政策的制定过程必须基于公开告知和公共讨论的原则。他坚信，媒介改革的核心之一就是保障每个公民都有机会参与到关于媒介未来方向的讨论中，通过自由且公开的讨论，将媒体和传播的控制权从金融资本和商业精英的手中夺回。特别是在华尔街和麦迪逊大道等代表商业利益的地区，媒介内容和传播方式通常由少数几家跨国公司所决定，而这些公司的目标往往是最大化赢利，而非考虑公众利益。麦克切斯尼提倡的改革目标是将媒介控制权交还给普通公众、记者和那些不依赖营利底线、关注公共利益的人手中，让这些群体在决定媒介和传播工业的结构及其运作方式时拥有更多的发言权。他认为，媒介应当成为公开讨论原则的坚定支持者，推动媒介政策的民主化，确保公共利益得到有效维护。麦克切斯尼的这一倡导与当前媒介集中化和商业化的大趋势相对立。在他看来，媒介改革不仅仅是技术上的创新，更是一个文化和政治的过程，目的是为社会大众打开更多的参与渠道，使媒介能够回归其最初的公共服务功能。通过公开和自由的讨论，普通人能够直接影响他们所消费的信息内容和形式，进而影响社会的政治和文化氛围。麦克切斯尼坚信，只有在这种基础上，媒介才能真正承担起推动民主和社会进步的责任，而不再仅仅成为资本和权力的工具。

4.媒介必须进行结构性改革，以实现更公平的传播体系

麦克切斯尼认为，媒介改革的关键在于结构性改革，特别是在媒介所有权和政府资助方面的变革。他指出，只有理解媒介运作的根本结构，才能找到真正有效的改革路径。基于此，他提出了四项具体的改革建议，旨在打破当前美国媒介行业中的商业化和垄断趋势，使其更好地服务于公众利益，而非少数商业利益集团。第一，建立非营利、非商业化的传媒体系。麦克切斯尼主张政府应当采取措施支持非营利性质的媒介组织，给予这些组织免税或其他支持性政策，确保其独立于商业化压力和营利动机之外。这类媒体可以更多地关注公共服务、社会问题和民主讨论，而不是商业广告和市场需求。这不仅能缓解当前媒介内容的商品化趋势，还能提升媒体在社会中的责任感和公信力。第二，建立并维持非商业性的广播电视系统。麦克切斯尼强调，公共广播和电视系统应当保持与政府和大公司之间的独立性，特别是在地方和社区层面。全国性广播网络、地方广播电视台及社区公共广播电台的资金来源应当独立于商业公司，并由政府提供支持。麦克切斯尼批评当前政府通过税收资金资助的教育项目，却将资金转交给只代表少数大企业利益的商业媒体，而忽视了公共广播的需求。他认为，公共广播的经费应当来自政府拨款，以确保其能够为社会大众提供优质、独立且客观的新闻和节目。第三，对商业广告提供公共服务的标准制定规则。麦克切斯尼认为，商业广告在当前媒介体系中扮演着过于重要的角色，尤其是在影响儿童和青少年方面。为了减少广告对儿童的负面影响，必须出台一系列规则来限制广告的数量和内容。与此同时，可以考虑对商业媒体实施广告抽税或频率租用费的政策，将这些资金用于支持公共媒体的节目制作。通过这种方式，不仅能够减少商业化对内容的干扰，还能够为公共媒体提供必要的财政支持，增强其在社会中的影响力和独立性。第四，运用反垄断法律减少媒介集中化。麦克切斯尼强调，当前的媒介行业过度集

中，少数儿家大型跨国公司垄断了新闻、电视、电影等多个领域。这种集中化趋势不仅限制了市场的多样性和竞争力，也加剧了信息传播中的不平等。为此，他提议利用反垄断法律对当前媒介行业的集中化进行有效制约，限制跨媒介所有权的集中，建立一个更加开放、多元且富有竞争力的媒介市场。通过打破媒体垄断，能够为更多的媒体组织提供机会，推动更加多样化的内容生产，确保公众能够接触到更为广泛、客观和多元的信息。

麦克切斯尼的这些建议虽未免带有乌托邦色彩，却仍不失为一种基于历史经验和当下结构的务实观念。他的改革设想旨在通过结构性变革，摆脱当前媒介商业化、集中化的困境，推动媒介更加注重公共利益、更加民主化、更加平等化。这一改革思路不仅是对媒介商业化的挑战，更是对社会整体政治经济结构中权力不对称和不平等现象的回应。

小结

罗伯特·麦克切斯尼是一位既活跃于学术界的教授，又具有深远影响力的公共知识分子。他的职业生涯始于新闻行业，这使他在媒介传播领域保持着对公共话语的深刻理解和关注。麦克切斯尼的写作风格通俗易懂，避免了学术界常见的深奥术语和繁杂的数学公式，他始终以语言学家乔姆斯基为榜样，力求使复杂的社会政治问题能够被广泛的公众所理解。正是凭借这种通俗且清晰的写作方式，麦克切斯尼在美国文化传播学界、媒体业界及广大读者中赢得了巨大的影响力，成为北美媒介文化批判流派的标志性人物，并在全球范围内积累了大量的追随者。

麦克切斯尼的研究在媒介文化批判领域中独树一帜。他从历史、经济、社会学和政治理论等多学科的视角出发，运用传播史和传播政治经济学的分析方法，深入探讨媒介在民主和社会发展中的作用。他将媒介系统视为政治经济权力的重要组成部分，关注资本主义社会中媒介如何与经济和文化结构相互交织，如何推动资本积累，并对日常生活中商业主义的蔓延表示深刻担忧。他在批判现有媒介体制的同时，也提出了具体的媒介改革方案，显示了批判与建构并行的学术态度。麦克切斯尼坚信，媒介的结构性改革是实现真正民主化的关键，并为此不懈努力，亲自参与多项媒体改革运动，推动公众对媒介问题的关注与参与。

麦克切斯尼的批判性分析从不拘泥于传统理论的框架，他通过跨学科的融合，推动了传播政治经济学的理论发展，并不断挑战主流的传播研究和体制化的媒介操作。他的批判不仅关注美国商业化传播体制的弊端，也对全球范围内媒介全球化、文化帝国主义以及新自由主义对公共利益的侵蚀提出警示。虽然他偶尔在理论推演中显得草率，但他对美国及全球媒介体制深刻的解读和对现实问题的敏锐洞察，已经得到了历史的验证。麦克切斯尼的研究提醒我们，媒介不仅仅是信息的载体，更是文化和政治权力的重要场域，只有通过深刻的批判和积极的改革，才能够将媒介系统从商业化和集中化的桎梏中解放出来，为民主和公共利益铺路。麦克切斯尼不仅为学术界提供了新的视角，也为媒介改革和民主化进程贡献了宝贵的理论资源。他的工作不仅在学术上具有深远的影响，更在社会实践中起到了推动作用，警示着我们不要忽视媒介对社会政治、经济和文化的深刻影响。

第七章　北美媒介文化批判思想的理路与镜鉴

　　在流派纷呈、风格各异的当代大众文化批判研究领域中，北美媒介文化批判学派因其独立的精神姿态和批判的理论取向而显得格外突出。与美国主流经验学派注重效率，强调媒介分析、受众研究和传播效果的传统方法不同，注重公平取向的北美媒介文化批判学派更倾向于探讨资本主义文化传媒体制的经济结构和运作机制。这一学派着重分析传媒的所有权、生产、流通和受众消费等方面，力图揭示社会权力结构与传播活动之间的相互影响和构建过程，展现了一种鲜明的反主流理论取向。北美媒介文化批判思想蕴含着马克思主义思想母体根流，坚持着马克思主义怀疑和批判的理论姿态，吸纳法兰克福学派大众文化批判思想理论以及葛兰西的文化霸权理论和福柯的权力话语理论等理论营养，呈现出多元的思想根基、鲜明的知识传统、清晰的传承谱系和独特的思想理路。经过达拉斯·斯麦兹和赫伯特·席勒两位奠基人的开疆拓土，表现出多姿多彩、各具特色的研究领域。它们殊途同归，共同构成了北美媒介文化批判思想的根脉，彰显了与其他学派具有显著差异的思想理路与镜鉴价值。

　　本章将系统地探讨北美媒介文化批判思想的逻辑方法、思想母体、理论局限及其镜鉴价值，旨在深入解析这一批判学派如何通过其独特的理论途径深化对现代媒介文化现象的理解，并对资本主义社会中媒介文化传播机制进行深刻批判和反思。通过全面的分析，本章意在更全面地揭示北美媒介文化批判思想的特质与警示性意义，为理解和评价当前和未来媒介文化发展趋势提供理论支持和批判视角。

第一节　北美媒介文化批判思想的逻辑方法

北美媒介文化批判思想不仅在学术领域引发了广泛讨论，更在文化研究和社会批判中占据了不可忽视的地位。这一批判思想的核心，不仅仅是揭示媒介如何影响个体和集体的认知与行为，更是对其背后隐秘的权力关系和文化力量进行深刻剖析。通过批判媒介文化，学者们不仅希望揭示媒介对社会结构和价值观的深刻塑造，还试图找寻出路，回应当前媒介文化在全球化和资本主义背景下的种种问题。北美媒介文化批判思想的理论框架，正是在这样复杂的社会背景下逐步演进而成，体现出强烈的批判性与现实性。

一、整体性分析：文化与经济政治一体化的综合视角

整体性分析是一种将研究对象视为一个有机整体，从整体的角度出发，分析各个部分之间的关系和相互作用，以全面理解对象的本质和规律的方法。整体性分析强调以下几个方面。一是唯物辩证法的方法论基础。整体性分析视角要求从整体的角度出发，运用唯物辩证法的方法论来分析问题，理解事物的内在联系和发展规律。二是内在逻辑联系。整体性分析注重事物内部各部分之间的逻辑联系，强调这些联系构成了一个有机整体，而不是孤立的部分。三是内外整体的统一。整体性分析不仅关注事物内部的联系，还考虑事物与外部环境的关系，强调内外整体的统一。应用到北美媒介文化批判思想中，整体性分析具体体现在以下几个方面。首先，它将社会文化现象纳入到社会运行的整体过程中考察，寻找文化现象背后的经济政治根源，并探讨文化作为上层建筑中的意识形态本质。其次，它整合国内外文化支配的分析，揭示文化传播霸权如何从国内扩展到国际。最后，它将文化输出与文化支配现象纳入全球体系，探讨由于民族国家在经济政

治发展中的不平衡，如何引起文化信息流动的不平等，从而揭示文化霸权的根源。

　　北美媒介文化批判思想的研究方法特别强调整体性分析，反映了文化与经济政治一体化的综合视角。达拉斯·斯麦兹认为，大众传播不仅是一种社会实践活动，而且是理解社会经济结构的关键途径。他提倡在宏观政治经济学的背景下研究大众传播活动，主张通过分析大众传播组织与政治经济权力机构之间的相互作用来理解大众传播过程中的社会权力关系。斯麦兹强调研究大众传播应超越传统的"微观分析"，即那些主要关注个人及其群体行为的研究方法。他指出，"管理传播机构的政策对于理解社会的传播政策至关重要，因为这些政策是社会权力过程的必要组成部分"①。斯麦兹的观点明确表明，大众传播研究的焦点应该是与传播机构的产品和服务有关的社会结构和社会关系，而非仅仅是个体行为。北美媒介文化批判思想的整体性方法还显著体现在赫伯特·席勒的作品中，他的作品深刻地运用了整体论取向的方法论，以批判的眼光分析了文化与政治经济的交织影响。席勒的方法突出体现在他对美国大众传播机构与国家权力结构之间关系的分析上。在《大众传播与美帝国》中，席勒详细阐述了美国政府和军方如何占据大众传播资源，并与私人企业形成利益共同体，共同塑造公众意识和文化景观。通过这种分析，席勒揭示了政治权力如何通过控制信息资源来维持其统治地位。而在《思想管理者》中，他进一步探讨了信息如何在美国演变为一种带有意识形态的商品。通过分析《国家地理杂志》、《电视指南》、民意调查以及迪士尼等案例，席勒详细论述了美国政府和私人公司如何共同操纵信息生产过程，展示了信息控制背后的经济与政治动机。在《大众传播与文化支配》中，席勒将视角扩展到国际层面，分析了国际社会权力关系对大众传播的影响。他探讨了国际传播领域中的

---

① SMYTHE D. On the Political Economy of Communications[J]. *Journalism Quarterly*,1960, 37(4):563-572.

文化支配问题，如何通过大众传播机构加深或扩展国际社会的分化，这种分析揭示了全球范围内文化霸权的动态。在赫伯特·席勒的晚年作品中，他继续发展并深化了他的整体性批判方法，尤其是在全球化背景下，对新兴的政治经济和文化传播现象提出了尖锐的批判。席勒扩展了"文化帝国主义"的概念，以应对信息时代带来的新挑战，特别是关注到信息技术不仅仅作为传输手段，而且成为文化控制和资本流通的强大工具。在《信息不平等》（1989）等著作中，席勒透彻分析了信息技术如何加深了社会和文化的宰制，他指出，传播技术的创新并非仅是简单的技术进步，而且伴随着企业制度、金融网络及经济活动的整体结构和过程的重新设计。

北美媒介文化批判学派中的其他学者同样都运用整体性分析深刻探讨了媒介、文化、政治和经济之间的关系，从不同角度揭示了现代媒介环境中的各种动态和矛盾。诺姆·乔姆斯基与爱德华·赫尔曼合著的《制造共识》一书运用整体性分析法，探讨了大众媒体如何成为资本主义国家控制公众观点和制造社会同意的工具。乔姆斯基认为，媒体并非独立的信息传播渠道，而是集团资本和国家政权相结合的产物，其运作模式和内容选择受到这些权力结构的严重影响。他通过分析政治经济的结构，揭示了媒体如何在维护商业利益和政治权力的同时，塑造公众意识形态和文化认知。尼尔·波兹曼的《娱乐至死》则从文化批判的角度，采用整体性分析法审视电视和其他媒体如何影响美国的公共话语和文化生活。波兹曼认为，媒体的娱乐化趋势不仅改变了信息的内容和传播方式，还重塑了人们的思维模式和社会互动的方式。他的整体性分析强调了技术形态如何与文化、政治乃至教育系统相互作用，从而深刻影响了民主社会的核心价值和运作方式。罗伯特·麦克切斯尼则在其多部作品中，特别是在《富媒体，穷民主》中，使用整体性分析法来探讨媒体产业的商业化对民主政治的影响。麦克切斯尼将媒体产业的集中化和商业化视为资本主义发展的一部分，探讨了企业对媒体的控制如何限制了多元观点的表达和公民参与。他分析了政治经济的宏观结构如何通过媒体实施意识形态的控制，影响公共政策和公民权利。

通过这种宏观的分析框架，北美媒介文化批判学派能够深入探讨文化与权力结构之间的紧密联系，以及这些结构如何影响传媒内容和公众的接受度。他们不是孤立地看待媒体技术或内容，而是将其放在广阔的社会结构和历史背景中，考察不同社会力量如何在媒介平台上交织作用，共同塑造现代社会的政治和文化景观。这种整体性分析不仅揭示了文化传播中的权力动态，也为理解和改革当代媒介文化提供了宝贵的理论和实践指导。

二、现实性论证：媒介文化的现实主义批判路径

北美媒介文化批判学者在承接整体性分析的理论框架之后，将焦点转向现实性论证，以具体化和实证化的研究手段深入剖析媒介文化传播的现实表现。这种方法论的转变不仅强化了理论的现实基础，也使得批判更有针对性和具体。在现实性论证的过程中，北美媒介文化批判学者关注的批判对象包括但不限于军商复合体、政商复合体、文化工业复合体、文化公司、信息 – 文化复合体、跨国公司、跨国媒介等。他们通过深入分析这些实体的运作模式和背后的经济利益，揭示了媒介与政治、经济权力的密切联系及其对社会文化的深远影响。他们的现实主义批判方法集中体现在如下方面。

一是基于实证研究的理论基础。席勒通过对国际媒体产业的调查研究，分析跨国媒体集团的垄断状况、文化产品的输出情况以及发达国家对发展中国家文化的影响等实际数据，从而深入理解和揭示文化帝国主义的现实运作机制。例如，根据《新闻多样性报告》（*The New Media Monopoly Report*），全球大部分的电视网络、电影制作公司和出版社都由少数几家跨国媒体公司控制，这些公司通过掌握大量媒体资源，影响着全球范围内的信息传播和文化输出。诺姆·乔姆斯基的研究也体现了这种实证方法。在他的作品中，乔姆斯基详细分析了美国在多个国家政变中的媒体角色，特别是在政府与大型媒体之间的互动，揭露了媒体如

何作为政府政策的传声筒，从而扩展了对媒介机构作为权力工具的理解。同样，罗伯特·麦克切斯尼在探讨新闻业商业模式对公共话语的影响时，提供了大量关于媒体所有权集中对新闻自由和多样性的限制的实证数据。他的研究突出了商业逻辑如何驱动新闻内容的选择和呈现，以及这种驱动如何影响民主社会的信息环境。此外，爱德华·赫尔曼和乔姆斯基在《制造共识》一书中，利用大量实证材料，分析了美国主流媒体如何在外交政策上引导公众同意。他们指出，媒体经常根据政治和经济权力的需求而非事实客观性来塑造新闻报道，这种偏见和选择性报道深刻地影响了公众对国际事件的看法和理解。

二是扎根于社会现实的批判视角。席勒的文化帝国主义批判理论深深根植于对现实社会状况的敏锐观察与深刻反思。他特别关注发达国家利用文化输出来控制和重塑其他国家的文化认同及价值观念，并犀利地批判这一过程中的商业利益与霸权意图。席勒的理论并非抽象的理想主义演绎，而是立足于具体的社会实际，针对文化帝国主义的现实存在发起了尖锐的批判。他在分析跨国媒体巨头的文化影响力时，不仅关注其对媒体内容和形式的控制，而且通过实际的数据和报告揭示了这些公司在全球的垄断地位。此外，罗伯特·麦克切斯尼在其研究中同样采用实证分析方法，深入探讨了媒体所有权的集中化及其对公共话语空间的影响。例如，他在《富人媒体如何丰富》中详细说明了少数媒体集团如何通过控制新闻与信息的流通来影响政治经济结构，这种控制不仅限制了市场的多样性，也剥夺了公众获取多元信息的可能。他引用了详尽的企业并购案例和财务数据，展示了几大媒体集团如何利用其市场支配力在政治与文化层面推动自身的利益。乔姆斯基在其著名的"制造共识"理论中，也同样利用大量媒体报道的实例，展示了政府和大型企业如何通过控制媒体话语来塑造公众意见和隐藏真相。他的分析不仅指出了媒体产业的控制逻辑，还强调公众需要警觉媒体内容背后的利益关系和政治目的。

三是对国际媒体产业的深入分析。在席勒的研究中，国际媒体产业的深入分析显得尤为重要。他透彻地揭示了跨国媒体集团将商业利益置于首位，其垄断地位如何对全球文化输出产生深远影响。席勒指出，这些媒体巨头通过收购和控制大量媒体资源，不仅推动了文化产品的同质化，而且加剧了文化帝国主义的扩张。例如，他通过研究不同国家的电影院和电视台播放的影视作品来分析，发现大多数播放内容是源自发达国家的商业电影和电视剧，这一现象反映了发达国家文化输出的普遍性和影响力。其他北美媒介学者如尼古拉斯·米尔斯在其研究中也关注了文化产品的全球流通及其对本土文化的冲击。米尔斯通过比较分析，指出跨国媒体集团在全球范围内如何策略布局和市场占领，对本土文化产生了压制和同化作用。以印度为例，他详细阐述了好莱坞电影对印度电影市场的渗透与占领，好莱坞的影视作品在印度市场的广泛流行对当地电影产业构成了严重威胁，导致印度本土电影的创新受阻，市场份额受损。

四是呼吁抵抗与反抗的实践导向。在席勒的批判性理论框架中，他不仅深入揭示了文化帝国主义的现实影响，更重要的是提出了对其进行抵抗和反抗的实践导向。席勒强调，发展中国家应采取措施来抵制文化帝国主义的侵略，并努力重建和强化自己的文化认同和文化产业。这种实践导向的理论风格突显了理论的现实意义和社会改变的可能性。通过对国际媒体集团在发展中国家的市场行为的实证研究，席勒揭示了这些集团对当地文化产业的影响，如在某些国家，跨国媒体公司的广泛存在显著压制了本土文化表达的空间。同样，其他北美媒介文化批判学者如诺姆·乔姆斯基和尼尔·波兹曼也对文化帝国主义提出了自己的批判。乔姆斯基在其作品中探讨了媒体在形塑公众意识和政治议程中的作用，指出大众媒介常被作为政治和经济利益的工具，强化了特定的权力结构和意识形态。他通过分析新闻媒体的所有权结构和资金来源，揭示了媒体内容的偏见和限制。尼尔·波兹曼在其研究中批判了电视和其他媒体如何转变了公众的知识消费方式，导致文化浅薄化和公共讨论的退化。他关注媒介如何通过简化信息和重视娱乐性质，而非教育性和启发性，塑造了一种消费导向的文化环境。

罗伯特·麦克切斯尼则专注于媒介集团的商业化趋势及其对文化多样性的影响。他的研究揭示了几家大型媒体企业如何通过全球市场的统治来限制文化表达的多样性，强化了商业逻辑在全球文化产业中的主导地位。这些学者的工作共同强调了对文化帝国主义的实证批判和实践抵抗，从不同角度揭示了媒介文化传播中的权力动态和文化侵蚀问题，指出了在全球化背景下保护和振兴本土文化的紧迫性和可能性。

三、批判的焦点：媒介文化传播运行的权力钳制

在北美媒介文化批判思想中，整体性分析为我们揭示了媒介文化与经济政治的深层次融合，而现实主义批判则通过具体的实证研究，展示了文化帝国主义在实际操作中的表现和影响，使我们能够从宏观和微观的角度深入理解媒介文化传播的运作机制。与此同时，其批判聚焦于媒介文化传播运行中的权力钳制问题，探讨了资本主义制度下，权力如何通过媒介机构控制社会话语并塑造公众意识。

1.聚焦政治经济控制的关键要素

纵观北美媒介文化批判思想的研究成果，不难发现他们通常围绕着经济与政治权力，较多频率地关注如媒体广告、各种形式的商业性或非商业性的媒体机构等有关媒体运作机制的核心元素。

首先，北美媒介文化批判学者发现了包括媒体广告和广告商的关键作用。斯麦兹等人深入研究了广告在媒体产业中的角色，尤其是在资本主义框架下广告如何作为一个关键的经济和文化驱动力。斯麦兹引用了巴兰和斯威奇在《垄断资本：论美国的经济和社会秩序》（*Monopoly Capital: An Essay on the American Economic and Social Order*，1966）中的观点，即：在垄断资本主义制度中，市场因"垄断"而缺少竞争，广告的作用是"需求管理"（Management of Demand），即引导市场产生对某一产品的消费需求。亦即，广告并非仅仅是市场上的一种宣传手段，而且成了一种操控

市场需求、引导消费者行为的强大工具。这种观点指出，广告通过电视这一"黑箱"对大众心理进行精神控制，而受众的观看时间实际上转化为对广告商有价值的消费者时间。斯麦兹对广告的分析强调了其在媒体广告市场中的双重作用：一方面作为推动媒体内容生产和分销的资本力量，另一方面作为塑造消费者需求和期望的文化力量。这种分析不仅揭示了广告在媒体运作中的地位，也反映了其在资本主义文化经济中的作用，如何通过广告制造和管理需求，从而控制文化消费的方向和内容。通过批判性地分析广告如何在资本主义制度下作为"精神操纵者"和需求管理的工具，斯麦兹提出了对广告及其在媒介中作用的深刻理解。他指出，"广告不仅仅是商业活动的一部分，更是文化控制的一个重要方面，其影响远超过了单纯的商品交易"①。这种观点为理解广告在现代社会中的复杂作用和影响提供了重要的视角，也为批判性地审视广告及其在媒体和文化中的角色提供了理论基础。

其次，北美媒介文化批判学者注重对私营性质的媒介机构进行批评。从赫伯特·席勒的"军事－工业复合体"和"媒体帝国"，到诺姆·乔姆斯基关注的"美国主流媒体"，以及罗伯特·麦克切斯尼的"联合媒体"和"媒体巨头"，这些批判突显了媒体机构在新自由主义市场体制中的经济活动性，它们不仅作为私有产权者的利润工具，更是市场垄断和全球传媒产业集中现象的体现。席勒等学者对商业电视台及其他形式的电视媒体机构持有明显的批判立场。他们认为，这些电视机构运用碎片化新闻报道和即时信息等传播技术，不仅制造了一种媒体幻象，也加深了对消费主义的文化渗透。商业广告在这一框架下被视为消费主义的一大推手，通过电视等媒体渠道，强化了消费文化的普及和接受。这种商业驱动的文化传播，对观众的消费行为和文化取向有着深刻影响，同时也体现了媒介机构在塑

---

① SMYTHE D. On the Political Economy of Communications[J].*Journalism Quarterly*,1960,37(4):563-572.

造公众意识和文化偏好中的权力作用。

北美媒介文化批判学者之所以聚焦权力控制下的媒体批判研究，源于他们以马克思主义政治经济学为学术根源。在马克思主义理论引领下，北美媒介文化批判学者认为，媒介不仅是技术传播的工具，更是经济和政治权力的一个延伸。媒介机构的结构和运作方式直接受到经济基础的决定，而这一点在电视媒体系统的权力结构和传播空间化过程中表现得尤为明显，即从分化到集中的转变。经济因素对媒介文化生产的决定作用是这一批判学派的一个核心关注点。媒介文化产品的生产、分配、流通和消费过程中隐藏的经济控制力量如何通过电视等文化媒介的形式展现出来，从而影响人们的文化经验和日常生活，是他们研究的重点。北美媒介文化批判学者普遍接受这样一种观点：在资本主义社会中，媒介文化产品的最重要属性是其交换价值，而媒介生产者投资媒体的首要目的是利润最大化，其次才是通过传媒工业生产和传播意识形态。北美媒介文化批判学者的研究不仅关注媒体机构作为经济实体的运作，也对其文化功能及其在现代资本主义社会中的作用进行批判，认为媒体作为公共机构应承担起塑造健康文化和促进社会正义的责任，而不应仅仅被视为追求利润的企业。在这一框架下，他们批评新自由主义市场机制以及政府对媒介产业的有限干预，认为这些因素损害了民主政治理想，强化了资本对文化的控制。

总之，北美媒介文化批判学者通过一系列的结构性分析，指出了媒介在资本主义体制下的双重角色——既是资本增值的工具，也是文化和意识形态的生产场所。他们的研究揭示了媒体在塑造公共意识、文化价值观和社会结构中的关键作用，以及在这一过程中可能存在的问题和挑战。

2.警示权力集中的媒体垄断格局

在北美媒介文化批判思想中，对权力集中和媒体垄断格局的警示是一个核心议题。学者们通过深入分析美国以及其他发达资本主义国家的媒体产业集中与整合过程，批判地探讨了媒体垄断的社会经济根源及其广泛影响。

在这些学者的研究中，对美国媒体垄断的结构与动力的深度解析是一个重要议题。特别是在美国，私有媒体公司，如广播电视行业的六大公司：通用电气（General Electric）、维亚康姆（Viacom）、新闻集团（News Corp）、迪士尼（Disney）、贝塔斯曼（Bertelsmann）和时代华纳（Time Warner），已经形成一个高度集中的媒体资源局面。据《纽约时报》报道，"这六大公司的年收入大于排在它们后面的二十家公司的总和"[①]。这种集中不仅仅体现在资本和市场的控制上，更在于它们对文化形态和公共话语的主导。这些巨型企业集团通过拥有庞大的金融资本和媒体权力，在全球范围内进行跨行业的并购和整合，几乎垄断了美国的所有大众媒体渠道。在这一过程中，媒体产品往往成为追求利润最大化的工具，反映了资本主义追求资本增殖的本性。例如，通用电气不仅拥有三家卫星广播电视公司，还跨界参与了美国在线的影视合作项目，而六大公司之间的互相持股和合资企业则进一步强化了他们的市场统治力。在美国媒体行业的高速发展过程中，这些主导市场力量的公司不仅形成了对经济局面的重要影响，更在政治态度、信息流通和大众文化领域产生了宰制性的影响。北美媒介文化批判学者警示这种媒体垄断趋势不仅威胁到媒体的多样性和独立性，更对民主社会的信息自由和文化多元性构成了实质性的挑战。

经济层面的权力集中尤其在媒体垄断问题上被认为是造成文化和政治扭曲的关键因素。学者们批判了美国媒体产业的高度集中现象，这种集中不仅局限于电视和广播，更是贯穿于整个媒体生态，形成了由少数大型企业控制的媒体帝国。这些公司通过金融资本的巨大支持，在全球范围内实施了广泛的并购和整合，加剧了市场的垄断趋势。如赫伯特·席勒和诺姆·乔姆斯基等批判理论家所指出，这些媒体集团的运作重点在于赢利，而非提供质量平衡或多元的新闻与信息。他们利用其媒体力量，不仅推动了资本

---

① 〔美〕本·H. 贝戈蒂克安：《媒体垄断》，吴靖译，河北教育出版社 2004 年版，第六版前言第 6 页。

的进一步集中，也严重侵蚀了媒体的公共服务功能。麦克切斯尼进一步分析了这种媒体垄断如何影响了民主政治。他认为，媒体集中掌握在少数公司手中，这些公司的主要动机是利润最大化，常常以牺牲新闻质量和多样性为代价。这不仅削弱了媒体作为民主社会监督政治的角色，也减少了公众接触多元、独立视角的机会，从而损害了民主社会的健康运作。就像他所说：“（媒体）已经逐渐集中到少数联合公司手中。这种集中强调追逐利润、媒体体系支持广告的核心趋势，即唯利是图、玷污新闻和公共机构的正统精神。对民主而言，这是一剂毒药。”[①]

在文化层面，媒体垄断同样影响显著，尤其是在大型媒体公司如迪士尼、时代华纳和维亚康姆主导下的文化生产中。这些公司通过娱乐化的内容和“信息娱乐化”策略，将文化产品变成一种旨在满足市场需求的消费品。北美媒介文化批判学者对此进行了深入的批评，指出这种行为不仅侵蚀了文化多样性，也削弱了艺术和文化的深度与严肃性。这些媒体巨头利用他们的广泛影响力，推广一种肤浅、庸俗化以及充满性和暴力内容的大众文化，这种文化在全球范围内被广泛传播和消费。这不仅导致了全球文化的同质化，也在某种程度上制造了一种文化帝国主义，即强势文化通过媒体输出影响或取代了本土文化。北美媒介文化批判学者们警告，媒体垄断的文化后果不仅限于内容质量的下降，更严重的是它在塑造公众意识和观念方面的潜在力量。

第二节　北美媒介文化批判的思想母体

“母体”这一词汇，在中文中意指孕育新生命的源泉，具有深厚的文化寓意与象征力量。其英文对应词“matrix”，则意味着“基质”，即支

---

① 〔美〕罗伯特·W. 麦克切斯尼：《富媒体 穷民主：不确定时代的传播政治》，谢岳译，新华出版社 2004 年版，第 8 页。

撑一切事物生长与演变的基础。从这个角度而言，"思想母体"并非单纯的抽象概念，而是孕育思想的土壤，是支撑一切思维和文化建构的根基。在学术研究的语境中，思想母体指的是思想理论发展的根本出发点与逻辑框架，是文化与思想的深层来源，它是思想与理论发展的孕育之地。"思想母体以思想为研究对象，在更深的层次上阐释和说明思想的逻辑。它代表着一种更高级的逻辑形式，是支撑思想理论与思想体系的基本信念、观点和立场。一旦进入自觉的系统化的思想母体研究阶段，我们便能对理论产生更为深刻的认识，从而指导理论的建立与完善。"[①] 这一概念强调，思想体系的形成并非凭空产生，而是源自于一个具有根本性的、内在的理论基础，所有的思想体系和文化流派都在这一母体的滋养下逐步成长。正如哲学被视为科学和神学的母体，因为它为人类理解世界和自身提供了源源不断的动力和基础一样，媒介文化批判思想亦是从马克思主义这一思想母体中汲取养分。它是对现象、问题、文化乃至社会的深刻思考，深藏着学者们对世界本质的最初预设与立场，而这些预设和立场在理论中往往并不直接表露，只有在深入的反思与批判中，才能逐步显现。

　　在北美媒介文化批判思想的形成与发展中，马克思主义无疑是其思想母体的核心。从这个角度来看，马克思主义不仅仅是理论的来源，更是理解和批判现代资本主义媒介环境的最重要工具。"北美媒介文化批判学者对马克思主义的热情，源于对其深刻科学性的认可与对其社会实践力的高度评价。他们毫不掩饰对马克思主义的青睐，大多自称为左派学者。"[②] 举例而言，著名的学者赫伯特·席勒，深受其工人阶级背景与战时经历的影响，将马克思主义的思想渗透于其研究中；而斯麦兹则在加州大学伯克利分校接受了马克思主义的熏陶，参加工人运动，并在其学术生涯中深入探讨马克思主义的商品理论，提出了影响深远的"受众商品论"。麦克切

---

① 王琳：《情报学的元理论探析》，载《情报理论与实践》，2009 年第 9 期。

② MCCHESNEY R. *Communication Revolution: Critical Junctures and the Future of Media*[M]. New York: New Press,2007.

斯尼作为另一位重要学者，深受经济学家保罗·巴兰与保罗·斯威齐的启发，将马克思主义政治经济学视为理解当代资本主义媒介环境的核心工具，并在其著作中详细分析了媒介产业如何在资本主义的逻辑下形成垄断，并如何通过这些垄断塑造社会意识形态和公共话语。

北美媒介文化批判思想的形成与发展，恰恰是立足于马克思主义的广阔天地。马克思主义的政治经济学、唯物史观、实践认识论和平等价值观，这些构成了其思想的根基。它们为北美媒介文化批判学者提供了分析和批判当代媒介文化的力量，帮助他们剖析媒介产业如何在资本主义社会中运作，更让他们关注媒介文化对社会的深远影响，尤其是在全球化的背景下，媒介作为一种强大的文化传播力量，如何在塑造公众意见、引导社会情感及文化认同方面扮演着至关重要的角色。而马克思主义的思想母体，正是他们批判这一切现象的思想武器和理论支撑。

一、政治经济学的批判范式

马克思主义政治经济学为北美媒介文化批判思想提供了坚实的理论基础，这一学说深刻分析了资本主义社会的运作机制，为北美媒介文化批判学者探索媒介文化的资本主义属性提供了方法论工具。作为对古典政治经济学及资本主义结构的系统批判，马克思主义政治经济学不仅在理论上，而且在实践分析上为北美媒介文化批判学者提供了极为重要的视角和逻辑工具。这一影响虽然在许多学者的言论中不被显著提及，但马克思的理论无疑构成了他们批判资本主义媒介文化传播体制的最重要思想武器。

首先，马克思对资本主义的深度怀疑和彻底批判构成了北美媒介文化批判思想的核心立场。这一批判态度深深影响了如斯麦兹、席勒、乔姆斯基等北美媒介文化批判学者，使他们成为对资本主义体制持续进行批判的左翼知识分子。他们并不满足于对现状的接受，而是挑战整个资本主义制度，并探索媒介文化商业传播体制的替代模式。这些学者与马克思对社会不平等和不公的严厉批判一脉相承，他们不仅质疑现状，更提出反对强权的问题，并对现有政治经济权力结构以及主流媒介文化制度进行了尖锐的批评。例如，斯麦兹在其研究中使用马克思的商品理论来分析资本主义下的受众市场，进而提出了受众商品论。罗伯特·麦克切斯尼在他的多部著作中，尤其是在《通讯革命》和《富媒体，穷民主》中，揭示了媒体垄断的经济根源及其对社会政治结构的影响。他批评了现代传媒研究中忽视政治经济分析的趋势，并挑战支持自由市场的主流媒体理论。这些批判学者的工作不局限于仅仅分析那些直接从现有制度中获益的群体，而是尝试从更广泛的社会可能性中构建更优的制度模型，他们追求的是一种能够透视媒体权力结构并推动社会变革的媒介文化批判。这种批判活动不只是理论上的挑战，更显现在他们对现实中的不公不义的无情揭露和批判，力求通过理论与实践的结合推动社会向更公正、更平等的方向发展。

其次，北美媒介文化批判学者广泛借用了马克思主义的核心概念来分析和批判资本主义下的媒介产业。马克思对资本主义的谋利本性的深刻揭示为这些学者提供了理解媒介市场本质的工具。特别是他的商品理论、剩余价值理论、拜物教和异化概念，这些都成为解释媒介、广告商和公众之间复杂关系的理论基础。尼尔·波兹曼在《娱乐至死》中就使用了马克思的拜物教概念，分析了电视如何将严肃的公共讨论转变为表面的娱乐，从而掩盖了真正的社会问题。马克思的异化概念被用来批判资本主义社会中商业主义对个人生活和公共领域的侵蚀。他的劳动价值理论和剩余价值理论则被直接应用于分析媒体产业的经济结构，特别是在探讨如何利润最大化与劳动剥削之间的关系。麦克切斯尼在其著作中频繁引用马克思的理论来揭示媒体工业如何在资本主义逻辑下运作，特别是如何通过制造和售卖大众文化产品来实现资本积累。马克思的阶级斗争概念也启发学者们从社会阶级结构的角度理解文化传播实践中的社会关系，而他对劳动和劳动力的研究为媒介文化批判学者提供了分析媒介产业劳动条件的框架。他们不仅在理论上进行批评，也积极参与实践，推动媒体改革以更好地服务公共利益。赫伯特·席勒就曾强烈呼吁对媒体产业进行结构性改革，以减少商业对媒体内容的控制。马克思主义不仅为北美媒介文化批判学者提供了理论工具，还激发了他们对社会公正和媒介改革的实际行动。这些学者通过深刻的理论洞察和积极的社会参与，努力改变社会现状，使之更公正、更符合大众利益。

第三，马克思主义对社会变革的深刻期待强化了北美媒介文化批判学者的实践理想。马克思关于实践的核心思想鼓舞了这些学者不仅关注理论研究，更积极介入政策制定与社会实践，并试图通过媒介批判影响现实的社会变革。在这方面，他们主张学者不应仅仅是知识的传播者，更应成为社会变革的建构者和参与者，介入当前的政治和社会事务，推动结构性的媒介改革以及民主政治的进步。北美媒介文化批判学者的实践动力表现在他们不断呼吁和推动公共生活质量的提升，尤其在媒介改革领域展现出显著的活动主义。他们认为知识分子应积极参与到现实媒介工作与改革中，强调理论研究应与社会实际紧密结合，使学术研究不仅仅停留在理论的层面，更应转化为能够直接服务于社会和公共利益的知识。例如，罗伯特·麦克切斯尼不仅在学术著作中批判媒体垄断，更是积极参与到改革媒体政策的公共讨论和立法活动中，推动更为公正的媒体政策制定。他和其他同行一道，推动了一系列关于减少媒体集中所有权、增加新闻多样性的政策提案。北美媒介文化批判学者们通过将理论与实践结合，力图在媒介文化领域推动实质性的社会变革，这也体现了他们将马克思主义的实践观念付诸行动的决心。他们的工作不仅限于学术讨论，而且深入到改变媒介产业结构和文化政策的实际行动中，成为推动社会进步的重要学术力量。

二、历史唯物主义的分析路径

唯物史观作为马克思主义的核心理论之一，首先认为社会存在决定社会意识，强调物质生产条件对社会意识形态的决定作用。这一观点对北美媒介文化批判学者影响深远，他们认为文化既是社会存在的反映，也是形塑社会存在的一种力量。尤其在阶级社会中，文化通常服务于维护统治阶级的利益，并由此构成一种意识形态的支配机制。在北美媒介文化批判学者的理论体系中，媒介传播的本质被视为统治阶级维护其经济利益和政治权力的工具。区别于西方主流经验学派将传播视为信息传输的功能视角，以及将传播视为文化交流和社会仪式的文化学派，北美媒介文化批判学者如斯麦兹和席勒等，深受唯物史观的影响，认为媒介传播在资本主义社会中充当着资本积累和阶级控制的重要角色。斯麦兹在其著作中明确指出，媒体不仅是资本主义生产方式的一部分，更是制造和加深社会不平等的机构。他强调媒体作为资本主义制度下的上层建筑，其主要功能不是提供信息或娱乐，而是作为维护资本主义经济利益的社会控制工具。席勒的批判理论核心，在于深入探讨经济、国家或政府与文化传媒业之间复杂的相互关系。他力图揭示在资本主义背景下，媒介文化不仅是经济运作的工具，更在政治选举、国际霸权等层面扮演着至关重要的角色。通过分析传媒的私有化、商业化以及"媒介民主"的悖论，席勒批判了新自由主义的媒介政策，揭示了其背后深刻的政治经济考量。席勒认为资本主义世界的经济与政治发展不平衡，以及由此产生的依附关系，最终导致了文化传播的偏向性与不平等性。席勒的思考使我们对媒介体制有了更为透彻的理解。他通过对美国等资本主义国家传播媒介发展历程的考察，判断出媒介系统并非自然而然生成的，而是受到政府政策与市场补贴深刻塑造的产物。资本主义媒介体制是一个由少数大型公司主导的、利润驱动的、商业化运作的系统。这一系统不仅在内容生产上拥有压倒性的控制力，更在资源分配上扮演着重要的操控角色。政府不仅仅是商业利益巨头获得传播资源的仲裁者，更是资源分配过程中的操作者。国家的主要职能，不是保障公众利益，而是维护资本家的既得利益，保证资本在媒介领域的统治地位。在这一体系中，媒介高度集中在少数几家跨国公司手中，形成了严格的垄断控制。这些企业不仅掌控了媒介内容的生产，也对媒介的传播市场具有压倒性的话语权。这种不平等现象的加剧，造成了全球范围内的文化帝国主义，即权力与资源的集中，推动着文化霸权的国际化，进一步加深了文化的依附性与不平等。

其次，马克思唯物史观强调经济基础决定上层建筑，上层建筑反作用于经济基础，国家是上层建筑的核心，是阶级矛盾不可调和的产物，是阶级统治的工具，是维护统治阶级利益的暴力机构。在这一理论视野下，文化传媒与社会权力之间的关系成为北美媒介文化批判学者研究的关键内容。文化传媒并非单纯的传播工具，而是与政治经济权力中心（如国家、传媒集团和社会力量）密切互动的复杂系统。在席勒看来，权力不仅仅是由单一实体所控制，而是分布在社会的各个层面。媒介并非单纯的传播工具，而是权力的代理者，它是社会控制和利益维持的有效机制。在这一过程中，传媒控制着传播资源的生产、分配与消费，而这种控制最终目的是塑造和维护统治阶级的利益。席勒在其批判中指出，资本主义社会中的文化传媒本质上是一种控制机制，是在政治经济权力的主导下进行不自由、不平等、不平衡的文化传播。传媒不再仅仅是信息的传递渠道，它成为一个意识形态的工具，传播的不再是"真相"与"信息"，而是对社会现实的曲解与操控。这一控制现象，席勒称之为"思想管理"，即媒介有意地生产与现实社会不符的信息，制造虚假的社会现实，进而控制公众的思想与行为。美国的传媒系统，在席勒看来已经成为对公众思想的管理者，媒介所传播的内容，经过加工、提炼与再包装，构成一种虚假且精心设计的现实，旨在操控大众的信仰、态度与行为。这种传播内容的"价值中立"观念本身就是一种有意的伪装。他批判了那些声称传媒内容不涉及价值判断、仅仅是社会信息的传递的观点，指出，实际上传媒的每一条信息、每一个话语，背后都有着明确的政治经济目标。这些内容的生产与传播，都是在维护现有的权力结构和社会安排。这种不平等和不对等的传播关系，最终导致了整个社会舆论的垄断与僵化，使得普通民众无法获得全面、真实的信息，进而失去了真正自由传播的权利。美国的文化传媒体系不仅仅是商业化和市场化的产物，更是政府与私有商业集团联合的复杂结构。这个结构通过制定特定的媒介政策和文化传媒结构，将特权阶层的利益牢牢锁定，并将社会中的边缘群体与贫困者排除在外。在他看来，今天的美国媒介已不再是为公众服务的公共领域，它们已经被那些巨大的媒介集团和政府组织所控制，成为少数特权阶层的工具。这种变革让传统意义上的新闻自由和公民权的保障变得苍白无力，反而加剧了对普通民众的文化压迫与思想控制。

　　同样，诺姆·乔姆斯基的"制造共识"理论也是基于这一观点。乔姆斯基认为，媒体作为企业和政府的工具，通过策略性地筛选新闻话题和框架，制造公众对某些政治议题的支持。这不仅反映了经济基础对上层建筑的决定作用，也显示了上层建筑在形成和强化公众意识方面的能动作用。这些分析不仅局限于美国，也扩展到了全球范围，特别是在考察全球媒体帝国如何在不同国家和地区通过资本和技术的优势强化西方的文化霸权时。例如，罗伯特·麦克切斯尼在其关于全球媒体的研究中，揭示了西方媒体巨头如何利用其经济和技术优势，在全球范围内推广西方的价值观和生活方式，加剧了文化的同质化，这是资本主义经济基础对全球文化上层建筑的直接影响。这些案例表明，北美媒介文化批判学者利用马克思的唯物史观来深入解析媒体如何成为经济基础和社会权力结构的反映，并探讨这种结构如何通过媒体被再生产和加固。这不仅提供了对媒体运作深层次的理解，也为挑战和改革现有的媒介和文化生产体制提供了理论基础。

　　马克思主义唯物史观强调科学技术作为第一生产力的角色，指出技术变革不仅改变了社会生产和生活方式，也深刻影响了人们的思维方式和思想观念。然而，技术的发展并非价值中立，其应用往往受到特定社会力量的控制。在这一点上，北美媒介文化批判学者对新兴信息技术的社会影响持批判态度，特别是在考察技术如何被嵌入资本主义的经济和政治结构中时。赫伯特·席勒、尼尔·波兹曼和罗伯特·麦克切斯尼等学者，通过他们的研究，揭示了第二次世界大战后美国帝国主义与传播商业之间的共生关系，尤其关注信息技术与全球资本流动、文化控制及政治权力之间的相互作用。他们指出，虽然信息技术提高了信息传播的效率，但在资本主义体制下，这些技术主要被用来加强对经济和文化的控制，而非促进真正的民主化和文化多样性。尼尔·波兹曼在《娱乐至死》中批判了电视和其他媒介技术如何转变公共话语，将严肃的政治和文化讨论转变为表面的娱乐活动，弱化了公民的批判思维能力。而罗伯特·麦克切斯尼在《富媒体，穷民主》中分析了媒体技术的商业化如何助长了少数媒体巨头的市场垄断，加剧了社会不平等。这些批评揭示了信息科技在资本主义框架内的实际应用，通常被设计来维持现有的社会结构和加强统治阶级的控制，而非挑战或改变它。席勒特别指出，文化宰制实际上来源于对资本流通的控制和信息机器的使用，技术的革新并没有减轻社会的不平等，反而为统治阶级提供了新的控制手段。因此，他们呼吁对信息技术的批判性接纳和审慎使用，以避免加剧文化帝国主义和经济不平等。

在马克思的唯物史观指导下，北美媒介文化批判学者对当代文化传播的现实进行了深刻的分析与批判。这些学者看到了在资本主义社会中，文化传播的不平衡、不自由、不平等，以及对社会运动，特别是对共产主义者的扭曲报道。与主流传播研究不同，这些批判学者通常不将受众仅仅视作消费者或将收看收听行为视作单纯的休闲活动，他们从马克思主义的视角出发，认为媒介传播是一种资本主义的经济活动，其中受众的注意力和时间被视为可以被剥削的资源，媒体行为是劳动者的一种工作活动。这些学者还探讨了全球范围内普遍存在的文化帝国主义现象，主张第三世界国家建立自己的文化传播体制，以保护和发展本土文化。这些观点不仅体现了他们广阔的唯物史观视野，也显示了他们的政治承诺和实践意图，旨在通过理论分析和实际建议支持全球南方国家抵抗文化和经济上的西方主导。这样的批判理论反映了北美媒介文化批判学者们的共同目标——不仅批判现状，而且积极寻求通过文化政策和国际合作改变全球文化与媒介传播的不平等状态。他们的研究和提议不局限于学术界，更在政策制定和国际文化交流领域产生了深远的影响，体现了广阔的唯物史观视野。

三、社会实践认识论的论证视角

唯物主义的世界观必然伴随着现实主义的认识论。北美媒介文化批判思想从现实主义的和批判的认识论出发，主张文化传媒的现状来源于现实，关注传媒业的历史和当下状况。席勒的工作便是这种认识论的典型例证。他不仅深入研究传媒技术的发展和传媒工作者对这些技术的掌握，还关注资本如何剥夺公共资源和媒介行业内的劳资矛盾，如劳动条件的恶化及资本与劳动力的冲突。他同时关注传媒资源在社会中的不平等分配，揭示了阶级分化在媒介访问和控制中的体现。此外，席勒对 20 世纪 60 年代至 70 年代"文化帝国主义"和国际传播中的权力不平等关系进行了持续批判。他特别针对 80 年代以来跨国公司在全球传播领域的主导作用及其对民主化的真实影响提出质疑。他认为，虽然全球化被广泛宣扬为推动民主化的力量，实际上它深化了资本主义的全球扩张，加剧了社会不平等、社会冲突和文化身份认同的危机。席勒的实践和认识活动展现了一个典型的批判学者应有的特质：深入实际，从具体的社会、经济和政治条件出发，用批判的眼光审视信息化资本主义条件下的社会矛盾和文化危机。通过这种方式，他和同道中人试图在理论与实践之间架起桥梁，不仅仅是解释世界，更是为改变世界提供理论和实践的依据。诺姆·乔姆斯基在与爱德华·赫尔曼合著的《制造共识：大众传媒的政治经济学》中，详细分析了新闻媒体如何在资本主义社会中作为经济精英和政治权力的意识形态工具。通过"宣传模型"，他们揭示了新闻媒体在塑造公众观点、过滤信息、设置议程和框架新闻故事方面的作用，特别是如何服务于商业和政府的利益。乔姆斯基的其他作品，如《必要的幻觉》和《希望与展望》，进一步探讨了媒体语言和政治话语如何被用来维护权力结构，以及公众如何可以通过批判性思维来识别和抵抗这些力量。尼尔·波兹曼在其影响深远的作品《娱乐至死》中，分析了电视和其他媒介技术如何转变为社会的中心娱乐机制，影响到公民的批判性思维和公共对话的质量。波兹曼认为，媒体技术不仅改变了信息的性质，更重塑了公众的认知结构和社会交互方式。罗伯特·麦克切斯尼，特别是在《富媒体，穷民主》中，详细探讨了媒体如何在资本主义逻辑下运作，及其对新闻质量和公共领域的负面影响。他的研究强调了大型媒体企业如何通过市场机制控制新闻内容，并指出这一过程中公共利益的消失和市场逻辑对民主价值的侵蚀。在《数字断裂》中，麦克切斯尼继续扩展这些主题，探讨了数字技术如何被商业化利用，以及这对社会平等和信息获取的影响。

正是基于现实主义的认识论，北美媒介文化批判思想承认世界是客观的，是充满矛盾的，并且从普遍联系和发展的观点出发，强调研究社会变迁和社会过程。这种思想主张通过描述可限定的社会因素（如制度、价值或人的特性和关系）来分析社会生活，试图将媒介文化传播现象放在一个更广阔的历史、经济和社会背景下研究。此外，探讨媒介和传播系统如何强化、挑战或影响现有的阶级与其他社会权力关系，强调结构性因素与劳动过程，尤其是经济因素对政治和社会关系的影响，审视所有权、支持机制（如广告）和国家政策对传媒的生产、流通、消费和全球化的影响。

马克思在《关于费尔巴哈的提纲》中指出，"哲学家们只是用不同的方式解释世界，问题在于改变世界"[①]。与马克思改造世界的观念一脉相承，北美媒介文化批判思想认为所有的社会学术最终都是为了改变社会，尤其是文化传媒研究更是如此。席勒、麦克切斯尼等都主张传媒知识分子应承担一个建构者角色，介入当前的政治和社会事务，进行结构性的媒介改革，推进民主政治，提升公共生活的质量。作为任职高校的教师和公共知识分子，他们也是积极参与现实媒介改革的活动主义者，强调认识所处的现实

[①] 中共中央马克思恩格斯列宁斯大林著作编译局：《马克思恩格斯选集》（第3卷），人民出版社2012年版，第6页。

世界，并渗透到研究日程和教学中，生产运用于维护公共利益的知识，并进行超越学术的参与。正是基于这种认识，他们与其他批判学派学者只破不立、只将注意力放在对现状的批判剖析上不同，他们往前迈了一大步，提出各种媒介改革主张，同时又身体力行，将理论和实践相结合，参与到媒介改革运动中，成为媒介改革运动中来自学术界的重要力量。

四、民众平等价值观的理想愿景

马克思和恩格斯坦言，他们的理论致力于为无产阶级解放而服务，其核心价值在于追求社会的公共利益、公平正义，并致力于提升最广大人民的福祉。这一价值导向指引着北美媒介文化批判学者，虽然他们不是马克思主义者，却明确声明自己的左翼学术立场，致力于变革当代西方的大众传播体制。他们的研究旨在反对媒介的私有化，维护公共利益与社会平等，关注社会的公正、公平、民主与平等。不同于那些追求媒介效率的主流学者，这些批判学者更加重视价值问题，他们不断地提出问题：媒介文化为何存在，服务于谁，以及如何更好地服务于社会。他们的研究强调知识的批判性和变革性力量，目的是削弱和消除支配性权力关系，推动形成一种使人们满意的共同社会生活的秩序。他们对文化帝国主义给第三世界国家带来的文化侵略和民族文化特质的丧失表示担忧，并呼吁弱势国家和广大民众进行权力抵抗，维护自身利益和文化独立。显然，北美媒介文化批判学者的这些思想和主张深受马克思主义价值观的影响，展现了他们对于社会变革的持续承诺和努力。这不仅是一种学术立场的宣言，也是一种积极参与和改变现实的实践。

首先，北美媒介文化批判学者们的人生经历与政治活动深刻影响了他们的学术追求和理论发展。斯麦兹和席勒这两位北美媒介文化批判学派的泰斗人物经历了许多20世纪关键的历史时刻：30年代的经济大萧条、第二次世界大战、越战、冷战时期，以及第三世界国家的民族解放运动。这些历史事件不仅形成了他们对资本主义社会和全球政治经济的批判视角，也激发了他们深入研究和批判媒体与文化的动力。斯麦兹在1928年至1937年间在加州大学伯克利分校完成了他的经济学学士和博士学位，正值美国经济大萧条时期，伯克利因其活跃的左翼思潮和社会运动而闻名。在这样一个学术和政治激荡的环境中，斯麦兹不仅受到制度经济学的影响，还深受马克思主义的吸引。他积极参与左翼政治运动，并享受这种身份所带来的生活方式。在获得经济学博士学位后，斯麦兹被"罗斯福新政"中的社会改革所吸引，加入美国政府的多个部门，包括农业部、统计局和劳工部。这一时期，他不仅目睹了旧金山长滩工人罢工的激烈场面，也深切体会到中西部农民在大萧条时期所承受的饥饿与困苦。这些经历极大地增强了他对阶级斗争的理解，并激发了他对社会公正的深刻关注。斯麦兹对外部世界的政治动荡也非常敏感，特别是对西班牙内战以及反法西斯运动的支持表现得尤为明显。他的政治立场促使他加入了美国和平与民主联盟，积极参与政治活动。在政府工作期间，斯麦兹不仅组织农场工人进行斗争，还在华盛顿创办了左翼合作书店，努力为推动社会和经济正义提供知识支持。尽管身处美国政府这样一个霸权主义的环境中，斯麦兹始终未曾放弃他对资本主义批判的学术追求。在面对频繁的左翼攻击和政治压力时，他坚持开展对媒介文化传播业的深入研究，不断揭露其中的问题与弊病。斯麦兹的这一系列行动不仅体现了他对社会变革的追求，也展示了他如何将个人信念转化为具体的社会和学术行动，积极推动社会向更加公正和民主的方向发展。与斯麦兹同时期，席勒的早年也充满了挑战。他的家庭在经济大萧条期间经历了严重的经济困难，这段经历深深地影响了席勒的世界观和学术取向。席勒的父亲失业多年，而母亲则通过做零工维持家庭生计。尽管席勒在青少年时期对文学有着浓厚的兴趣，他最终选择了经济学作为他的专业，这是一个在经济萧条时期能够找到工作的实用选择。他在回忆中提到："我永远也不会忘记失去工作是怎样折磨着人们……从那时起，我憎恶那种毫不在乎让大量劳动者失业的经济体制。"①这种个人经历让席勒对资本主义经济体制产生了深刻的批判，他在其著作《信息与危机经济》中纪念那些在经济危机中受苦的人，显示了他对经济危机对普通人造成的痛苦有着深刻的同情和理解。第二次世界大战为美国经济带来了复苏，战争需求刺激下的工业扩张创造了大量工作机会。1940 年，21 岁的席勒迁至华盛顿工作，在那里他首次直面并震惊于公然的种族主义。1942 年秋，席勒应征入伍前往南加利福尼亚，他目睹了战争经济带来的繁荣与民众的狂热消费。生产三班倒的战争工厂、通宵营业的娱乐场所、连续数日的乡间别墅宴会，所有这些都映照出战争背后的经济活力。1943 年9 月，席勒被派往北非，那里的景象与美国的繁荣形成了鲜明对比：被炸毁的城镇、贫瘠的村庄、生活困苦的当地人。这些经历深刻地触动了席勒，使他对贫困有了更为直接的认识。席勒在《居住在第一号国家：一个美国帝国批评家的反思》一书中回忆说："在我逗留海外之前，我对大众的贫困的了解非常模糊。我了解美国经济萧条时期领救济品的队伍，亲眼目睹了纽约市的贫民窟，也听说过'胡弗村'——20 世纪 30 年代经济萧条时期城市边缘的窝棚区；但是所有这一切都不能为我在北非的所闻所见做好思想准备。"②在北非的两年多时间中，他深入地观察并认识到当地被外国投资者和地方寡头剥削的现状，美国正在逐步取代法国成为新的殖民力量，对这些国家施加影响。这段经历对他后来的学术和政治立场产生了决定性的影响，使他深切感受到资本主义全球扩张的影响，以及它对第三世界国家造成的社会和文化后果。

　　其次，公共利益和社会平等始终是北美媒介文化批判学者关注的主题。这些学者，不论是在美国还是加拿大，从未简单地为资本主义制度辩护或

---

① SCHILLER H. *Living in the Number One Country: Reflections from A Critic of American Empire*[M]. New York :Seven Stories Press,2000:12.

② SCHILLER H. *Living in the Number One Country: Reflections from A Critic of American Empire*[M]. New York :Seven Stories Press,2000:17.

为现行政策摇旗呐喊。相反，他们视公众利益为至高无上的价值，从公共
利益的角度出发批判美国媒介政策的不足与缺陷。他们对西方资本主义所
暴露的诸多问题提出尖锐批评，指出西方所谓的"自由民主体制"未能实
现其对政治参与扩大和公民权利有效享有的承诺。他们认为，在"新自由
主义"的推动下，传媒的垄断和并购使得市场化和商业化进一步加剧，从
而侵蚀了哈贝马斯所强调的"公共领域"。北美媒介文化批判学者的研究
目的在于挑战社会中存在的不平等权力关系，推动民主的深化和人类解放
程度的提高。他们倡导"民主""公民权利""社会公正""参与"等价
值，支持通过国家途径干预，以实现媒介传播政策的民主化。他们反对媒
体的私有化，认为媒介资源应当是公共的财产，应当置于公众的控制之下，
并使公众能够参与到传播政策的讨论中，影响传媒工业的发展方向和方式，
甚至在媒介内容上发挥决定性的作用。在他们看来，媒介应当成为公众权
利的捍卫者，反映公众的声音和意愿。通过这种方式，他们不仅站在公众
一方进行理论和实践的探索，更是积极参与其中，寻求真正服务于公众利
益的媒介政策和公共管制方式。公共利益和社会平等不仅是北美媒介文化
批判学者关照的主题，也是他们理论和实践活动的动力源泉。这些学者强
调媒介应服务于社会的广泛需求而非少数经济利益集团。他们认为，媒介
的功能应超越单纯的信息传递，成为促进社会正义和民主参与的工具。在
他们看来，实现这一目标的途径之一是通过增强媒介透明度和公众参与程
度，确保媒介政策的制定过程公开和民主。例如，斯麦兹和麦克切斯尼等
人不仅在学术论文中呼吁公众参与，也通过举办公开讲座、撰写报纸专栏
和参与政策讨论等方式，积极推动这一议程。

这些批判学者对于媒体垄断和文化帝国主义的持续批判，反映了他们
对全球文化多样性和地方文化自主性的重视。他们强调，媒体的全球扩张
往往以牺牲本土文化的独立性和多样性为代价，批评国际媒体巨头利用其
经济和技术优势，在全球范围内推广一种统一的文化形态。通过对这些现
象的深入分析，北美媒介文化批判学者试图揭示和解构这些力量背后的经

济利益和政治动机，提倡保护和促进地方文化的发展，支持文化多样性的维护作为抵抗文化同质化的重要策略。总之，这些学者的研究和行动强调了社会公平与公共利益的核心价值，倡导通过批判和改革传播体系来增强社会的民主化和公平性，不断地寻求通过媒介改革来实现更广泛的社会变革目标。

　　第三，构建公正合理为民服务的媒介传播新秩序成为北美媒介文化批判思想的理想追求。北美媒介文化批判学者认为，西方现有的商业系统已经失去了生产新闻的动力，传媒业日益发展成为剥削性和专制性的财团统治秩序的一部分，因此迫切需要开展相关研究，以探索生产高质量媒介内容的替代政策和结构。在国际领域，他们批判"信息自由流通"的神话，认为这一口号仅是垄断资本主义的宣传术语，美国的传播工业在全球范围内的拓展是其重要的政治经济策略。席勒在其媒介帝国主义理论中证明了信息流通的不公正和不平等，认为媒介帝国主义有效地推销了美国的价值观和政治经济模式。席勒认为，传播技术的推广通常伴随着经济制度、商业安排、金融网络、技术结构和进程的变革，传播已成为美国权力扩张的决定性力量。在信息流通过程中，美国媒介不仅输出其结构，还输出其运营哲学和职业观念。学者们认为，所谓信息的自由流通不过是侵略性的国际资本主义的宣传口号，实际上是美国传播工业进行海外扩张的借口，是一种宰制的工具。因此，这些学者的理想是创造一个平等的、人性的、可持续的、具有创造性的社会，使公平和自治成为日常生活的秩序。他们呼吁媒介改革运动应制定让媒介系统更加民主的政策，例如：创造超快的、普及的有线或无线宽带，不受集团或政府利益的审查；支持一个切实可行的非商业和非营利的媒介，尤其是在地方层面；创造一个让公民真正被告知的媒介系统，而非依赖富有捐款人支付的误导性广告；明确限制商业主义对媒介内容的渗透，尤其是屏蔽针对儿童节目的广告；并鼓励普通公民和学者一起努力提高民主和公共生活的质量。

　　北美媒介文化批判学者以马克思主义的社会平等价值观为核心，对现存的全球媒介结构提出了深刻的批判和改革建议。他们坚持认为，真正的公共利益和社会平等只能在克服了资本主义的文化帝国主义之后实现。媒介不仅是信息传递的工具，更是塑造社会意识和文化身份的场域。他们倡导保护弱势国家的文化独立和推广文化多样性，强调每个国家都应有权控制本土文化传播的权力，抵抗文化同质化的趋势。通过这种方式，北美媒介文化批判学者致力于构建一个更加公正、民主且可持续的全球传播秩序，其中公民的权利和声音得到真正的尊重和反映，从而实现马克思主义的核心价值——社会的全面公正和平等。

第三节　北美媒介文化批判思想的理论局限

尽管北美媒介文化批判思想不乏闪光点和影响力，但是，随着北美媒介文化批判思想的深入梳理，便逐渐呈现出其思想理论的不足或偏颇。总体来看，北美媒介文化批判思想常常陷入夸大媒体效果的窠臼，具体表现为对媒介工具性的偏重、对受众能动性的轻视，以及对文化传播单向性的过度强调。通过这一审视，我们可以更全面地认知北美媒介文化批判思想的实际影响和理论价值。

一、工具性偏重与文化内容性的相对忽视

北美媒介文化批判学者通常将媒介视为经济与文化生产活动，并在社会政治经济的广阔背景下对其进行分析。他们强调媒介的工具性，即媒介如何作为资本主义机器的一部分，在全球范围内塑造文化并控制思想。这种分析强调了媒介的经济驱动力、产业结构和政治经济角色，有效地揭示了媒介产品生产的利益驱动本质和其在实施文化霸权中的功能。在否认媒介技术中立性的基础上，北美媒介文化批判学者特别强调商业性媒介的所有权和控制权大多集中在私有资本手中，特别是电视这一大众媒介形式。他们认为，电视节目、电视剧和新闻内容传达了资本主义统治阶级的价值

观念，从而成为统治阶级对被统治阶级——广大电视观众的思想控制工具。他们进一步批评称，电视观众通过这种媒体的"洗脑"，变成了私有资本所有者控制的"群氓"。席勒和乔姆斯基分析了美国主流媒体的话语策略，认为它们是资本主义统治阶级制造舆论共识的必要手段，服务于统治阶级的政治和经济利益。他们指出，在资本主义国家，媒体所有权的私有化和媒体管理权的集中，使得媒体成为反民主的政治力量。这种所有权和控制权的集中不仅限于经济领域，同样体现在文化和意识形态的传播上，从而强化了社会的阶级分化和权力结构。通过这样的分析，席勒和乔姆斯基等学者揭示了主流媒体在维护资本主义秩序中的角色，以及这种角色如何削弱了民主过程和公众的政治参与。这些分析为理解媒体在现代社会中的功能和影响提供了重要的视角和批判的洞见。

然而，正因为其着眼于外部机制，北美媒介文化批判思想在处理媒体内容的内在文化意义和社会影响时，往往显得不够深入。这种方法论上的选择可能导致忽视媒体内容如何反映、再现甚至改造社会现实的复杂方式。媒介不仅是资本的工具，也是文化交流的活动，其中包含丰富的意义和符号，这些都是构建公众认知和社会意识的重要元素。因此，简单地将媒介视为资本主义机器的一部分，可能会忽略掉媒体作为文化生产活动的独特性和复杂性。北美媒介文化批判学派也未充分认识到媒介在满足公众文化需求、提供教育信息以及娱乐功能方面的潜力。他们倾向于强调媒介如何服务于强权国家和跨国传媒集团的利益，而忽略了媒介也可能促进知识分享、文化多样性和社会参与。例如，电视和广播不仅仅是传播资本主义意识形态的工具，它们还提供了一个让公众接触多元文化、观点和信息的平台，有助于公共对话和文化交流。这种分析路径可能不足以捕捉到媒介内容内部的动态性和多样性，特别是在全球化和数字化时代，媒介文化展现出前所未有的多样化和互动性。用户现在不仅仅是被动接受信息的对象，更是内容的创造者和批评者，这种现象在 YouTube、Twitter 等社交媒体平台表现尤为明显。因此，北美媒介文化批判理论需要进一步发展，以适应新媒体环境下受众与媒介之间日益复杂的互动关系，以及这种互动如何影响文化认同和社会结构的演变。

二、商品性侧重与受众能动性的相对轻视

尽管北美媒介文化批判学派深入探讨了电视媒体的商品性和商业运作机制，他们特别关注电视观众如何在电视广告市场中被视作交易的商品。这一观点源自斯麦兹的受众商品论，该理论强调电视观众的注意力和收视行为是电视广告生产系统中价值增值的关键要素。虽然这种分析揭示了电视的经济属性，但它同时忽视了受众的主体能动性和选择性。北美媒介文化批判思想倾向于将受众视作被动接收广告和内容的对象，而没有充分考虑到受众在接收信息时的主动选择和互动反应。例如，尽管收视率被用作衡量节目成功与否的指标，但这些数据无法全面反映受众的观看动机、情感反应和批判思考能力。受众的行为不仅仅是被动接收，他们的观看习惯、文化偏好和社会环境都会极大地影响他们的接收和解读方式。此外，简单地将收视率视为商品化的一部分，可能会导致对电视内容质量和深度的忽视。实际上，受众的反馈、讨论和批评是衡量电视内容社会价值的重要方面。电视观众不只是被动的信息接收者，他们在观看过程中也能产生创意，反思并影响电视内容的生产和传播。因此，全面评估媒体内容和媒体效果时，需要考虑受众的能动作用和参与程度，而不仅仅将其视为经济交易的一部分。这种对受众能动性的忽视，不仅限制了对媒介行为全面理解的深度，也可能导致对媒介改革和文化发展潜力的误判。确实，北美媒介文化批判学派的研究在揭示电视作为商品的性质时，往往过分强调电视内容由资本主义的商业逻辑主导，从而将电视节目及其观众简化为商品与消费者的关系。这种分析忽略了电视观众在接收过程中的主动参与和文化生产能力。电视节目不仅仅是被动消费的对象，观众在观看的过程中经常进行主动解读，他们的文化背景、审美喜好和个人经验都会影响他们对节目内容的理解和评价。例如，电视剧的连续叙事特征要求观众跟随剧情发展，每个片

段之间的情节空白需要观众自己填补，这不仅增加了观看的互动性，也使观众成为意义的共同创造者。此外，电视剧中的悬念和谜团激发观众的想象和推理，使他们在观看过程中成为积极的参与者，而不仅仅是被动的接受者。

北美媒介文化批判思想应当承认，尽管电视作为媒体具有商品属性，观众的接收方式却远非单一和被动。观众的文化主动性表现在他们如何选择和解读媒体内容上，这反映了媒体与观众之间的动态互动关系。简单地将电视媒体视为统治阶级的宣传工具，忽视了观众在文化交流中的能动角色，这种偏见可能导致对电视文化传播动力的误解。因此，更全面的媒介文化批判理论应当包括对观众主体性的认识，尊重并研究他们如何通过媒体参与文化生产和社会交流。

三、单向性强调与跨文化互动性的相对简化

北美媒介文化批判学者通过政治经济学的视角深入分析国际文化传播的单向性，突出揭示了国际间经济依存关系如何决定文化传播的秩序。赫伯特·席勒就曾在其作品中强调了经济强国通过"信息自由流通"的借口实现对经济弱国文化的渗透与控制。他警告说，"如果自由贸易是强大经济体渗透并控制弱小国家的一种机制，那么'信息自由流通'便是将生活方式与价值观强加给弱小国家的一种渠道"[1]。然而，这种分析往往忽略了文化的复杂性和多变性，以及接收国文化的主动性和适应性。这种单向性的分析视角未能充分考虑到接收国民众如何主动筛选、改造甚至抵抗外来文化的现象。他们的观点往往基于文化帝国主义的框架，即认为文化流动总是从经济和政治"中心"国家向"边缘"国家单向传播，且强调这种流动对边缘国家产生的消极影响。这种分析未能充分考虑到接收国的文化

---

[1]　SCHILLER H. *Mass Communications and American Empire*[M]. Westview Press, 1992:8-9.

能动性，包括语言壁垒、文化习俗和技术标准等因素对文化传播过程的重要影响。例如，伊恩·昂、洪美恩、卡茨·布利斯等学者的实证研究显示，《达拉斯》这样的美剧在全球范围内的接收情况极具多样性。在荷兰、日本、以色列等国家，观众对该剧的解读与美国内的观众截然不同。他们的生活经验、审美习惯、宗教信仰以及价值观念等都对他们的接收方式产生了深刻影响，这些因素使得每个国家的观众都在某种程度上重新构造了剧集的意义。因此，这些国家的观众并未简单地被"美国化"，而是根据自己的文化背景对内容进行了本土化的解读。事实上，北美媒介文化批判学者在分析国际文化传播时，主要关注美国的文化帝国主义，强调美国媒介和流行文化的全球传播力。他们普遍认为美国文化通过全球媒介网络强制输出其价值观和生活方式，从而形成了一种文化的单向流动。然而，这种分析往往简化了文化流动的复杂性和多向性。例如，席勒的论断受到了来自不同研究领域的学者的质疑。勒纳的电视研究便是对席勒视角的重要批评。勒纳发现，在拉丁美洲，不同国家之间已形成一种相互依赖的媒介关系，这种关系表明文化流通不仅仅是从发达国家向发展中国家的单向传播，而是更为复杂和动态的。这表明地区内部的文化交流也具有活跃的传播动态，这些动态可能并非完全受到美国或任何其他单一国家的文化影响。此外，文化流通的现实情况远比简单的"美国化"或"西化"复杂。各国文化在相互交流中不断适应、吸收和转化外来文化，形成了独特的本土化版本。这些本土化过程证明，接收国的文化主体性和能动性在全球文化传播中起着重要作用。因此，单纯强调美国文化的影响力，可能忽视了全球多样化文化交流和本地创新的现实复杂性。日本传播学者小石岩渊的批评为我们提供了一种对北美媒介文化批判学者观点的重要补充，挑战了他们关于文化帝国主义的一些基本假设。小石岩渊通过详细分析日本大型媒体公司如索尼在全球文化交流中的活跃角色，指出全球化并非仅仅是美国文化的全球扩散，而是多方向、多中心的文化交互作用。他的研究突显了区域内文化相似性在国际文化交流中的重要性，并反驳了文化同质化的简单论断。

小石岩渊的观点提醒我们，文化接收国具有选择性地接收和适应外来文化的能力，这一点在北美媒介文化批判学者的分析中往往被忽视。他们倾向于将国际文化流动视为单向的从"中心"到"边缘"的过程，而小石岩渊则强调了文化输入国的能动性和创造性，在这一过程中，外来文化往往经过本土化改编，以更好地适应本地市场和文化习惯。

因此，北美媒介文化批判学者这种观点的缺失暴露了他们的研究可能过于侧重于从经济和政治权力结构来解释文化流动，而忽略了文化本身的复杂性和动态性。此外，这种研究倾向可能也导致了类似于"皮下注射论"的传播效果假设，即外来文化的传播效果是直接和确定的，没有考虑到接收方的文化活动和解释过程。这些局限性需要通过更为全面和多维的文化研究来克服。

第四节　北美媒介文化批判思想的镜鉴价值

北美媒介文化批判思想的广泛研究与丰富著述，虽然主要是对西方国家的媒介文化现象进行剖析，但是其对许多问题的剖析不乏深刻而有见地。中国的国体和政体与西方存在根本差异，但在媒介发展中面临着许多挑战，如商业逻辑对媒介其他职能的侵蚀，与西方国家有诸多相似之处。因此，我们可以借鉴北美的媒介文化批判思想成果来避免一些发展中的误区，特别是借鉴这些批判理论来警示与强化我国媒介文化的社会责任、内容质量、保护本土文化以及维护文化安全，从而确保文化的多样性和独立性，在全球化的浪潮中保持文化自信和反对任何形式的文化霸权。

一、以社会效益为取向，强化媒介文化的公益职能

斯麦兹、席勒和麦克切斯尼等北美媒介文化批判学者提出的批评反映了对商业化大众传媒运作的深刻顾虑。他们关注大众传播如何在政治与商业利益的交织下失去了服务公众的初衷。尤其在美国，随着政府对媒体监

管的放松，大众传媒更多地成为企业赢利的工具，而不是民众信息和文化需求的满足者。这种情况导致了质量较高的内容被边缘化，因为它们可能不符合商业收视率的要求。麦克切斯尼在《富媒体 穷民主》中提出了对广播这种传媒介质的思考，明确界定了媒体的公共服务职能："公共服务广播在我看来指的是一种非营利、非商业化的体制，它由公共资金资助并最终对公民负责，它的目标是为全体民众提供服务，而且公共广播并不适合将商业原则作为节目制作的主要手段。"[①] 这强调了媒体应当超越简单的赢利目的，恢复其在社会中的基础职能，即服务于公共利益。

从这一角度出发，北美媒介文化批判思想为中国媒介文化产业的发展提供了重要启示：在提高我国媒体的社会效益的前提下，强化媒体的文化传播职能，避免一味地追求经济利益。这不仅涉及媒体内容生产的导向，也关乎整个媒体行业的制度设计，使之更加倾向于满足公众的信息需求和文化生活，而非单纯追求商业利润。中国拥有建设传媒公共职能的体制优势，因为国体和政体的特定性决定了大众传媒的主要目标是服务于全体人民。"中国广播电视公共服务体系作为社会公共服务体系的重要组成部分，其目标就是建立由政府进行宏观管理，以相应的媒介体制和媒介规制体系为保障，由广播电视公共服务机构向全体公民平等提供均等、优质的广播电视公共产品和服务，以满足广大人民群众基本的广播电视收听收看需求的社会服务体系。"[②] 这体现了我国大众传媒的公共职能和文化使命，强调媒体内容创作应坚持"二为方针"，即"文艺为人民服务、为社会主义服务"。然而，在市场经济的推动下，中国的传媒业也面临着商品属性与公共职能的矛盾。在市场化进程中，传媒业的多种属性并存，若过度依赖市场这只"看不见的手"，盈利的驱动可能导致其他非商业属性的弱化。

---

① 〔美〕罗伯特·麦克切斯尼：《富媒体 穷民主》，谢岳译，新华出版社 2004 年版，第 321 页。

② 胡正荣、李继东：《中国广播电视公共服务体系》，中国广播电视出版社 2010 年版，第 92 页。

在这种背景下，中国传媒业如何应对消费主义的侵蚀，平衡市场吸引力与社会责任，成为当前的重要挑战。避免传媒过度商业化，防止内容的低俗化，以及保持新闻的真实性和可信度，是中国媒介文化发展中需要着重考虑的方向性问题。中国的大众传媒体系历来承担着政治宣传的关键职能。随着时代的发展，现代传媒被赋予了更广泛的功能，包括提供娱乐、执行公共服务、进行国际传播等。然而，观察当前的传媒环境，娱乐功能的过度显现，而其他职能则相对边缘化。这种偏颇的发展趋势在各省级卫视争夺收视率、时尚杂志和非主流报纸的竞争中表现得尤为明显。目标观众的定义已经与收视率直接挂钩，导致农民、老人、儿童等非主流消费者群体逐渐被忽视。这一现象在国际文化传播和国家软实力的发展中尤为突出，我国在这一领域的进展明显滞后于经济增长的速度。商业广告对大众传媒公共职能的侵蚀是这一问题的核心表现。例如，中央和省级卫视，虽然定位为国家级媒体且应承担广泛的公共服务职能，但实际上，许多传媒机构选择追求最大化的商业利益，严重影响了其公共职能的发挥。节目的选取和评价往往以收视率和广告收入为标准，高收视率的国外娱乐节目被引入中国市场，仅仅为了赢得更多观众。正如麦克切斯尼在其著作《富媒体　穷民主》中所分析，这种现象是商业利益和广告泛滥在民主社会中产生的结构性矛盾的表现。他指出，商业媒体机构在没有公共服务的考虑下，仅为了利益最大化而运作。这种观点为中国传媒的发展提供了重要的镜鉴，说明即便在商业化程度较高的国家，这种以营利为目的的传媒运作方式也是值得批评和反思的。因此，中国媒体文化产业在追求发展的过程中，应当重视平衡商业利益与公共职能，探索如何在强化媒体的社会责任的同时，促进其健康和可持续地发展。这不仅需要媒体自身的努力，更依赖于国家政府的积极决策与规范管理，以确保媒体系统既能反映社会现实，又能促进社会正义与进步，真正成为公众的贴心人和文化的守护者。这是推动社会全面进步的重要环节，也是实现社会主义现代化强国梦想的基石。

二、以优质内容为核心，提升媒介文化竞争力

提升媒介文化的竞争力，核心在于强化内容的质量。北美媒介文化批判学者从媒体商品的价值规律和资本市场的经济结构出发，批驳在西方资本主义市场经济环境中，大众传媒工业或生产系统由于唯利是图的商业原则造成市场垄断等问题，其警示意义在于重新审视商品市场环境对作为公共文化产品的媒体节目内容的负面影响，警惕过度追逐利润对媒体内容质量的侵蚀。相对于西方国家的自由市场经济，中国的媒体产业在国家的宏观调控之下有序发展，这为维护内容质量提供了政策支持。20 世纪 90 年代以后，中共中央、国务院作出《关于加快发展第三产业的决定》，明确地指出我国的广播电视等媒体业属于第三产业。另外，"以产业为方向，建立充满活力的第三产业自我发展机制，现有大部分福利型、公益型和事业型第三产业要逐步向经营型转变"。这意味着，媒体业属性的界定，为媒体产业经营创造了前所未有的良好条件，同时也带来了新挑战。

北美媒介文化批判理论强调，电视产业的市场垄断，尤其是由于媒体整合与兼并引起的，严重影响了电视节目的多样性与质量。这种垄断导致节目内容趋向单一化和表面化，限制了观众的选择范围，常常使得几大电视台控制了大部分播出资源。作为警示，中国媒体产业在发展的过程中需要谨慎对待这一问题，重新审视传媒之间的竞争关系。在这种环境下，中国的媒体政策应侧重于鼓励创新和多样性，而不仅仅是市场份额的竞争。强化内容的质量和多样性，是打破市场垄断、促进健康竞争的关键。这需要政策制定者、媒体行业及其监管机构共同努力，确保媒体产业不是追求利润最大化，而是真正地服务于公众的文化需求。通过制定明确的行业指导原则和监管措施，支持独立制作公司和小型媒体企业的发展，可以增加市场的竞争性，防止资源的过度集中。此外，媒体政策还应强调公共利益的优先，确保媒体内容不仅满足市场需求，也符合社会、文化及教育的目标。这包括支持质量上乘、教育性强和文化深度大的节目，通过这些措施，

可以促进一个更加公平、多元和富有创造力的媒体环境，进而带动整个文化产业的良性发展。

在优化电视生产内容的供应链方面，中国已采取一系列措施来发挥头部影视生产机构的资源优势，同时增强顶级播出平台的品牌价值。省级卫视如北京卫视、东方卫视、浙江卫视、江苏卫视和湖南卫视等均属于核心传播媒体，它们通过丰富的 IP 资源和先进的传媒技术，致力于制作和播出高质量的影视作品及文化产品，进而提升各自品牌的独特价值。这些头部频道在创作和播出方面，坚持高标准的节目内容为核心，着力打造精品电视剧和节目。例如，在庆祝中国共产党成立 100 周年期间，北京卫视播出的一系列革命历史题材电视剧如《觉醒年代》《红船》《中国制造》和《光荣与梦想》等，不仅彰显了国家叙事和时代表达，也展示了由政府部门引导、顶尖制片方生产以及杰出艺术工作者共同参与的高质量制作过程，这些作品在优化国产剧市场环境中起到了关键作用。同时，省级卫视和视频网站平台合作开发的自制剧、纪录片和电视节目等，通过精确的市场定位和文化产品定制，不仅满足了观众的文化需求，还成功塑造了强烈的品牌识别度和市场竞争力。这种通过原创性和自制文化产品的策略，形成了与北美市场垄断格局不同的、具有差异化和多元化的健康竞争环境。这样的多元化市场和具有竞争力的生产主体，与北美媒介文化批判学者所担忧的市场垄断状况形成鲜明对比，有效地推动了中国媒体文化产业的良性发展和市场活力的激发。通过这种方式，中国媒体不仅在国内市场中发挥了其公共职能，还在国际传播和文化交流中增强了其影响力和竞争力。

三、以民族文化为张力，增强国际文化传播力

北美媒介文化批判学者对国际文化传播持审慎态度，他们批判由私有资本主导的跨国媒体机构，认为这些机构通过媒体传播，向全球推广消费主义和新自由主义价值观，形成了一种文化霸权。他们的批评在国际视野中揭示了文化传播的潜在风险，这些观点也为中国媒体产业和文化产业的

发展提供了重要的思考角度。中国的媒体不仅仅是新闻和信息的传播工具，更承担着传播中国文化、塑造国际形象的重要任务。对此，我国应进一步强化媒体在国际文化传播中的角色，通过高质量的文化输出，展示中国丰富的历史遗产和现代成就，以及独特的价值观和生活方式。这不仅有助于塑造中国在全球舞台上的积极形象，也是对抗文化霸权和保持文化自主的重要策略。

中国的国际文化传播策略应注重从根本上增强民族文化的自信。通过电影、电视剧、纪录片及各类新媒体形式，积极参与到全球文化对话中，倡导多元文化共融和相互尊重。例如，近年来中国电视剧如《琅琊榜》《红楼梦》和电影如《哪吒之魔童降世》及游戏《黑神话：悟空》等一大批文化产品在海外受到广泛关注，说明中国文化产品具有国际吸引力。强化国际合作与文化交流项目，如丝路电影节和中外合拍片，可以进一步提升中国文化的国际传播力。这些文化产品和项目不仅展示了中国文化的多样性和历史深度，也为全球观众提供了深入理解中国的窗口。同时发展国际媒体合作，如中国中央电视台的国际频道 CGTN，通过多语种广播向全球观众传递中国视角的国际新闻和中国的主流价值观。这种国际传播不仅增强了中国的话语权，也促进了国际社会对中国政策和发展模式的理解和认识。通过这些措施，中国可以有效地使用其媒体资源来支持国家的软实力和文化影响力，同时为全球文化多样性的保护和促进作出贡献。这种以民族文化为基础的国际传播策略，不仅反映了中国的文化自信，也是对国际文化霸权的有力回应。

在全球化和文化商品全球流动的背景下，北美媒介文化批判学者的警示对中国媒体产业具有深刻的启示意义。面对西方强势文化的冲击，尤其是美国以其资本和技术优势主导的文化扩散，中国媒体不仅要重塑国际传播中的自身地位，更需要深化对文化传播职能的理解和执行。中国媒体的发展战略应重视文化传承，秉承传播民族文化的使命，弘扬几千年的传统文化和当代的时代精神。同时，需要提升内容创作的质量，不仅要满足国内观众的文化需求，也要让全世界观众感受到中华文化的深厚和魅力。对抗文化霸权和避免文化同质化的趋势，中国媒体必须加强国际传播能力，巧妙地结合文化全球化与本土化策略，有效地推广中国的文化故事和价值观。通过精心策划和创作，中国的影视作品和文化产品应成为展示中国软实力的窗口，促进全球观众对中国文化的理解与尊重。此外，建立和完善文化过滤机制，对引进的外国节目和文化产品进行严格筛选和适度本土化处理，是保证文化多样性和文化安全的关键。通过这些策略，中国不仅能在全球文化竞争中保持自身的文化独立性和创新性，还能在国际文化交流中发挥更积极的作用，推动构建一个更加平衡和多元的世界文化新秩序。

四、以文化自信为底色，反对文化霸权、维护文化主权

在北美媒介文化批判思想中，文化帝国主义、文化霸权主义、文化殖民主义等概念尽管历史起源不同，但本质上均揭示了西方国家以文化全球化或文化一体化为名行霸权之实的策略。这些概念指向西方国家利用其经济、科技和话语的优势，在全球范围内推广其价值观和生活方式，企图在意识形态领域对其他文化实施扩张和渗透。此种策略不仅展示了文化领域的霸权主义，而且反映了国际关系中的强权政治。文化帝国主义、文化霸权主义和文化殖民主义造成的影响是深远且破坏性的。北美媒介文化批判思想提醒我们，西方国家利用其经济和技术优势，对全球文化景观施加压力，推广其价值观和生活方式。这种文化输出不仅是单向的，而且往往是强制性的，导致全球文化的同质化，特别是西化和美国化的趋势。西方文化作为霸权工具，不仅排斥异己，还打击和压制其他文化，以维持其全球霸权地位。这种文化霸权主义以强势文化压制弱势文化的做法，不仅粗暴地扼杀了文化多样性和文化差异性，而且严重侵蚀了全球文明的多样性。在西方文化的压力下，许多发展中国家的本土文化传统和文化基因正逐渐消失，文明的创新能力和民族特色也在逐渐衰弱。这些国家的民族意识和传统文化面临严重的生存危机，极大地阻碍了全球文化多样性的发展。这

种文化同化的趋势，如果不加以抵制和正确引导，可能会导致全球文化景观的单一化，使世界丧失丰富多彩的文化生态和创造性的文化交流。

如果任由文化霸权主义、文化帝国主义和文化殖民主义继续盛行，我国的文化主权将面临严重威胁，文化安全亦可能遭受危害。这种文化侵袭不仅会导致西方国家的文化扩张和渗透日益加剧，还可能引发国内思想文化领域的冲突，乃至政治动荡。正如习总书记指出："一个政权的瓦解往往是从思想领域开始的。"[1] 西方国家利用"文化转基因"策略，在文化领域向中国悄然输出其价值观念和生活方式，作为其"和平演变"战略的一部分。这种文化输出不仅试图将全球纳入西方的价值体系，更试图通过文化手段实现政治目的，达到"不战而胜"的效果。

面对这样的国际文化环境，以文化自信为底色维护文化主权和文化安全显得尤为重要。我们必须既要积极阐释好中国道路、中国特色，又要坚决维护我国的政治安全和文化安全。习近平总书记指出，"我们必须既积极主动阐释好中国道路、中国特色，又有效维护我国政治安全和文化安全"[2]。中国作为一个文化大国，拥有丰富而深厚的文化遗产，应当积极发挥和弘扬这一优势，增强民族文化自信，以此为基础推动文化的对外传播和国际交流。提升中华文化的国际影响力，确保在全球文化多样性中占有一席之地。这不仅能有效对抗西方的文化帝国主义，还能在全球文化多样性中扮演更积极的角色，促进不同文化之间的平等交流和相互尊重。

小结

在本章，我们深入探讨了北美媒介文化批判思想的逻辑方法、思想母体、理论局限及其镜鉴价值。北美媒介文化批判不仅为我们提供了一个批判性视角以审视媒介文化的功能和影响，也为媒介实践和政策制定提供了

---

[1]　中共中央文献研究室：《习近平关于社会主义文化建设论述摘编》，中央文献出版社 2017 年版，第 21 页。

[2]　习近平：《论党的宣传思想工作》，中央文献出版社 2020 年版，第 338—339 页。

重要的启示。

　　在理论方法上，北美媒介文化批判学者通过整体性分析揭示了文化与经济政治的紧密联系，并借助现实性论证批判了媒介文化在现实中的具体表现。他们将媒介文化放置在以美国为核心的资本主义社会环境中，审视其作为控制舆论的工具、增值的商品，以及强化政治权力和巩固既有社会秩序的手段。席勒指出："我们有理由相信，在未来不久，信息的控制将由更高级别的媒体控制者操纵。信息流动是这个社会中无可比拟的权力资源。想象中权力控制的消失是不可能的。"① 这种观点为媒介文化研究提供了极具警示意义的视角。在资本主义垄断环境中，媒介的文化功能难以摆脱被操控的命运，其根本原因在于追逐资本积累的资本主义社会运行逻辑。北美媒介文化批判思想强调媒介文化传播运行的权力钳制，从而提醒我们媒介不仅是信息传播的渠道，更是权力斗争的场域。

　　在理论的母体方面，这些批判思想深植于马克思主义的政治经济学、唯物史观、实践认识论以及平等价值观等理论基础，深刻反映了"经济基础决定上层建筑"的唯物史观。这些批判学者观察美国等资本主义国家的媒介文化，从政治经济学的角度揭示了私有资本主导下的媒体如何形塑和维护不平等的社会结构。在美国这样的私有资本主导的市场经济中，拥有财富的少数精英掌握了压倒性的政治权力，从而在政治与媒介上施加影响，制造出符合他们利益的舆论和社会秩序。北美媒介文化批判学者尤其批评了美国所宣扬的"民主"为一种政治神话，认为这种"民主"实际上是由社会精英严密控制的伪民主体制。正如诺姆·乔姆斯基所分析，美国的民主政治表面上符合"多数统治少数"的原则，实则是权力结构严密控制的现实。通过揭示主流媒体与政府之间的互利关系，批判学者指出这种媒体是如何在维护统治阶级的利益中起到关键作用。他们通过批评媒体制造的民主幻象和自由神话，揭露了资本主义社会结构的深层次矛盾和缺陷。因

---

① SCHILLER H. *The Mind Managers*[M]. Boston: Beacon Press, 1973:6.

此，北美媒介文化批判学者不仅仅是在批评一个国家的媒体体系，而是在挑战全球范围内资本主义社会的文化和政治权力结构。这一批判反映出对资本主义社会运作方式的根本质疑，强调了对于更加平等和真正民主社会结构的追求。这些理论基础赋予北美媒介文化批判学者以独特的视角，去揭露媒介文化产业背后的资本逻辑和阶级斗争，从而为更公正的媒介系统提供理论支撑。

然而，这些批判思想也存在明显的理论局限。其中包括对工具性的过分强调而相对忽视了媒介内容的文化蕴含，对媒介商品性的关注却相对轻视了受众的能动性，以及在分析跨文化动态时过分简化了复杂的文化交流过程。这些局限不仅削弱了批判的深度，也可能导致对媒介现象的片面理解。尽管存在这些局限，北美媒介文化批判思想对当前媒介文化实践和政策仍具有重要的镜鉴价值。其对媒介文化的深刻批判揭示了媒介实践中的多种结构性问题。我们必须清醒地认识到，在全球化与本土化交织激荡的当代，各种思想文化的交融日益频繁，文化对抗冲突难以避免。西方的文化输出和文化渗透策略已成为其遏制和打压中国的重要手段。在此背景下，反对文化霸权、坚守文化主权、维护文化安全成为构建文化强国的重要前提。我们需要从战略高度增强文化安全意识，有效防范和应对西方的文化帝国主义、霸权主义和文化殖民主义带来的挑战，坚定文化自信，提升中华文化的全球影响力，确保在全球文化多样性中占有一席之地。

参考文献

中文文献

[1] 习近平 . 论党的宣传思想工作 [M]. 北京：中央文献出版社 ,2020.

[2] 习近平 . 在庆祝中国共产党成立 100 周年大会上的讲话 [N]. 人民日报 ,2021-07-02.

[3] 习近平 . 深化文明交流互鉴 共建亚洲命运共同体——在亚洲文明对话大会开幕式上的主旨演讲 [M]. 北京：人民出版社 ,2019.

[4] 中共中央宣传部 . 习近平文化思想学习纲要 [M]. 北京: 学习出版社 ,人民出版社 ,2024.

[5] 马克思恩格斯选集：第 1 卷 [M]. 北京：人民出版社 ,2012.

[6] 马克思恩格斯选集：第 2 卷 [M]. 北京：人民出版社 ,2012.

[7] 马克思恩格斯选集：第 3 卷 [M]. 北京：人民出版社 ,2012.

[8] 马克思恩格斯选集：第 4 卷 [M]. 北京：人民出版社 ,2012.

[9] 列宁全集：第 1 卷 [M]. 北京：人民出版社 ,2017.

[10] 列宁全集：第 2 卷 [M]. 北京：人民出版社 ,2017.

[11] 列宁全集：第 3 卷 [M]. 北京：人民出版社 ,2017.

[12] 列宁全集：第 4 卷 [M]. 北京：人民出版社 ,2017.

[13][意] 葛兰西 . 狱中札记 [M]. 曹雷雨 ,等 ,译 . 北京：中国社会科学出版社 ,2000.

[14][美] 赫伯特·席勒 . 大众传播与美帝国 [M]. 刘晓红 ,译 . 上海：上海译文出版社 ,2013.

[15][美]诺姆·乔姆斯基,爱德华·赫尔曼.制造共识:大众传媒的政治经济学[M].邵红松,译.北京:北京大学出版社,2011.

[16][美]诺姆·乔姆斯基.宣传与公共意识[M].信强,译.上海:上海译文出版社,2006.

[17][美]尼尔·波兹曼.娱乐至死[M].章艳,译.桂林:广西师范大学出版社,2004.

[18][美]尼尔·波兹曼.技术垄断:文化向技术投降[M].何道宽,译.北京:北京大学出版社,2007.

[19][美]罗伯特·麦克切斯尼.富媒体,穷民主:信息时代的媒体政治[M].唐晓峰,译.北京:清华大学出版社,2007.

[20][德]马克斯·霍克海默,[德]西奥多·阿多诺.启蒙辩证法:哲学断片[M].曹卫东,译.上海:上海人民出版社,2006.

[21][美]迈克斯韦尔.信息资本主义时代的批判宣言:赫伯特·席勒思想评传[M].张志华,译.上海:华东师范大学出版社,2015.

[22][英]约翰·B.汤普森.意识形态与现代文化[M].高铦,等,译,南京:译林出版社,2019.

[23][美]爱德华·W.萨义德.文化与帝国主义[M].李琨,译.北京:生活·读书·新知三联书店,2016.

[24][美]汉斯·摩根索.国家间政治:权力斗争与和平[M].徐昕,郝望,李保平,译.北京:北京大学出版社,2012.

[25][德]哈贝马斯.公共领域的结构转型[M].曹卫东,等,译.上海:学林出版社,1999.

[26][法]弗朗兹·法农.黑皮肤,白面具[M].万冰,译.南京:译林出版社,2005.

[27]邓正来,[美]杰弗里·亚历山大.国家与市民社会:一种社会理论的研究路径[M].增订版.上海:上海人民出版社,2006年.

[28]赵海月.当代国外马克思主义研究[M].吉林:吉林大学出版

社,2007.

[29]陈学明.“西方马克思主义”命题辞典[M].北京：东方出版社,2004.

[30]陈世华.北美传播政治经济学研究[M].北京：社会科学文献出版社,2017.

[31]刘晓红.纪念还是继承：重读赫伯特·席勒[M].上海：上海交通大学出版社,2014.

[32]王岳川.后殖民主义与新历史主义文论[M].济南：山东教育出版社,1999.

[33]洪晓楠.当代中国文化哲学研究[M].大连：大连出版社,2001.

[34]李慎明.领导权与话语权：“颜色革命”与文化霸权[M].北京：社会科学文献出版社,2016.

[35]李彬,曹书乐.欧洲传播思想史[M].上海：复旦大学出版社,2019.

[36]衣俊卿.20世纪新马克思主义[M].北京：中央编译出版社,2012.

[37]邱金英.简评赫伯特·席勒的文化帝国主义批判理论[J].文化学刊,2016(5).

[38]陈世华.媒介帝国主义和思想管理：重读赫伯特·席勒[J].国际新闻界,2013, 35 (2).

[39]陈世华.达拉斯·斯麦兹的传播思想新探[J].南昌大学学报（人文社会科学版）,2014(3).

[40]陈世华.影响的焦虑：再论传播学科创建与发展中的传播学人[J].国际新闻界,2014(9).

[41]陈世华.传播即控制：传播政治经济学的元理论解析[J].国外社会科学,2016(3).

[42]何中华.马克思主义文化理论的历史演进[J].新时代马克思主义论丛,2021(1).

[43]何春龙,贾中海,齐峰.文化帝国主义背景下大学生文化自信教育[J].黑龙江高教研究,2013(5).

[44] 贾中海，齐峰. 信息时代文化帝国主义新形势探析 [J]. 理论探讨,2015(1).

[45] 齐峰，贾中海. 文化霸权解构与多元文化建构 [J]. 北方论丛,2015(2).

[46] 赵月枝. 传播学术的主体性：历史与世界视野 [J]. 北大新闻与传播评论,2013(1).

[47] 赵月枝. 什么是中国故事的力量之源：全球传播格局与文化领导权之争 [J]. 人民论坛·学术前沿,2014(24).

[48] 赵月枝. 重构国际传播体系的中国贡献 [N]. 中国社会科学报,2015-04-01.

[49] 郭镇之. 传播政治经济学理论泰斗达拉斯·斯麦兹 [J]. 国际新闻界,2001(3).

[50] 李小云. 尼尔·波兹曼的媒介生态学研究 [J]. 世界文学评论,2010(2).

[51] 张小平. 当代文化帝国主义的新特征及批判 [J]. 马克思主义研究,2019(9).

后 记

在马克思主义理论视域下开展北美媒介文化批判思想研究，无疑是一项极具学术价值的工作。对于本人来说，这不仅是一次充满挑战的理论探索，更是一次自我提升和思维深耕的过程。作为西方马克思主义大众文化批判学派的重要分支，北美媒介文化批判学派汇聚了众多杰出学者、经典著作以及具有深远影响的理论观点。如何在马克思主义理论指导下，深入系统地解析和评析其核心思想，展现其深刻的思想价值，并为我国媒介文化研究与改革实践提供借鉴，这无疑是一项充满挑战的学术任务。这项研究的复杂性与挑战性，正是源于其跨文化与跨学科的深度交融，以及对当代全球媒介文化环境的深刻洞察。尤其是，迄今为止，国内学界对于北美媒介文化批判学派相关书文的中译资料仍然较为匮乏，能够提供参考的研究思路、方法和材料也相对有限，这无疑增加了研究者在这一领域开展研究的难度与挑战。因此，选择这个课题不仅需要强大的学术勇气与探索精神，还要求研究者具备扎实的马克思主义理论基础、广泛的文化传媒学科知识储备，以及熟练驾驭跨学科材料的能力。幸运的是，我拥有七年文化传媒专业的学习背景，以及在传媒行业八年的实践经验，这为我深入理解该课题奠定了较坚实的基础。在攻读博士学位期间，我始终坚持将马克思主义理论与本课题的研究相结合，不断积累和深化自己的理论功底，本书的完成也得益于这一过程的长期积淀与不断探索。

正如许多学者所言，学术研究是一个不断追问、不断思考的过程。每一篇研究成果的背后，都凝聚了无数人的心血与智慧。我的这本小书，虽然力量微弱，但也希望它能够为北美媒介文化批判思想研究提供一块砖石，激发更多的学者进行深入的探讨与思考，同时也期望通过我的研究，能够对媒介文化批判的学术话语体系尽一份微薄之力，助力这一领域进一步发展。

由于个人学识尚浅且完成本书的时间较为匆忙，书中难免存在不成熟、不深入、不完善之处，敬请各位专家学者不吝赐教。此书的完成离不开前辈学者们研究成果的引领与启发，在此对本书所参阅书文的各位前辈与作者表示由衷的敬意与感谢！同时，也感谢所有为本书顺利出版提供帮助的朋友，他们的支持和鼓励使得这项工作得以顺利推进并最终呈现于读者面前！

作者

2025 年 2 月于沈阳